Das große Ziel: ein kleines Haus

jovis

Das große Ziel: ein kleines Haus

Schöner Wohnen und das Eigenheim im Wirtschaftswunder

Jan Engelke

jovis

Einleitung 7

Schöner Wohnen und die Medialisierung des Eigenheims 11

Schöner Wohnen in der Nachkriegszeit 14
Der historische Kontext 14
Die Anfänge der Redaktion 15
Anzeigengeschäft und Verlagslandschaft 20
Die Auswahl der Inhalte 22

Eine populäre Architekturzeitschrift 24
Zugängliche Architekturdarstellung 25
Praktisches Architekturwissen 28

Die Veröffentlichung alltäglicher Architektur 33
Eigenheimporträts 34
Alltägliche Architektur 35
Die Schöner Wohnen-Moderne 37

Das Eigenheim als politisches Projekt 41

Politische Repräsentation im Eigenheim 44
Hausbesitzer Professor Ludwig Erhard 44
Warum haben Sie sich ein Haus gebaut, Herr Minister? 51

Angewandte Familienpolitik 57
Das Ein-Familien-Haus 58
Das Eigenheim als biopolitisches Werkzeug 59

Aus den Proleten wurden Eigentümer 62
Das Volk mit Grund und Boden verbinden 63
Bollwerke gegen den Bolschewismus 65
Konformismus durch Wohneigentum 68

Politische Werkzeuge der Eigenheimförderung 70
Das Eigenheim im sozialen Wohnungsbau 71
Förderung privaten Wohneigentums 74
Zauberschlüssel Bausparen 75

Zwischen Stadt und Landschaft 79

Die lange Geschichte der Stadtlandschaft 82
Die Vereinigung von Stadt und Landschaft 82
Die Auflösung der Städte 87
Die «totale Gesundung» der Stadt 92

Kontinuitäten der Planung 97
Von der Großstadt zur Stadtlandschaft 98
Die gegliederte und aufgelockerte Stadt 99
Die autogerechte Stadt 103
Legislative Fixierungen 110

Haus und Technik 113

Gerätschaften des Alltags 116
Das ganze Haus um die offene Küche gebaut 116
Kontrolle über Klima und Komfort 119
Haushalt und Geräte 123

Die Materialität der eigenen vier Wände 128
Großes Glas 128
Abwaschbare Architektur 133
Das Wärmedämmverbundsystem 136

Gegenderte Räume 139

Strukturelle Fundamente 142
Hypersegregation 142
Wer fährt? 146

Geplante Rollen 149
Vier Dutzend Wünsche 149
Reibungslose Häuser 154
Hinter glatten Fronten 158
Unsichtbare Arbeit 165
Durch die Durchreiche 167

Was folgt? 171

Populäre Architekturdiskurse 173
Die Bedingungen des Booms 175
Wie die Moderne in den Alltag kam 178
Ausblick 180

Literatur 182
Abbildungen 189
Quellen 190
Dank 191
Impressum 192

Einleitung

«Unauslöschlich ist im Volk die Sehnsucht nach dem Eigenheim. Eigentum, das zu Gesundheit führt an Leib und Seele, Eigentum als Gegenpol gegen den zermürbenden Tagesablauf, Eigentum, das dauert über Geschlechter hinweg. Nach diesem höheren Ziel streben Millionen Familien, die es noch entbehren müssen.»[1] Die ersten Sätze einer Bauspar-Broschüre von 1957 erzählen von Wünschen und Ideologien in der jungen Bundesrepublik, die im Eigenheim ihre ideale Projektionsfläche finden sollten: Als sehnsuchtsvoller Ort der Muße wird es dem «zermürbenden Tagesablauf» der Erwerbstätigkeit gegenübergestellt. Das Haus im Grünen schützt «Leib und Seele» vor Unheil jeder Couleur. Gleich dreifach wird der Fokus auf das «Eigentum» gelegt, das materielle Sicherheit mit einem «höheren Ziel» der Transzendenz von Wert und Bedeutung «über die Geschlechter hinweg» verbindet. Die Familie tritt als ideologischer Kern des Ein*familien*hauses auf den Plan. Schließlich schimmert das «Entbehren» der Nachkriegszeit durch die Zeilen, das mit Eigenheim überwunden scheint – dem Symbol, es geschafft zu haben; dem verdienten Happy End in der Erzählung des Wirtschaftswunders.

Diese Wohn- und Lebensträume fanden ihre mediale Entsprechung in der Zeitschrift *Schöner Wohnen*. Sie erschien seit 1960 monatlich und wurde mit über drei Millionen Leser*innen bald zur populärsten Wohnzeitschrift der Bundesrepublik. Zwischen aktuellen Einrichtungstrends, Tipps für den Garten und farbenprächtigen Werbeanzeigen wurden in den ersten fünfzehn Jahrgängen über 300 Eigenheime präsentiert. Hier blätterten die «Eigenheimwilligen» durch Vorbilder für das eigene Haus und zugleich durch den kleinsten gemeinsamen Nenner bundesdeutscher Eigenheimarchitektur. Die Redaktion vermittelte mit vielschichtigem architektonischem Wissen zugleich ihr Verständnis modernen Wohnens. Als populäre Architekturzeitschrift ist *Schöner Wohnen* die Grundlage dieses Buches.

Ausgehend von medialen Repräsentationen des Eigenheims in der Zeitschrift *Schöner Wohnen* geht *Das große Ziel: ein kleines Haus* der Frage nach, wie die Bedingungen der Architekturproduktion in der bundesdeutschen Nachkriegszeit die Architektur der Eigenheime prägten und dieser Wohnform zu einer bis heute fortgeschriebenen Erfolgsgeschichte verhalfen. Das Wohnen im Eigenheim wurde nicht populär, weil es nach den Zerstörungen des Krieges viele Menschen aus dem Grau der Trümmer ins Grün der Vorstadt zog. Vielmehr erklärten die konservativen Bundesregierungen unter Kanzler Konrad Adenauer mit der Neuausrichtung der Wohnungspolitik in den 1950er Jahren das Eigenheim zum politischen Projekt, in dem sich ein ganzes Bündel ideologischer Ziele vereinen ließ. Das Eigenheim wurde im Kontext des Kalten Krieges politisch instrumentalisiert, zementierte das heteronormative und patriarchale Familienideal, war zentraler Bestandteil zeitgenössischer Planungskonzepte, bot dem mit wirtschaftlichem Aufschwung zunehmend technisierten Wohnen Raum und materialisierte und (re)produzierte vergeschlechtlichte Rollenbilder.

Heute ist das Einfamilienhaus die verbreitetste Wohnform in der Bundesrepublik. In diesen Häusern leben die meisten Menschen. Sie prägen das alltägliche Leben, das Bild der Vorstadt und die architektonische Produktionsweise von Wohnraum. Dabei ist die beliebteste

1 Deutscher Sparkassenverlag (1957, S. 4).

zugleich die umstrittenste Wohnform. Heftiger denn je kollidiert sie mit einer Gegenwart, in der die Klimakrise und immer diversere Lebensentwürfe alter Kritik neue Brisanz verleihen. Zugleich birgt der Gebäudebestand neue Herausforderungen; er altert ebenso wie seine erste Bewohner*innengeneration. Um der scheinbar «unauslöschlichen» Popularität dieser Wohnform auf den Grund zu gehen und Ansatzpunkte für eine kritische Auseinandersetzung mit bestehenden Bauten in der Gegenwart zu schaffen, erzählt *Das große Ziel: ein kleines Haus* eine Architekturgeschichte des Eigenheims in der bundesdeutschen Nachkriegszeit.

Die meisten Häuser sind Einfamilienhäuser. Aktuell haben sie einen Anteil von 84 Prozent an allen Wohngebäuden und beherbergen fast die Hälfte aller Wohnungen der Bundesrepublik.[2] Hier wohnen auch die meisten Menschen. Gut ein Drittel aller Haushalte oder etwa 53 Prozent der Menschen in der Bundesrepublik leben derzeit in einem Einfamilienhaus. Etwa 42 Prozent der Haushalte in der BRD bewohnen ihr Eigentum.[3] Im Vergleich mit anderen EU-Staaten hat Deutschland zwar eine geringe Wohneigentumsquote, allerdings heißt es hier: «Man baut nur einmal im Leben» (Staub 2009, S. 153).

Frappierend ist der verdeckte Leerstand im *empty nest*: Im Schnitt wird jedes Einfamilienhaus von nur 1,8 Personen bewohnt (Wang 2022, S. 7). Nichtsdestotrotz wurden in den letzten zwanzig Jahren im Schnitt jährlich etwa 100 000 neue Einfamilienhäuser gebaut (Statistisches Bundesamt 2024), ihre Zahl stieg zuletzt auf insgesamt 16,3 Millionen im Jahr 2022, von denen 15,5 Millionen im früheren Bundesgebiet stehen (ebd. 2022). Die meisten wurden im Westdeutschland der Nachkriegszeit gebaut: 39 Prozent der Einfamilienhäuser sind in den Jahren 1949 bis 1978 errichtet worden,[4] das entspricht knapp sechs Millionen Gebäuden. Auf dem Gebiet der ehemaligen Bonner Republik ist heute jedes dritte Bestandsgebäude ein Einfamilienhaus aus dieser Zeit (Simon-Philipp und Korbel 2016, S. 28). Diese Häuser machen folglich einen bedeutenden Teil der bestehenden Wohngebäude in der Bundesrepublik aus.

Die Bauten, um die es in diesem Buch geht, bezeichne ich als Eigenheime. Ein Eigenheim ist zunächst einfach ein Haus, dessen Materialität und Gestalt ganz konkret sind. In typologischer Hinsicht ist die Unschärfe des Begriffs produktiv: Sie erlaubt es, zugleich über ein Atriumhaus, ein Doppelhaus und ein Reihenhaus zu sprechen.

Das im Wort enthaltene Adjektiv *eigen* birgt die zentrale Bedeutung des *Heims* für seine Bewohner*innen: Es geht nicht bloß um ein Haus, sondern auch um den Boden als privates Grundeigentum. Das Eigene ist eben nicht das Gemeinsame und erst recht nicht das der anderen; mit diesem Wort steht schon ein Gartenzaun. In der gesetzlichen Definition ist der Begriff Eigenheim ebenfalls als Verbindung von

---

2 Etwa 69 Prozent aller Wohngebäude sind Häuser mit einer Wohnung, weitere 15 Prozent sind Häuser mit zwei Wohnungen (Einliegerwohnung bzw. Doppelhäuser). Ein Anteil von ca. 44 Prozent der gut 43 Millionen Wohnungen liegt hier, in vielen westdeutschen Flächenländern sogar mehr als die Hälfte (Statistisches Bundesamt 2022).

3 Statistisches Bundesamt (2019, S. 13, 18), eigene Berechnungen. Nicht jedes Einfamilienhaus ist ein Eigenheim – etwa 20 Prozent der Ein- und Zweifamilienhäuser werden gemietet (ebd., S. 19).

4 In der Zeit vor dem Ersten Weltkrieg und zwischen den Kriegen wurden jeweils etwa 10 Prozent, von 1978 bis 1990 15 Prozent und seitdem ca. 25 Prozent der Einfamilienhäuser in Westdeutschland errichtet (Effenberger 2015, S. 4).

privatem Grundeigentum und architektonischem Objekt gefasst: «Ein Eigenheim ist ein im Eigentum einer natürlichen Person stehendes Grundstück mit einem Wohngebäude, das nicht mehr als zwei Wohnungen enthält, von denen eine Wohnung zum Bewohnen durch den Eigentümer oder seine Angehörigen bestimmt ist.»[5] Bei den hier dargestellten Häusern aus *Schöner Wohnen* handelt es sich in diesem Sinn um Eigenheime.

Das Substantiv *Heim* lässt sich als Synonym für Zuhause lesen: Hier wird es heimelig, die Sphäre des Wohnens öffnet sich. Doch die Bedeutung reicht noch tiefer, nicht weit ist es zum Wort *Heimat*, das eine Zugehörigkeit zu einem Ort beschreibt, die das eigene Heim als «Winkel der Welt» (Bachelard 2014 (1957), S. 31) geben soll.

In der Literatur und seitens vieler Institutionen wird oft der Begriff *Einfamilienhaus* verwendet. Dabei handelt es sich um ein «Gebäude, welches als Wohnhaus für eine einzelne Familie dient. Dies kann ein frei stehendes Einfamilienwohnhaus (auch mit Einliegerwohnung), eine Doppelhaushälfte oder ein Reihenhaus sein.» (Statistisches Bundesamt 2019, S. 10) Diese Bezeichnung ist insofern hilfreich, da sie einen Bezug zum Bild der heteronormativen Kernfamilie herstellt und an den Terminus des Familienheims anschließt, der in den 1950er Jahren für diese Wohnform gängig war. Die damit verbundenen Familienideale werden im Wort Einfamilienhaus allerdings auch dann transportiert, wenn sie nicht im Fokus liegen oder wenn gar keine Familie das Haus bewohnt. Daher verwende ich diesen Begriff nur dort, wo er in den Quellen vorkommt oder es tatsächlich um das familiale Wohnen geht.

In *Schöner Wohnen* vorgestellte Eigenheime sind die architektonischen Ausgangspunkte der fünf Kapitel dieses Buchs. Jedes Kapitel nimmt einen Aspekt kontextueller Bedingungen der Architekturproduktion in der bundesdeutschen Nachkriegszeit in den Fokus, um die Architektur der Bauten und den großen Erfolg dieser Wohnform zu erforschen. Dabei sind die Betrachtungen der einzelnen Eigenheime nicht in sich abgeschlossen. Deutlich wird vielmehr, wie in jedem der Häuser einzelne Bedingungen in beziehungsreichen Konstellationen zusammenwirken und Querbezüge zwischen den Kapiteln bilden. So werden die vorgestellten Eigenheime Teil einer gemeinsamen Geschichte, deren Relevanz über die einzelnen Bauten hinausgeht.

Im ersten Kapitel geht es um die Zeitschrift *Schöner Wohnen* selbst. Beginnend mit der programmatischen Reportage «Das große Ziel: ein kleines Haus» (SW 01/1960) wird die Zeitschrift *Schöner Wohnen* vorgestellt und die Arbeit der Redaktion im zeithistorischen Kontext situiert. Zudem wird herausgearbeitet, wie die Zeitschrift selbst die Bedingungen der Architekturproduktion prägte, indem sie als populäre Architekturzeitschrift architektonische Bildung vermittelte und zahlreichen Eigenheimen zu massenmedialer Präsenz verhalf.

Das zweite Kapitel betrachtet den Erfolg des Eigenheims als politisches Projekt. Ausgehend von den Homestorys beim Wirtschaftsminister «Hausbesitzer Professor Ludwig Erhard» (SW 02/1960) und beim Bundesminister für Wohnungsbau Paul Lücke «Warum haben Sie sich ein Haus gebaut, Herr Minister?» (SW06/1961) wird dargestellt, wie sich für die konservativen Bundesregierungen unter Konrad Adenauer

5 Siehe § 9 Abs. 1 II. WoBauG, das bis 2001 gültig war. Die Formulierung schließt sog. Einliegerwohnungen mit ein. Politisch wurde diese Wohnform zur Beseitigung des Wohnraummangels der Nachkriegszeit gestützt (Simon-Philipp und Korbel 2016, S. 31).

im Eigenheim eine Vielzahl politischer Ziele vereinen ließ und diese durch politische Förderinstrumente gezielt umgesetzt wurden.

Gegenstand des dritten Kapitels ist die Ebene der Stadtplanung. In Bezug auf die Reportage «Sennestadt» (SW 08/1961) folgt es historischen Entwicklungslinien der Beziehung von Stadt und Landschaft und stellt die kontinuierliche grundlegende Bedeutung des Eigenheims in städtebaulichen Positionen von der Gartenstadt- über die Lebensreformbewegung durch die NS-Zeit bis in die Nachkriegszeit und die frühen 1970er Jahre heraus.

Das vierte Kapitel widmet sich Neuerungen der Haustechnik. Der Artikel «Das ganze Haus um die offene Küche gebaut» (SW 04/1961) macht nachvollziehbar, wie sich mit neuen Apparaten und Materialien nicht nur die Erscheinung, die Größe und die räumliche Struktur der Häuser veränderte, sondern auch das alltägliche Leben im Eigenheim.

Im letzten Kapitel wird analysiert, wie Genderrollen im Eigenheim architektonisch konkret werden. Entlang des Beitrags «Wir hatten vier Dutzend Wünsche für unser Haus» (SW 01/1962) zoomt der Blick von der Stadt über die räumliche Konfiguration des Hauses und einzelner Grundrisssituationen bis ins architektonische Detail. Klar wird: Vergeschlechtlichte Rollenbilder bilden die strukturelle Grundlage für das Leben im Eigenheim und werden in der Architektur der Häuser materialisiert, die ihrerseits die Identität der sie bewohnenden Subjekte prägt.

Jedem inhaltlichen Abschnitt ist eine Abbildung und eine beschreibende Passage vorangestellt. Diese Versuche der subjektiven Annäherung an die in *Schöner Wohnen* dargestellten Situationen sind ein Angebot, meinem Einstieg in die Welt der Wirtschaftswunder-Jahre zu folgen.

Schöner Wohnen und die Medialisierung des Eigenheims

Häuserbauen ist eine zu wichtige Sache,
als daß die Allgemeinheit sie allein den Architekten
überlassen kann.

– *Schöner Wohnen* (11/1969, S. 196)

Schöner Wohnen und die Medialisierung des Eigenheims

Häuserbauen ist eine zu wichtige Sache, als daß die Allgemeinheit sie allein den Architekten überlassen kann.

– Schöner Wohnen (11/1969, S. 196)

Diese Architekturgeschichte des Eigenheims beginnt mit der Zeitschrift *Schöner Wohnen.* Die Ausgaben der 1960er und frühen 1970er Jahre werden im Folgenden der Ausgangspunkt für Geschichten des Eigenheims in der westdeutschen Nachkriegszeit sein, die jeweils unterschiedliche Aspekte dieser Bauten in den Fokus nehmen. Doch die Zeitschrift ist nicht nur deren grundlegende Quelle. Indem sie ihren Leser*innen eine Auswahl von Eigenheimen als Vorbilder präsentierte, indem sie bestimmtes architektonisches Wissen außerhalb der Disziplin vermittelte und indem sie alltägliche Architekturen medial publizierte, ist *Schöner Wohnen* selbst ein Teil dieser Geschichten.

Ausgehend von der ersten Ausgabe der *Schöner Wohnen,* die im Januar 1960 erschien, werde ich im Folgenden mit den Anfängen der Zeitschrift beginnen und die Zeitschrift selbst, einige Redakteur*innen und den Verlag vorstellen, um Ziele und Hintergründe der redaktionellen Arbeit nachvollziehbar zu machen.

Im zweiten Teil des Kapitels werde ich untersuchen, wie *Schöner Wohnen* als populäre Architekturzeitschrift architektonisches Wissen vermittelte. Dabei wird deutlich werden, wie Leser*innen durch diese Vermittlungsarbeit ermächtigt wurden, Architektur zu verstehen, an architektonischen Diskursen teilzuhaben und architektonische Entscheidungen zu treffen. Die Redaktion nahm dabei gezielt Einfluss, um mit architektonischem Wissen zugleich auch architektonische Haltungen zu vermitteln, die ihren Auffassungen eines schöneren Wohnens folgen sollten.

Der dritte Teil des Kapitels nimmt die mediale Repräsentation der Eigenheime in den Blick und stellt heraus, wie die Redaktion durch die Medialisierung alltäglicher Architektur an Konformität mit einem bestimmten Zuschnitt architektonischer Moderne arbeitete.

Schöner Wohnen in der Nachkriegszeit

Der erste Blick aus dem Fenster einer Zweizimmerwohnung in Hamburg: der Stadtteil Barmbek in Trümmern. Schroff ragt eine Brandwand aus dem Ziegelbruch auf dem Nachbargrundstück. Das sechsgeschossige Wohnhaus dort steht noch, ein flaches Notdach zwischen den Giebelwänden. Die Szene ist leer, nirgends Menschen, keine Autos auf der Straße. Gegenüber liegen Schutthaufen auf einer weiten Fläche, die in den Hof eines aufgerissenen Wohnblocks läuft. An der Fassade eines der Wohnhäuser im Hintergrund zeichnet sich der Abdruck eines fehlenden Gebäudes ab. Im Hof steht ein Baum als dunkle Silhouette. Das Jahr 1950 erscheint in Schwarz-Weiß.

In Farbe liegt das Jahr 1960 gegenüber. Himmelblau, Pastellgelb und Magenta: die Holzfassade des Eigenheims unter den orangebraunen Fensterrahmen; Gelb: die Sonnenblume und die Liege auf der Terrasse des Hauses; Grün: die Gräser und Stauden im Garten und die Blätter der Zimmerpflanzen, die durch die Fenster schimmern, ebenso die Fichten der Harburger Hügel im Hintergrund; Rot und Blau: die Badekleidung der zwei Kinder, die in einem Wasserbecken spielen (Abb. 1).

Abb. 1: Die erste Doppelseite, SW 01/1960

Der historische Kontext

Der Titel der ersten Reportage «Das große Ziel: ein kleines Haus» (SW 01/1960, S. 6) ist programmatisch. Ein kleines Haus war nicht nur das große Ziel der Familie L., deren neues Eigenheim bei Hamburg in der Reportage vorgestellt wird. Es war zugleich auch das Ziel der Leser*innen, die Redaktion und Verlag ansprechen wollten. Doch vor allem war es das große Ziel der Zeitschrift *Schöner Wohnen* selbst, ein neues, schöneres Wohnen zu vermitteln, dessen Wunsch und Erfüllung sich auf der ersten Doppelseite gegenüberliegen – und in dem das Eigenheim die Hauptrolle spielen sollte.

Die Zeitschrift wählte die nicht weit zurückliegenden Zerstörungen des Krieges als inhaltlichen Ausgangspunkt, der dem Titel *Schöner Wohnen* eine existenzielle Bedeutung verlieh. Besonders an den Wohngebäuden waren die Schäden durch die Luftkriegsstrategie des *Dehousings* immens. Von 18,8 Millionen Wohnungen waren 4,8 Millionen zerstört worden, in Ballungsgebieten lagen bis zu achtzig Prozent der Gebäude in Trümmern. Die Folge: 400 Millionen Kubikmeter Schutt, rund dreizehn Millionen Menschen ohne Obdach. Dabei war die Lage am Wohnungsmarkt bereits vor Kriegsbeginn desolat gewesen;

durch die verfehlte nationalsozialistische Wohnungspolitik waren schon 1940 zwei Millionen Haushalte ohne Unterkunft (Führer 1997, S. 249). 1949 fehlten 5,5 Millionen Wohnungen, zudem kamen bis 1957 rund zwölf Millionen Geflüchtete in die Westzonen bzw. in die BRD (Kühn 1960, S. 110).

Die Zerstörungen und die Wohnungsknappheit führten in Verbindung mit dem beginnenden wirtschaftlichen Aufschwung in den 1950er Jahren zu einer besonderen Situation, in der zugleich die Notwendigkeit und die Möglichkeit da waren, auf ganz grundsätzlicher Ebene über das Wohnen nachzudenken. So stand in dieser Zeit eine «intensive Beschäftigung mit dem häuslichen Raum im Zentrum gesellschaftspolitischer Debatten» (Hartmann 2014, S. 39). Dabei wurde «das Wohnen in unzähligen Wohnausstellungen, Wohnberatungsstellen, Muster- und Modellwohnungen, Ratgebern und Schulmaterialien gezeigt, erklärt und diskutiert, um der breiten Öffentlichkeit ein Verständnis für ein ‹richtiges Wohnen› und eine ‹gute Form› näher zu bringen» (Hartmann 2010b, S. 17–18).

In diesem lebhaften Wohn-Diskurs der 1950er Jahre war «schöner wohnen» ein häufig proklamiertes Ziel. Eine Wohnausstellung mit dem Titel *Schöner Wohnen – froher leben* machte 1950 in den Hamburger Grindelhochhäusern den Anfang (Hartmann 2020, S. 147). Kurz darauf erschien ein erfolgreicher Wohnratgeber mit dem Titel: *schön wohnen – schöner leben.* Ein anderer Titel brach das Thema auf die Formel *Praktisch Bauen + Schön Wohnen = Glücklich Leben* herunter. Auf den eingängigeren Titel «schöner wohnen» beschränkte sich die Teppichgemeinschaft im Verband der deutschen Teppich- und Möbelstoffindustrie für ein seit 1958 stattfindendes Gesprächsformat in München.[6] Hier wird nicht nur die wenig originelle Titelwahl der Zeitschrift deutlich, sondern vor allem ihr Hintergrund in der Wohnvermittlung der 1950er Jahre, vor dem sich *Schöner Wohnen* viele Jahre als Wohnratgeberin und Formvermittlerin verstehen sollte. Vielleicht ist es konsequent, dass ausgerechnet eine Bausparkassen-Broschüre, in der ein Deutscher Sparkassenverlag (1957) «91 gute Eigenheime jeder Art und Grösse aus allen Teilen des Bundesgebietes» vorstellte, den späteren Titel der Zeitschrift *Schöner wohnen – besser leben* vorwegnahm.

Die Anfänge der Redaktion

Die Geschichte der erfolgreichsten Wohnzeitschrift der Bundesrepublik beginnt mit der Geschichte von Klaus L., Bauherr und Architekt des «kleinen Hauses» aus der ersten Reportage:[7]

> «Zwar hatte sich Klaus L. [...] einmal gewünscht, freier Künstler zu werden. Aber dann schwenkte er [...] um. Er wurde Artillerist. Als der Krieg ausbrach, war er Oberleutnant; als er zu Ende ging, war er – nichts. Aber er hatte Glück. Nach kurzer Gefangenschaft kam er nach Braunschweig. [...] Als Artillerist hatte er gelernt, wie

6 Siehe dazu Niedermoser (1954), Oestereich (2000, S. 363) sowie Koch (1955).

7 Wo nicht anders gekennzeichnet basieren die im Folgenden dargestellten Hintergrundinformationen zur Redaktionsgeschichte auf Gesprächen des Autors mit den ehemaligen Redaktionsmitgliedern Josef Peter Treitz (28.08.2019, telefonisch), Josef Kremerskothen (18.09.2018, Hamburg), Peter Maly (28.09.2018, Hamburg), Kurt Gustmann (01.04.2019, Hamburg) und Ilex Neß (11.05.2019, Berlin).

> man Ruinen herstellt. Als Student der Technischen Hochschule in Braunschweig lernte er nun, wie man an ihre Stelle neue Häuser setzt. Nach neun Semestern war Klaus L. Diplom-Ingenieur und Architekt [...] und heiratete. – In dem zerstörten Hamburger Stadtteil Barmbek [...] sah man täglich Ruinen [...]. Und doch waren die jungen Leute glücklich: Sie besaßen ein Heim. Der Ehemann hatte eine Stellung. Die junge Frau aber erwartete das erste Kind. – Eines Tages sah Herr L. [...] eine neue Reihenhaus-Siedlung. Es waren bescheidene Häuser. Aber es gab eine Farbe, die man in Barmbek nicht sehen konnte, und nach der sich der Mensch sehnt – Grün. 1953 zogen sie in das Reihenhaus ein. [...] Dann wurde Carola Elisabeth (‹Careli›) geboren. [...] Nach langem Suchen fanden L.'s ein verkehrsgünstig gelegenes Grundstück in den Harburger Bergen bei Hamburg. ‹Das [...] Haus am Hang [...] ist ein schlichter Bau. Verglichen mit vielen anderen gleicher Bestimmung sieht er für manche Leute sogar etwas ärmlich aus. Er ist auch nur ein einfaches Rechteck. Teuer durfte das Haus nicht werden, denn wir sind nicht reich. Doch wir haben in die Zukunft geplant. Das Atelier ist so angelegt, daß es notfalls zur Einliegerwohnung werden könnte. Und was noch fehlt – Garage, Fernsehgerät – nun, man kann nicht alles gleich zusammenhaben. Überdies – fertig wird man niemals.›» (SW 01/1960, S. 6–7)

Diese persönliche Geschichte des Bauherren und seiner Familie ist anschlussfähig: Viele konnten in den unerfüllten Wünschen der Zwischenkriegsgeneration, den unsäglichen Erfahrungen des Krieges, dem Gefühl des Nichts bei dessen Ende und den Ruinen, aber auch in der möglichst schnell und pragmatisch umgesetzten Ausbildung und den ersten ökonomischen Erfolgen der 1950er Jahre ihre eigene Geschichte lesen. Die Zeitschrift mit einer so persönlichen Geschichte zu eröffnen, war eine Entscheidung, mit der die Redaktion ihre potenziellen Leser*innen direkt und auf emotionaler Ebene ansprach: Hier seid ihr richtig. Und: Mit uns schafft ihr das auch!

Die Geschichte von Klaus L. fällt durch den emotionalen, parataktischen Stil auf, in dem der Text verfasst ist – es ist der «*Constanze*-Stil».[8] Die erfolgreichste sogenannte Frauenzeitschrift der unmittelbaren Nachkriegszeit *Constanze* wird noch heute von den *Schöner Wohnen*-Redakteur*innen der Anfangszeit zärtlich als «Mutterschiff» bezeichnet. Ihre erste Ausgabe erschien im März 1948 im gleichnamigen Verlag in Hamburg. Als im Jahr 1950 das Foto von Barmbek in Trümmern aufgenommen wurde, lag die Druckauflage bereits bei 350 000 bis 450 000 Exemplaren. Auf dem Zenit ihres rasanten Erfolgs erreichte die Zeitschrift in der zweiten Hälfte der 1950er Jahre mehr als acht Millionen Leser*innen. Das Geschäft lief so gut, dass eine Warteliste für Anzeigenkund*innen geführt wurde. In dieser Hochstimmung lancierte die Redaktion einige langfristig erfolgreiche Spin-offs, darunter die *Brigitte* und die *Schöner Wohnen* (Lott 1985, S. 412).

Das Wohnressort der *Constanze* leitete der junge Redakteur Hasso G. Stachow (*1924). Stachow verantwortete auch eine Reihe von Sonderheften zum Thema Wohnen. *Wohne Glücklich mit Constanze* erschien

---

8 Zur Geschichte der *Constanze* und des gleichnamigen Verlags siehe Sylvia Lott (1985). Lott charakterisiert den «*Constanze*-Stil» als «Sprache mit viel Herz» und schreibt ihm «großen Anteil am Erfolg» der *Constanze* zu (Lott 1985, S. 473).

erstmals im September 1949 mit einer Auflage von 100 000 Exemplaren (ebd.). Weitere Sonderausgaben als Versuchsballons einer eigenständigen Wohnzeitschrift folgten. Der bis dato größte dieser Ballons hob im Oktober 1958 mit einer üppigen Auflage von 275 000 Exemplaren in beachtlicher Stärke von 264 Seiten und zu einem ebenso beachtlichen Preis von 4,80 DM ab. Sein Titel lautete: *Schöner Wohnen – Journal für Haus, Garten und Gastlichkeit.*

Die Arbeit an den Sonderheften war die Grundlage, auf der Stachow 1959 den inhaltlichen Zuschnitt der *Schöner Wohnen* als eigenständige Zeitschrift konzipierte. Das Blatt sollte Wohn- und Architekturthemen mit inhaltlichem Anspruch im Format einer populären Illustrierten herausbringen. Für diese Ausrichtung gab es Vorbilder, die zum Teil bis auf das 19. Jahrhundert zurückgehen. Neben einschlägigen US-amerikanischen Zeitschriften wie *Better Homes and Gardens*, *House & Garden* oder *Ladies Home Journal* erschienen architektonische Themen auch in populären Illustrierten wie *Harper's Magazine* oder dem *Playboy.* In der BRD gab es zu dieser Zeit kaum vergleichbare Zeitschriften (Dreppenstedt 1969, S. 303–305).

Die *Schöner Wohnen*-Redaktion arbeitete im Sprinkenhof, einem Hamburger Kontorgebäude aus rotem Backstein, in dem auch die *Constanze*-Redaktion ihren Sitz hatte (Lott 1985, S. 412). Einige Redakteur*innen der *Constanze*-Sonderhefte wechselten direkt in die *Schöner Wohnen*-Redaktion und arbeiteten mit freien Mitarbeiter*innen an den ersten Heften, während qualifiziertes Personal gesucht wurde. Das Team von zehn Redakteur*innen Anfang 1960 sollte seine Größe in den nächsten Jahren verdoppeln, sich thematisch spezialisieren und in verschiedene Ressorts aufgliedern. Die Zuschnitte der Ressorts und die personelle Zusammensetzung der Redaktion wurden ständig verändert. Im Folgenden stehen die ersten Jahre der Redaktion und einige Redakteur*innen im Fokus, die den inhaltlichen Kurs der Redaktion in architektonischer Hinsicht maßgeblich prägten.

Der erste Chefredakteur der Zeitschrift, Hasso G. Stachow (*1924), hatte nach seiner Rückkehr aus der Kriegsgefangenschaft in Frankreich zuerst als außerplanmäßiger Volontär bei der *Hamburger Allgemeinen Zeitung* gearbeitet, bevor er 1948 als jüngster Redakteur bei der *Constanze* begann. Seit 1952 leitete Stachow dort das Wohnressort und war Chefredakteur der Sonderhefte, auf deren Grundlage er *Schöner Wohnen* als eigenständige Zeitschrift konzipierte (ebd., S. 433–435).

Als erster Architekt kam Jürgen Döhmann (*1928) dazu. Döhmann hatte an der Technischen Hochschule in Karlsruhe bei Egon Eiermann studiert, dort 1953 diplomiert und darauf am Lehrstuhl und im Büro seines Professors Heinrich Müller gearbeitet. Durch einen Zufall erfuhr er, dass in Hamburg eine neue Zeitschrift nach Redakteur*innen im Bereich der Architektur suchte. Er begann im Januar 1961 und wurde innerhalb eines Vierteljahres stellvertretender Chefredakteur (Döhmann 2000).

Um die Redaktion weiter in seinem Sinne auszubauen, schrieb Döhmann seinem Karlsruher Studienfreund Josef Kremerskothen (*1925), der noch im gleichen Jahr mit der Arbeit in der Redaktion begann. Der gelernte Tischler hatte ebenfalls bei Eiermann studiert. Nach einer Unterbrechung durch Krankheit diplomierte er 1956 mit Bestnote und arbeitete nach dem Studium in Eiermanns Büro, u. a. an Entwürfen für das Hansa-Viertel und die Kaiser-Wilhelm-Gedächtniskirche in Berlin und den Deutschen Pavillon für die Weltausstellung in Brüssel.

Ein halbes Jahr darauf folgte mit Josef Peter Treitz (* 1928) ein weiterer ehemaliger Kommilitone. Dieser hatte bis zu seinem Vordiplom im Dezember 1950 an der Hochschule für Baukunst und bildende Künste in Weimar studiert. 1951 wechselte er nach Karlsruhe und studierte dort ebenfalls bei Eiermann. Nachdem drei seiner realisierten Entwürfe in *Schöner Wohnen* gezeigt worden waren, erschien im Juli 1962 sein Name erneut in der Zeitschrift – als Teil der Redaktion im Impressum.

Worin lag für drei junge Architekten die Motivation, ihre erfolgreichen Positionen in der Praxis für eine Wohnzeitschrift aufzugeben? Welche Ziele verfolgten sie in der Redaktion? Offenbar verstanden sich Kremerskothen, Döhmann und Treitz als Team in gemeinsamer Mission. Sie selbst bezeichneten sich als «‹Dreierbande› aus Karlsruhe»[9] (Abb. 2) oder als «Temperamente aus einem Stamm» (Döhmann 2000, S. 23). Josef Kremerskothen (2018) erinnert sich im Gespräch an eine Diskussion mit Döhmann und Treitz:

> «Irgendwann habe ich mit den anderen dagesessen und gesagt: Wenn wir jetzt nicht Zeitschrift machen, sondern Architektur – was wir ja immer vorhatten – da haben wir eine übersichtliche Zahl von Bauherren und können an die weitergeben, woran uns liegt. Und da hab ich gesagt: Menschenskind – wir hatten dann bald zwei Millionen Leser und Anfang der 70er Jahre sogar dreieinhalb Millionen –, da kann man ja an unendlich viele Menschen Dinge weitergeben – das hat mich fasziniert. [...] Das ist am Ende der Magnet gewesen, der mich da gehalten hat.»

Die Möglichkeit, weitreichend Einfluss zu nehmen, reizte auch andere Redakteur*innen. Kurt Gustmann (* 1931) hatte Publizistik studiert, als Lektor beim Bertelsmann Verlag und als Redakteur bei der *Bunten Illustrierten* gearbeitet, bevor er im Juni 1962 ins Wohnressort der *Schöner Wohnen* kam. Rückblickend beschreibt Gustmann (2019) ein «missionarisches» Selbstverständnis der Redaktion:

> «Wir haben uns als Missionare verstanden, ich sage das jetzt bewusst so. Jeder Journalist muss ja etwas transportieren, und wir hatten eine Botschaft: Wohnen kann jeder, aber wir sagen ‹Schöner Wohnen›. Später ergänzten wir: ‹Schöner Wohnen› ist ‹Besser Leben› (lacht).»

Was verbirgt sich hinter dieser Chiffre *Schöner Wohnen*, mit der die Redaktion «missionarisch geimpft» gewesen sei? Der Designer Peter Maly (* 1936) war seit 1961 Innenarchitekt bei *Schöner Wohnen*. Maly (2018) beschreibt die Ziele der Redaktion im historischen Kontext:

> «Wir wollten eine Zeitschrift gestalten, die die Wohnkultur in Deutschland zum Positiven beeinflussen sollte, denn die lag Anfang der 1960er Jahre ziemlich am Boden – ich denke da zum Beispiel an den berüchtigten Gelsenkirchener Barock! [...] Wir wollten alle weiter nach vorne gehen und wirklich gute Produkte wählen und mit diesen dann didaktische Fotos machen, um den Lesern zu zeigen, wie schön man mit diesen modernen Möbeln eigentlich wohnen kann. [...] Ihre Nierentische und Tütenlampen sollten sie hinter sich lassen und sich stattdessen nach vorne zu

9 So lautet eine Notiz Kremerskothens neben einer Fotografie, die ihn mit Treitz und Döhmann zeigt. Josef Kremerskothen, Die «Dreierbande» aus Karlsruhe (Fotografie mit handschriftlicher Notiz), o. D. Privates Archiv Josef Kremerskothen.

Abb. 2: «Die ‹Dreierbande› aus Karlsruhe», v. r.: J. Döhmann, J. P. Treitz, J. Kre, etwa 1963

gutem Design hin orientieren. Es gab damals eine starke Aufbruchsstimmung im Land, die zu unseren Zielen passte: Es ging bergauf, die Wirtschaft fing nach den 1950er Jahren ja wieder an zu laufen, man hatte Lust, sich neu einzurichten, konnte sich von den alten Sachen trennen und hatte angefangen, neues Wohnen zu denken. Wir hatten den Eindruck, dass wir vielen Leuten Mut machen können. Das bedeutete für uns, nicht nur Produkte vorzustellen, sondern zu zeigen, wie man mit ihnen leben kann. Es war richtige Überzeugungsarbeit, die wir damals geleistet haben. Wir waren uns alle einig in diesem Ziel: den Leser zum Positiven zu beeinflussen; ihm Mut zu machen für das Neue, für das gute Design.»

Der mit dem wirtschaftlichen Aufschwung zunehmende Konsum und die dazugehörigen neuen Produkte boten laut Maly also die Gelegenheit für ein didaktisches Vorgehen. Doch was war für sie das Positive, das Neue, das Moderne? Gustmann (2019) geht auf den Moderne-Begriff der Redaktion ein:

> «Meine Kollegen haben gesagt: Ja, wir wollen modern sein. Die Moderne war das, was sie noch auf den Schulen gelernt hatten, eigentlich galt all das, was vor 1933 war, das Bauhaus und was sich daraus entwickelt hat, als modern. Dann hat man gesagt: Aber unsere Kultur ist doch viel mehr. Da gab es doch vorher noch etwas. Da gab es doch auch Goethes Gartenhaus, da gab es doch auch Palladio und, und, und ... Wir können nicht sagen, unser Denken, unser Fühlen, unser Leben fängt erst jetzt an – wir müssen das alles mit reinnehmen. Und: Das ist das, was wir können! Das war keine Arroganz, sondern Selbstbewusstsein. Wir zeigen den Leuten, wie sie in diesem Modernen das Alte, Ererbte dabeihaben können. Also warum nicht ein Orientteppich in einem Eiermann-Haus? Wieso nicht?»

Gustmann bedient sich fast religiös anmutender Begriffe – passend zum «missionarischen» Selbstverständnis lautet die «Botschaft», tradierte Elemente zum Teil eines modernen Wohnens zu machen.[10] Die beiden Äußerungen verbindet eine hierarchische Idee der Anleitung zum «richtigen» Wohnen. Die langjährige Redakteurin im Wohnressort Ilex Neß (2019) benennt diese redaktionelle Strategie:

> «Integrieren! Um die Leute zu kriegen haben wir mehrfach das Thema ‹Das alte Stück› gemacht. Das wurde sehr gern gelesen. Es waren oft Stilmöbel, keine echten alten Stücke. Aber im Grunde wollte man den Leuten modernes, sauberes Design bringen.»

Aus diesen Perspektiven lässt sich eine These formulieren, die im Folgenden mit den im Heft publizierten Inhalten konfrontiert werden kann: Offenbar arbeitete die *Schöner Wohnen*-Redaktion daran, durch die Integration unterschiedlicher Positionen einen möglichst anschlussfähigen Zuschnitt modernen Wohnens und moderner Architektur darzustellen und zu vermitteln.

Anzeigengeschäft und Verlagslandschaft

Bei ihrer Beschreibung der redaktionellen Strategie des Integrierens führt die ehemalige Redakteurin Ilex Neß (2019) noch einen weiteren Faktor an: «Es ging dabei auch um Anzeigen, denn die Industrie der Stilmöbel inserierte ja auch.» (Abb. 3) Das gibt Anlass, bei diesem Blick auf die Hintergründe der Redaktionsarbeit auch ökonomische Aspekte in den Fokus zu nehmen, die den Rahmen für die inhaltliche Ausrichtung der Zeitschrift mit abgesteckt haben.

Der Start der *Schöner Wohnen* fiel in das Ende einer Zeit, in der die Alleinstellung der Verlage als Printanbieter noch weitgehend unangefochten war. Bereits im Laufe der 1960er Jahre begann ein fundamentaler Wandel der Verlagsstrukturen: «Ein früher nicht gekannter Wettbewerb aller Medien untereinander bestimmt seither das Marktgeschehen.» (Dreppenstedt 2007, S. 22) Mit dem Ziel, ihre Bedeutung zu erhalten und Kosten zu sparen, reagierten die Verlage auf diese neuen Herausforderungen, indem sie sich zu großen Verlagsgesellschaften zusammenschlossen. Dieser Strategie folgend und um sich gegen die starke Konkurrenz des Springer-Verlags zu behaupten, unternahm der

Abb. 3: Einbauküche und Stilmöbel Seite an Seite, SW 07/1962

10 Johanna Hartmann (2019, S. 213) beschreibt ähnliche Strategien in Bezug auf Wohnausstellungen der 1950er Jahre als «cross-fadings», in denen scheinbare Widersprüche traditionalistischer und moderner Stile des Wohnens kombiniert werden.

Constanze-Verlag des Verlegers John Jahr die Flucht nach vorn (Buchholz 2007, S. 3). 1965 fusionierte er mit den Unternehmen des Verlegers Gerd Bucerius und dessen Verlagspartner im Henri-Nannen-Verlag, Richard Gruner – so entstand «über Nacht die nach dem Springer-Konzern größte bundesdeutsche Verlagsgruppe» (Lott 1985, S. 123), das Verlagshaus Gruner+Jahr. Hier erschienen *Stern*, *Die Zeit*, *Capital*, *Constanze*, *Brigitte*, *petra* und *Schöner Wohnen*, die Auflage dieser Publikationen erreichte in Summe fünf Millionen Exemplare bei einer Viertelmilliarde DM Jahresumsatz (ebd., S. 147).

Diese Veränderungen im Zeitschriftenmarkt sind beim Blättern in den Ausgaben der 1960er und frühen 1970er Jahre deutlich zu spüren – die inhaltliche Vielseitigkeit und gestalterische Experimentierfreude, die die opulenten Hefte der ersten Hälfte der 1960er Jahre ausstrahlen, hat *Schöner Wohnen* nie wieder erreicht. Die ersten Jahre der *Schöner Wohnen* standen ökonomisch also unter einem guten Stern und boten der Redaktion viel Spielraum, mit frischen Konzepten experimentieren und neue Methoden entwickeln zu können.

Die *Schöner Wohnen* war in ihrer Anfangszeit durchaus mehr als die «umfassende Werbebroschüre der Einrichtungsindustrie», die H. R. Möller (1981, S. 76) in der Zeitschrift sieht. Doch lässt sich bereits in den ersten Jahren ihres Erscheinens die zunehmende Vermischung redaktioneller Inhalte mit Produktwerbung beobachten, für die *Schöner Wohnen* heute berüchtigt ist. Bald drängte die Möbelindustrie darauf, dass ihre Produkte nicht nur in den gekennzeichneten Werbespalten der Zeitschrift erschienen, die schon für sich einen beachtlichen Teil des Heftes ausmachten, sondern auch in den redaktionellen Artikeln. Neben Berichten zu Haushaltsprodukten, die so zugleich beworben wurden, gab es redaktionelle Themen, in die Bildmaterial von Möbelherstellern integriert wurde. Die im *Schöner Wohnen*-Studio produzierten Wohnthemen wurden oft mit Verweisen auf Bezugsmöglichkeiten und Preise der gezeigten Produkte versehen, die häufig als Leihgaben von Anzeigenkund*innen ihren Weg ins Studio fanden. Der Anzeigenkoordinator der Redaktion übte im Sinne der Industrie Einfluss auf die verantwortlichen Redakteur*innen aus, die sich dagegen nach eigener Aussage mehr oder weniger erfolgreich zur Wehr setzten, wenn ihnen die Produkte nicht ins Thema passten. So wurde der redaktionelle Inhalt unmittelbar durch die Industrie beeinflusst. Der wirtschaftliche Erfolg der Zeitschrift in den 1960er und frühen 1970er Jahren gab der Redaktion aber zugleich auch eine gewisse Macht, eigene Interessen verfolgen zu können (Maly 2018).

Um in Bezug auf den Absatz des Blattes den ökonomischen Erfolg der einzelnen Themen messen und steuern zu können, setzte die Redaktion auf Marktforschung. Dabei kooperierte der Constanze-Verlag, in dem *Schöner Wohnen* bis 1965 erschien, mit dem zunehmend erfolgreichen *Spiegel*-Verlag in den Bereichen Marktforschung und Werbung (Lott 1985, S. 140). Die Informationen zur Struktur der Leser*innenschaft waren ein Faktor für die inhaltliche Ausrichtung. Auch sogenannte Copy-Tests wurden durchgeführt, bei denen Testpersonen beim Lesen der Zeitschrift gefilmt wurden, um das Leseverhalten, insbesondere die Verweildauer auf einzelnen Seiten, zu messen. In den Studien schnitten die architektonischen Themen häufig vergleichsweise schlecht ab, was mit dazu führte, dass der Architekturteil der Zeitschrift im Laufe der Zeit im Verhältnis zur Wohnrubrik allmählich kleiner wurde (Maly 2018). Mit zunehmender Diversifizierung des Zeitschriftenmarktes wurden 1979 architektonische Themen weitgehend in die auch von Josef Kremerskothen konzipierte neue Zeitschrift *Häuser* ausgegliedert.

Damit war das Ende der *Schöner Wohnen* als populäre Architekturzeitschrift besiegelt.[11]

Die Auswahl der Inhalte

Die wichtigste Stellschraube in der Vermittlung ihrer Haltung lag für die Redaktion in der Auswahl der Inhalte, die *Schöner Wohnen* publizierte: «Die Auswahl ist ja praktisch das Allerwichtigste, damit kann man etwas steuern – sehr bewusst.» (Gustmann 2019) Von dieser Möglichkeit machte «die ‹Dreierbande› aus Karlsruhe» aktiv Gebrauch. Jürgen Döhmann und Josef Kremerskothen hatten leitende Funktionen in der Chefredaktion inne, Treitz leitete das Architektur-Ressort. Er textete Gebäudeporträts und hatte durch Kontakte zu Architekt*innen und zu Fotograf*innen, die *Schöner Wohnen*-Serien anboten, Einfluss auf die Auswahl der präsentierten Häuser.

Ein Faktor im Mechanismus der Auswahl der Bauten und der Setzung architektonischer Themen war die Lehre Egon Eiermanns, die persönliche Netzwerke und architektonische Haltungen der Redakteur*innen geprägt hatte. In *Schöner Wohnen* wurden nicht nur viele Bauten präsentiert, die in Eiermanns Lehre vermittelten architektonischen Kriterien entsprachen. Über vierzig der etwa 300 in *Schöner Wohnen* vorgestellten und hier untersuchten Häuser wurden von Schüler*innen oder Mitarbeiter*innen Eiermanns entworfen.[12] Daher wird im Folgenden dessen Position knapp in den Blick genommen.

Eiermann sah in der «Gestaltung des Alltags [...] die höchste Offenbarung demokratischer Denkart» (Eiermann 2003 (1949), S. 80). Diese «Offenbarung» vermittelte er in seiner Lehre an der Technischen Hochschule Karlsruhe, wo er von 1947 bis 1970 unterrichtete. Zwischen prestigeträchtigen Architekturen wie Museen (1953), Kirchen (1954) oder Botschaftsgebäuden (1956) machte er scheinbare Nebensächlichkeiten zur Entwurfsaufgabe: 1948 sollte eine «Garage für 4 Lastwagen» mit «Abschmiergrube» geplant werden, für das «Büro einer Kohlenhandlung» war 1949 auch ein Schnitt durch den Waschraum im Maßstab 1:10 abzugeben. Es folgten eine Transformatorenstation und eine Verladerampe, trotz des wirtschaftlichen Aufschwungs blieben diese Themen Bestandteil des Lehrplans. Bemerkenswert ist, wie häufig in dieser Zeit einfache Eigenheime auf dem Lehrplan standen, während Geschosswohnungsbau keine Rolle spielte. Offenbar sah Eiermann in dieser Wohnform eine vordringliche Aufgabe der architektonischen Praxis.

Was machte Eiermanns Position aus? Für den Architekturhistoriker Immo Boyken war Eiermann «ein im unverfälschten Sinne konservativer Architekt» (Boyken 1984, S. 70), der laut eigener Aussage eine Architektur anstrebte, die nicht «durch ständige Produktion von Neuheiten und Überraschungen Sensationen hervorzurufen sucht», sondern die «Experimente ausschließt».[13] Indem er dem handwerklichen Detail in den Aufgabenstellungen große Bedeutung zuschrieb, verband er tradiert-handwerkliche Arbeit mit zeitgenössischen Baumaterialien und Konstruktionsweisen.

11 Zur Diversifizierung des Zeitschriftenmarktes siehe Vogel (2007, S. 50).
12 Für die Unterstützung bei der Recherche danke ich Martin Kunz am saai.
13 Boyken zitiert eine schriftliche Äußerung Eiermanns von 1961 (Boyken 1984, S. 70).

In seiner zweiten Vorlesung im Wintersemester 1949 fragte Eiermann (1949) die Studierenden, worin sich «das heutige Bauen mit flachem Dach von dem früheren mit spitzem Dach» unterscheide. Die Diskussion ist nicht überliefert, doch während das steile Dach mit NS-Folklore konnotiert und das flache Dach zum «Inbegriff der politisierten Moderne in Deutschland» (Ebert 2016, S. 59) stilisiert wurde, gibt Eiermann als Antwort auf die eigene Frage den mit deutlicher Anweisung verbundenen Kompromiss aus: «Ich möchte Sie bitten, auf die flachen Dächer zu verzichten. Machen Sie ein Dach von vielleicht 20–25 Grad. Ich werde Ihnen wahrscheinlich die flachen Dächer ausreden und hoffe, wir werden uns dann einig sein.»[14] Offenbar war man einig: Die meisten dokumentierten Entwürfe für Wohnhäuser sahen Dächer dieses Neigungswinkels vor – auch unter den Häusern ehemaliger Eiermann-Studierender in *Schöner Wohnen* sind viele «flachgeneigte» Dächer vertreten. Es scheint, als sei das «flachgeneigte Dach»[15] die perfekte Bedachung jener Nachkriegsmoderne, die *Schöner Wohnen* zu vermitteln suchte.

Die drei Redakteure Döhmann, Treitz und Kremerskothen verhalfen Eiermanns Positionen in *Schöner Wohnen* zu starker Präsenz. Doch die Vermittlung architektonischer Inhalte ging über die Vorstellung vorbildhafter Eigenheime hinaus. *Schöner Wohnen* vermittelte ihren Leser*innen eine Kombination aus methodischem, praxisbezogenem und historisch-theoretischem Wissen, das zum Verständnis von Architektur, zur Teilhabe an architektonischen Diskursen und zum Treffen architektonischer Entscheidungen ermächtigte und in das zugleich architektonische Haltungen der Redaktion eingeschrieben waren. Begrifflich bringt die Gründerin des Canadian Centre for Architecture (CCA) Phyllis Lambert diese Vermittlung auf den Punkt: Sie beschreibt das Ziel des CCA als «promoting architectural literacy at all levels of twentieth-century society» (de la Ruffinière du Prey 1985, S. 60). *Architectural Literacy* lässt sich als *Architekturkompetenz* übersetzen. Auf welche Weise *Schöner Wohnen* Architekturkompetenz vermittelte, wird im Folgenden näher betrachtet.

14 Ebd.

15 So Eiermann im Zuge der Planungen für die Siedlung in Buchen in einem Brief an Pfarrer Heinrich Magnani im Frühjahr 1949 (Eiermann 1994, S. 12). Diese widersprüchliche Wortschöpfung aus *flach* und *geneigt* soll offenbar das geneigte Dach vom in der NS-Zeit beliebten steilen Dach abgrenzen, ohne sich dabei zu sehr auf die flache Seite zu schlagen.

Eine populäre Architekturzeitschrift

In der Geschichte vom «kleinen Haus» in der Erstausgabe der Zeitschrift zeigt sich nach dem ersten Umblättern dessen Inneres aus überraschender Perspektive: Als wäre es sorgsam horizontal tranchiert und der Deckel gelüftet worden, blicken wir schräg von oben in die Innenräume. In einer axonometrischen Handzeichnung ist das Interieur samt Mobiliar detailverliebt dargestellt – sogar die Nähmaschine am Arbeitsplatz im ovalen Flur ist zu erkennen. Auch die Materialität der Oberflächen ist abgebildet, Teppiche, Kacheln, der gestreifte Bezug eines Kinderbettes geben ein Gefühl für die Atmosphären der Zimmer. Wie ein Puppenhaus lassen sich die Räume gedanklich bewohnen, als lüden die winzigen Möbel dazu ein, sich im Armlehnstuhl an den Sekretär im Wohnraum zu setzen oder auf der Terrasse die riesigen Sonnenblumen zu bestaunen. Die Schnittflächen der Wände offenbaren einen spannenden Blick hinter die Kulissen des Hauses und zeigen Konstruktionsschächte und passgenau gearbeitete Einbaumöbel. Die Außenwände sind in voller Höhe dargestellt und vermitteln einen Eindruck des Raumes unter dem flach geneigten Satteldach. Die Innenwände sind dort, wo sie die Perspektive auf das Interieur verstellen würden, diagonal bis auf die übliche Grundriss-Schnittebene in einem Meter Höhe hinab ausgeschnitten, auch die Fassade im vorderen Bereich der Zeichnung scheint sich unter einem Röntgenblick in feine Linien aufzulösen (Abb. 4).

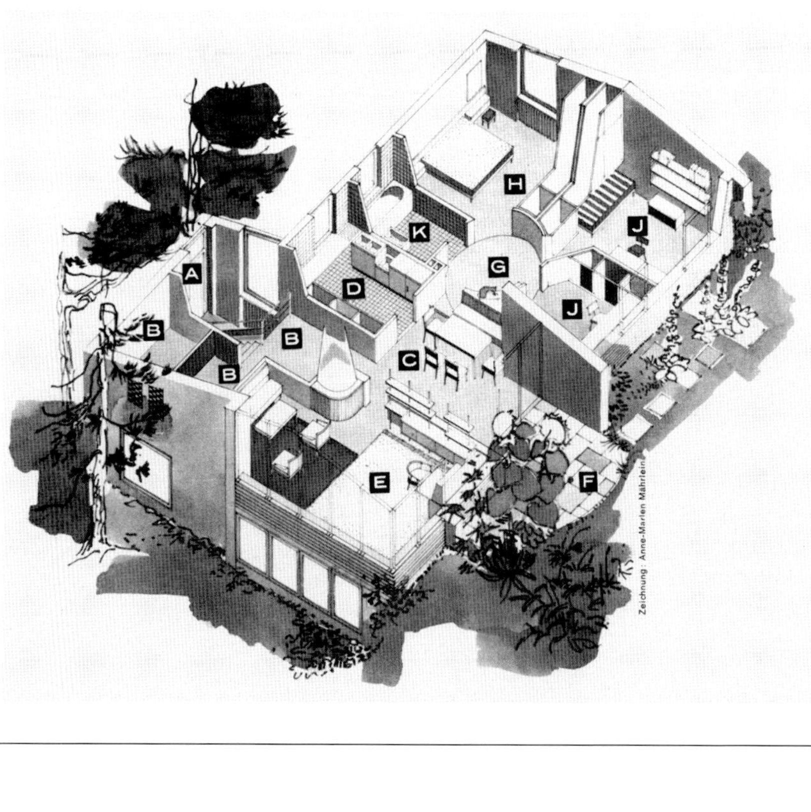

Abb. 4: Darstellung des Hauses L., SW 01/1960

Zugängliche Architekturdarstellung

Die Perspektive, die *Schöner Wohnen* in der zeichnerischen Übersetzung eines Architekturmodells in das zweidimensionale Medium der Zeitschrift darbietet, hat Tradition. In seinem Text «Architekturmodell – ‹Idea materialis›» sieht Werner Oechslin (2011) das Architekturmodell als das vermittelnde Medium der Architektur schlechthin und präsentiert historische Zeichnungen, die den Darstellungen in *Schöner Wohnen* sehr ähnlich sind.. Zu einem «horizontalen Durchschnitt» von 1744 heißt es, er sei dienlich, «einem Anfänger einen Begriff beizubringen, was ein Grundriss bedeute, nicht minder [...] einem Bau-Herrn, der sonst nicht viel von einem Risse versteht, einen Begriff von seinem künfftigen Hause [...] zu machen».[16]

Auch in populären Medien fand diese Darstellungsweise Verwendung. Seit den 1930er Jahren blickten Leser*innen US-amerikanischer Zeitschriften häufig von oben in Wohnungen, wenn ihnen in Werbeanzeigen Haushaltsprodukte vorgestellt wurden. Diese Perspektive suggeriert Kontrolle über das eigene Heim und lädt ein, über seine Gestaltung mitzubestimmen (di Robilant 2014, S. 86). Wie Johanna Hartmann (2010b) argumentiert, folgt der auch in Wohn-Ausstellungen der BRD der 1950er Jahre häufig inszenierte «alles überschauende, panoramatische Blick, der in der westlichen visuellen Kultur der Moderne für gewöhnlich mit dem Blick des Herrschers in Verbindung gebracht wird», dem Mechanismus des Panopticons. Damit mache er die Wohnung «zu einem öffentlich verhandelten Ort und das Wohnen zu einer Praxis von öffentlichem Interesse» (ebd., S. 23). Dabei knüpft dieser Blick von oben «an die Luftaufnahmen zerbombter Städte und an ein entsprechend geschultes ‹Lesen› von Wohnraum an» (ebd., S. 22).

Schöner Wohnen griff also eine traditionelle architektonische Präsentationsform auf, die als Reklamezeichnung in populären Medien grafisch weiterentwickelt und im bundesdeutschen Nachkriegskontext als didaktisches Instrument der Wohnvermittlung erprobt war, um sie erneut als zugängliche Darstellungsform von Architektur einzusetzen, und zwar auf raffinierte Weise: Die versetzten Schnittebenen und transparenten Wände geben einen dreidimensionalen Eindruck des Raumgefüges. Zusätzlich erweitert die Verbindung von Zeichnungen, Bild und Text im Layout der Doppelseite die räumliche Vorstellung des «kleinen Hauses» um weitere Ebenen. Die im Schnitt dargestellte räumliche Konfiguration des Hauses wird in Kombination mit der axonometrischen Darstellung leicht nachvollziehbar. Die detailliert gezeichnete Einrichtung findet sich auch in den Innenraum-Fotografien des Hauses L. wieder, die durch Verweise in Großbuchstaben in der räumlichen Zeichnung situiert werden, sodass es den Leser*innen möglich wird, sich in die räumliche Darstellung hineinzuversetzen. Zudem ist die Zeichnung mit Textpassagen versehen, die räumliche Zusammenhänge erläutern. Durch diese geschickte Darstellung vermittelte *Schöner Wohnen* eine komplexe und architektonisch präzise räumliche Vorstellung des präsentierten Gebäudes auf anschauliche Art und Weise. So verfolgte *Schöner Wohnen* bereits auf den ersten Seiten ein beachtliches Ziel: Architektur räumlich verständlich zu machen – und zwar für alle. Doch damit nicht

16 Aus Johann Friedrich Penther, «Erster Theil einer ausführlichen Anleitung zur Bürgerlichen Bau-Kunst enthaltend ein Lexikon Architectonicum ...», Augsburg 1744, Tf. XVII, zit. nach Oechslin (2011, S. 150).

genug: «Genau genommen stellte der *Blick von oben* die Autonomie der Architektur als klar abgegrenzte Fachdisziplin in Frage, indem er LaiInnen die Illusion von Kontrolle über alle Aspekte des Wohnens vermittelte.» (di Robilant 2014, S. 89) Damit legte *Schöner Wohnen* in dieser ersten Reportage einen Fixstern fest, an dem sich der Kurs der Redaktion für lange Zeit ausrichten und der zu bemerkenswerten Strategien der Architekturvermittlung führen sollte.

Die Redaktion arbeitete immer wieder mit innovativen Darstellungsmethoden, die zweidimensionale architektonische Pläne so mit anderen Medien konfrontierten, dass aus ihnen auch für Leser*innen ohne geschultes architektonisches Lesevermögen dreidimensionale räumliche Vorstellungen erwuchsen. Perspektivische Zeichnungen wurden immer wieder aufgegriffen und weiterentwickelt. So zum Beispiel im Februar-Heft 1962, als unter dem Titel «Ein Haus für vier» ein bescheidenes Eigenheim vorgestellt wurde (Abb. 5).[17] Unterhalb einer freigestellten fotografischen Ansicht der Giebelseite des Haues ist eine bemerkenswerte räumliche Zeichnung gesetzt, in der Erdgeschoss und Dachgeschoss so voneinander gelöst dargestellt sind, dass wir von oben durch einen perspektivischen Grundriss in das Erdgeschoss und durch die fehlende Giebelseite in einen perspektivischen Schnitt des Dachgeschosses blicken können. Diese Darstellung ist maßstäblich so angelegt, dass sich die Giebelfassade beim imaginären Zusammenbau des zerlegten Hauses passgenau einsetzen ließe. Darunter liegt der Grundriss des Erdgeschosses, in dem wir die dunkel schraffierten Schnittflächen aus der perspektivischen Zeichnung wiedererkennen. Die Perspektive der Darstellung wird also von der zweidimensionalen Fassade durch den Schnitt über die räumliche Zeichnung in den zweidimensionalen Grundriss verschoben und spannt so ein dreidimensionales Verständnis des Hauses auf. Hier wird architektonisches Vorstellungsvermögen vermittelt und nachvollziehbar gemacht, wie aus der Verbindung zweidimensionaler Grundrisse, Schnitte und Ansichten ein dreidimensional imaginiertes Objekt entsteht.

Mit dem Gebäudeporträt «Ein Haus für vier» beginnt zugleich eine lange *Schöner Wohnen*-Tradition: Erstmals stehen neben dem Grundriss des Hauses seine vier Bewohner*innen – als Piktogramme. Im Impressum heißt es dazu: «Um Ihnen die Größe eines Hauses zu seiner Bewohnerzahl [...] auf die am wenigsten anstrengende Art verständlich zu machen, [...] mußte außer der textlichen Information etwas Anschauliches gefunden werden.» (SW 02/1962, S. 3) Gezeigt werden fortan neben jedem Grundriss stereotyp gegenderte Symbole für Mutter, Vater, Kinder, Gast und Auto (Abb. 6).[18]

Die gezielte Arbeit mit zugänglichen architektonischen Formaten spielte für Kremerskothen (2018) eine wichtige Rolle: «Das gehörte alles dazu, den Leuten die dritte Dimension zu zeigen. Das alles gehörte zum Lebenlernen, Bauenlernen, Wohnenlernen – dass man plötzlich Spaß daran hatte, weil man das Handwerkszeug dazu gereicht bekam, weiterzudenken.»

17 Dessen Architekt Peter Josef Treitz ist oben als Teil der Redaktion vorgestellt worden.

18 Die Relevanz des Autos für das Lebensideal Eigenheim wird deutlich, wenn das Auto durch die Redaktion förmlich zum Bewohner des Hauses erklärt wird. Zur normativen Rolle gegenderter Bildcodes siehe Umbach (2022, S. 53–63), wo auch auf besagte Piktogramme eingegangen wird.

EIN HAUS FÜR VIER

Fortsetzung

Haus S. in Eggenstein bei Karlsruhe, erbaut für einen Schreinermeister mit viel Eigenarbeit des Bauherrn

Die holzverkleideten Giebelwände und viele andere Einzelheiten deuten auf das Metier des Bauherrn

Der Architekt mußte nicht nur das auf etappenweisen Aufbau angelegte Raumprogramm des Bauherrn erfüllen, sondern auch die Konstruktion so halten, daß sie vom Bauherrn, einem Schreinermeister, großenteils selbst ausgeführt werden konnte

Schreinermeister S. stammt aus der Sowjetzone und ist erst vor einigen Jahren mit seiner Frau und einer heute zehnjährigen Tochter nach Eggenstein bei Karlsruhe gekommen. Seiner zu engen Wohnung ebenso überdrüssig wie der aufreibenden und fruchtlosen Suche nach einer größeren, beschloß er, ein eigenes Haus zu bauen. Angesichts seiner finanziellen Lage war das ein recht kühner Plan, den er aber verwirklichen zu können glaubte, wenn er nur zwei Dinge im Auge behielt. Einmal war er entschlossen, seine handwerklichen Fähigkeiten beim Bau des Hauses einzusetzen, wo immer dies möglich wäre, zum anderen wollte er Einsparungen am falschen Platz vermeiden, die sich schließlich doch nur als Verteuerungen erwiesen hätten. Er wollte ein eigenes Haus, aber keinen Eigenbau auf Grund eigener Pläne und ohne Beratung eines Architekten. Dank dieser vernünftigen Überlegungen beliefen sich die Baukosten des Hauses – siehe Abrechnung rechts oben – schließlich auf 26 000 Mark, wobei ein Drittel dieser Summe auf eigene Arbeit des Bauherrn entfällt (errechnet auf der Basis der ortsüblichen Handwerkerlöhne). Der Architekt, Diplom-Ingenieur Josef Peter Treitz, bekam also eine doppelt reizvolle Aufgabe gestellt: Er mußte ein bescheidenes Raumprogramm für eine kleine Familie erfüllen, und er mußte sich für den Bau des Hauses eine Konstruktion einfallen lassen, die vom Bauherrn mit dessen Mitteln und Möglichkeiten weitestgehend allein ausgeführt werden konnte. Das Raumprogramm sah so aus: Zur Zeit der Bauplanung zählte die Familie S. drei Personen; die vierte, das zweite Kind nämlich, kam zur Welt, als das Haus fertig und bezogen war. Der Architekt hatte natürlich keine völlig freie Hand: es gab behördliche Auflagen zu erfüllen, die sich vor allem auf die Geschoßzahl (eineinhalb) und die Dachform (Neigung von 52 Grad) erstreckten. Die Grundrisse (unten) und die nebenstehende perspektivische Schnittzeichnung zeigen, wie der Architekt dieses Bündel von Aufgaben gelöst hat. Das Ergebnis ist ein Haus von ruhigen Linien. Die tragenden Mauern teilen es in zwei gleichgroße äußere und eine kleinere innere Zone, in der auch das Treppenhaus liegt (Pfeil in der Zeichnung links). Die Konstruktion des Hauses ist denkbar einfach, entbehrt aber nicht der architektonischen Eleganz: Alle Hauptmauern sind gerade, gleich stark, tragend und liegen im rechten Winkel zueinander. Die Dachkonstruktion, vom Bauherrn selbst ausgeführt, liegt ganz schlicht auf dem Mauerwerk. Gauben oder andere Dachauswüchse waren nicht nötig, da die Schlafräume durch Giebelfenster ihr Licht bekommen. So wurden Kosten eingespart und die Dachflächen ruhig und geschlossen gehalten.

Die Zeichnungen in dieser Reihe zeigen von links nach rechts die Grundrisse von Erdgeschoß, Keller- und Dachgeschoß

Wohnraum
Küche
Eßraum
Speisek.
Bastelraum
Abstellraum
Vorrat
Kind
Kind
Bad
Eltern
1 m

14

Abb. 5: Darstellung des «Hauses für vier», SW 02/1962

Abb. 6: Piktogramme der Bewohner*innen, SW 02/1962

Eine leichtfüßige Umsetzung dieses Anliegens gelang in der Serie «Leser-Wettbewerb – Können Sie praktisch denken?» (SW 05–07/1962). Hier waren in Textaufgaben eingebundene architektonische Rätsel zu lösen: Für einen Herrn P. sollten die Leser*innen den Grundriss eines Hauses auf einer Parzelle in möglichst günstiger Beziehung zur Straße, bestehenden Vegetation und Himmelsrichtung platzieren. An anderer Stelle sollten Räume im Plan mit Funktionen versehen oder anhand eines Grundrisses die «richtige» Bewohner*innen-Konstellation für ein Einfamilienhaus gefunden werden. Didaktisch besonders interessant ist die Aufgabe «Frau G. macht Unhold dingfest», in der ein Zeitungsbericht mit dem Plan eines Hauses abgeglichen werden soll, um Ungereimtheiten in Zeugenaussagen zu einem Einbruch zu entlarven. Der Ort des Geschehens ist indes leicht zu erraten: ein Eigenheim.

So trivial dieser Rätselspaß erscheinen mag: In der medialen Vermittlung von Architektur werden oft die Darstellungskonventionen der Disziplin für gegeben vorausgesetzt, oder das Niveau der Darstellungsebene wird auf das Zeigen illustrativer Bilder gesenkt. Deutlich wird das an einem Gegenbeispiel aus feministischen Architekturdiskursen der 1980er Jahre:[19] Das britische Architekturkollektiv Matrix (1984) erläuterte in «Making space: women and the man-made environment» zunächst, wie eigentlich ein Grundriss funktioniert. Die Autor*innen begründeten diesen ungewöhnlichen Schritt: «Plans are necessary tools for understanding and talking about buildings. People whose work involves building have been taught how to read drawings. Others are often presented with drawings and made to feel incompetent if they cannot understand them.» (Ebd., S. 55) Dass *Schöner Wohnen* ihre Leser*innen in architektonischen Darstellungsweisen schulte, stellt vor diesem Hintergrund das kritische Potenzial heraus, das einer populären Architekturzeitschrift mit derart großer Verbreitung innewohnt.

Praktisches Architekturwissen

Einen wichtigen Anteil an der Vermittlung von Architekturkompetenz hatte architektonisches Praxiswissen. Jeden Monat bekam *Schöner Wohnen* Tausende Zuschriften von Leser*innen, denn es gab großen Bedarf an Informationen rund ums Wohnen und Bauen. Kremerskothen war die ersten Jahre für die Beantwortung zuständig. Der junge Redakteur bekam so nicht nur einen unmittelbaren Eindruck von der wohnlichen Verfasstheit der Leser*innen. Vor allem nutzte er diese Gelegenheit, um *Schöner Wohnen* als ratgebende Instanz in architektonischen Fragen zu etablieren, indem er ein Netzwerk von Architekt*innen und Innenarchitekt*innen aufbaute, die die Zuschriften mit Texten, Grundrissen und perspektivischen Zeichnungen beantworteten. Eine Auswahl der Fragen und Antworten brachte Kremerskothen in den Rubriken «Der Leser fragt» und «Aus Peter Malys Skizzenbuch» ins Heft. Später wurde diese Leser*innenberatung sogar noch um eine Telefonhotline ergänzt, bei der Leser*innen einmal wöchentlich anrufen konnten.

Immer wieder wurden in diesem Bereich neue Reihen und Rubriken aufgelegt. So etwa ein *Schöner Wohnen*-Lexikon (SW 05/1962, S. 5), das Döhmann zur Erläuterung architektonischer Fachbegriffe konzipiert hatte (Abb. 7). Unter dem Titel «Wir bauen um» wurden von

19 Für die Hinweise zu diesem Thema danke ich Tijana Stevanovic.

WAS IST WAS

DAS SCHÖNER WOHNEN LEXIKON

Bewehrung

Der französische Gärtner Joseph Monier hatte um die Mitte des vorigen Jahrhunderts ständig Ärger mit

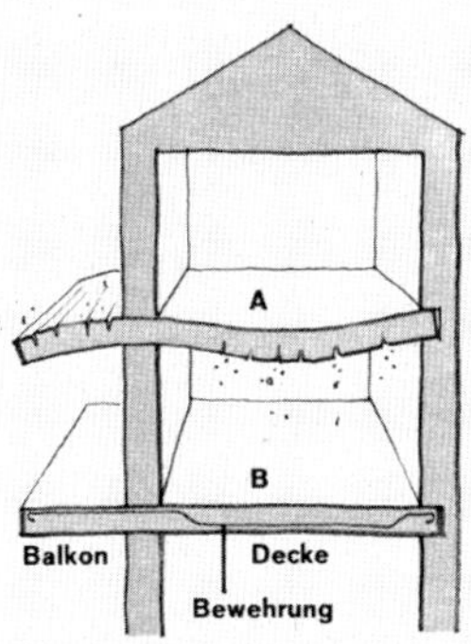

A Beton (ohne Bewehrung)
B Stahlbeton (mit Bewehrungseisen)

großen Beton-Blumenkübeln: Sie zerbrachen sehr leicht. Erst als er bei der Herstellung Eisen in den Beton einlegen ließ, hielten die Kübel allen Belastungen stand. Monier setzte sich dafür ein, daß diese Methode, den Beton zu »bewehren«, auch im Bauwesen Eingang fand; noch heute spricht man von Monier-Eisen, wenn man die Bewehrung meint, die den gewöhnlichen Beton zu Stahlbeton (auch Eisenbeton genannt) macht. Unbewehrter Beton ist nämlich nur gegen Druck sehr standhaft. Zugkräften gibt er aber schnell nach; Zug entsteht bei Belastungen von Decken oder Balken an der Unterseite, dort nämlich, wo das Material sich ausdehnt, wenn es sich nach unten durchbiegt. Daher liegen in dieser sogenannten Zugzone auch die fingerdicken Bewehrungs-Eisen. Daß die Bewehrung in der unteren Zone nicht immer richtig liegt, erfahren wir hin und wieder aus Zeitungsmeldungen, die über den Absturz eines Neubau-Balkons berichten: Bei auskragenden Balkonplatten aus Stahlbeton (siehe Stichwort: kragen, Heft 2/63) ist die Zugzone immer oben; auch die Bewehrung muß also in diesen Fällen oben liegen (siehe Zeichnung).

Setzriß

Ein Haus kann viele Risse haben, und es gibt dafür fast ebensoviele mögliche Ursachen. Außer Rissen, die durch das Schwinden und Ausdehnen verschiedenen Baumaterials entstehen können (siehe Stichwort »arbeiten«, Heft 11/62), gibt es auch Risse, die dann auftreten, wenn Konstruktionsteile (Träger, Decken, Wände) des Hauses überlastet werden. Setzrisse dagegen entstehen durch Ursachen, die außerhalb des Hauses liegen: Setzt sich der Boden, auf dem das Gebäude steht, ungleichmäßig, dann reißen Mauern und Decken. Besonders häufig entstehen Setzrisse an schlecht fundierten Neubauten, und zwar so lange, bis sich der durch die Fundamente belastete Boden überall »gesetzt« hat. Aber auch an Altbauten gibt es Setzrisse: durch Erschütterungen des Erdreichs – besonders bei stark befahrenen Straßen oder in der Nähe von Eisenbahnlinien – und in Bergbaugebieten. Erstes Gebot bei Setzrissen: abwarten und beobachten. Hierzu werden sogenannte Gipsmarken über die Risse geklebt, an denen man genau sehen kann, ob und wie schnell sich die Risse vergrößern. Hat sich das Haus endlich gesetzt, kann man die Risse schließen und braucht nicht zu fürchten, daß sie wiederkommen.

Kredenz

Dieses Möbel hat seit dem 15. Jahrhundert oft seine äußere Form, bis heute aber nicht seine Bedeutung geändert: Ursprünglich war die Kredenz (italienisch: credenza) nur ein Anrichte-Tisch. Später kam ein offenes Gerüst für Geschirr hinzu. Schließlich wurde aus dem Gebrauchsmöbel das Schau- und Prunkmöbel der Wohnung (Foto: Barock-Kredenz, 1663). Noch in den Gründerjahren dieses Jahrhunderts gehörte der Nachfahre der Kredenz, das »Büfett«, in jedes gut bürgerliche Speisezimmer. In unseren Tagen hat das massive Büfett (in der gehobenen Möbelhändlersprache heißt es sideboard) wieder zu schlichteren und leichteren Formen zurückgefunden.
Das italienische Wort Kredenz wird vom lateinischen credere (glauben)

abgeleitet: Durch Vorkosten wurde die Unschädlichkeit des Dargereichten glaubhaft gemacht.

Abb. 7: «Was ist was? Das Schöner Wohnen Lexikon», SW 05/1963

Februar 1963 bis Ende 1965 über dreißig Umbauprobleme besprochen. Die ausführlichen und mit Zeichnungen Döhmanns versehenen Artikel fokussierten dabei vor allem Konstruktives, etwa den Einbau einer Zwischenwand, das Versetzen von Türen oder das Anbauen eines Balkons.

Im Laufe der 1960er Jahre behandelte *Schöner Wohnen* eine schier unerschöpfliche Menge architektonischer Themen mit Praxisbezug. Größere Fragen wie die Beurteilung von Wohnungsgrundrissen oder das Lesen eines Bebauungsplanes mit ausführlichen Erläuterungen verschiedener Bauvorschriften wurden ebenso thematisiert wie «Einfache Lösungen für kleine Probleme» in der beliebten Rubrik «SW Praktisch», die von 1965 an bis weit in die 1970er Jahre Anleitungen für kleine Umbauten in Eigenregie brachte. Diese Rubrik zeigt auch, wie ernst es der Redaktion mit ihrer Rolle als architektonischer Ratgeberin war: «SW Praktisch» wurde auf stärkerem, farbig gelb ausgezeichnetem Papier gedruckt, das entlang des Bundstegs mit einer Markierung zum Heraustrennen versehen war, um ein eigenes «Archiv des Wohnwissens» (Umbach 2022, S. 131) zu bilden. Ohnehin ließen sich bei der Redaktion Schuber bestellen, um jeweils einen Jahrgang *Schöner Wohnen* übersichtlich zur Verfügung zu halten, falls etwas nachgeschlagen werden sollte. Zur Krönung der Vermittlung praxisbezogenen Architekturwissens ermutigte *Schöner Wohnen* ihre Leser*innen im Januar 1971 in der dreiteiligen Reihe «Planen und Bauen», selbst den Stift in die Hand zu nehmen: Der erste Teil der Serie «So teilt man sein Grundstück ein» behandelt die städtebauliche Setzung eines Eigenheims. Dabei bezog Redakteur Johannes Holschneider neben den Funktionsbereichen des Grundstücks auch Feuerwehrzuwegungen, Abstandsvorschriften und Grundbuchlasten mit ein, die in Skizzen erläutert werden. Im zweiten Teil «So entwerfen Sie Ihr Haus» wird aus den Bedürfnissen der Bewohner*innen ein Raumprogramm entwickelt. Dabei werden Fragen zur zukünftigen Nutzung des Hauses in einer Tabelle gegen die geplanten Räume aufgetragen und die Nutzungen so verortet. Im nächsten Schritt folgen detaillierte Anweisungen zum Anlegen eines Grundrisses auf Millimeterpapier, «ein Zentimeter auf dem Papier bedeutet dann einen Meter in Wirklichkeit». Denn jetzt «wird es Zeit für Ihre ersten Grundrissüberlegungen. [...] Gliedern Sie den Grundriss in störungsfreie Funktionsgruppen: Wohnen, Kochen, Schlafen. Beachten Sie unsere Windrose, sie zeigt die beste Himmelsrichtung für die einzelnen Räume des Hauses. Denken Sie bei der Planung auch an die Zukunft. Ihre Familie kann sich verkleinern oder vergrößern.» (SW 03/1971, S. 163) Im letzten Teil der Serie – «Der Teufel steckt im Detail» – wurde erörtert, wie Bauherr*innen die Pläne auf Fehler prüfen können. «Zuerst müssen Sie versuchen, sich den Architektenplan räumlich vorzustellen», weshalb der Grundriss in eine detaillierte Axonometrie übersetzt wird (Abb. 8). Denn: «Architekten haben die Angewohnheit, ihre Pläne so zu zeichnen, dass ein Laie sie nur mit Mühe versteht.» (SW 04/1971, S. 187)

Die journalistische Präsentationsform dieser Beiträge wird von Haller und Eickelkamp (2007) als *Nutzwertjournalismus* bezeichnet. Mit der Vermittlung von Informationen, die für die Leser*innen «praktisch sinnvoll und nutzbar» sind (ebd., S. 255), ist dabei auch die Absicht verbunden, «mit einem praktischen Alltagsbezug [...] die Bindung der Rezipienten an ein Medium [zu] erhöhen» (ebd., S. 257). Nicht nur ökonomisch lag darin ein Vorteil für die Redaktion, sondern auch für den Erfolg ihrer didaktischen Ziele. In dieser als objektiv dargestellten Präsentationsform von Informationen sehen Haller und Eickelkamp

Serie: Planen und bauen

DER TEUFEL STECKT IM DETAIL

Im letzten SCHÖNER WOHNEN-Heft haben wir Ihnen gezeigt, wie weit Sie Ihr Haus selbst entwerfen können. Hier erfahren Sie, worauf Sie besonders achten müssen, wenn Sie die Pläne Ihres Architekten prüfen

DIE GRÖBSTEN GRUNDRISSFEHLER

Architekten haben die Angewohnheit, Ihre Pläne so zu zeichnen, daß ein Laie sie nur mit viel Mühe versteht. Das hat in den meisten Fällen technische Gründe, denn Grundrisse werden vom Architekten in erster Linie für den Gebrauch an der Baustelle gefertigt. Dort braucht man keine perspektivischen Bilder. Skizzen oder Zeichnungen, die das Haus waagerecht oder senkrecht durchgeschnitten zeigen, genügen für die Arbeit der Handwerker am Bau. So wie in der unteren Zeichnung sieht zum Beispiel ein typischer Hausplan aus, den Ihnen ein Architekt oder auch manche Fertighausfirma anzubieten wagen. ↓

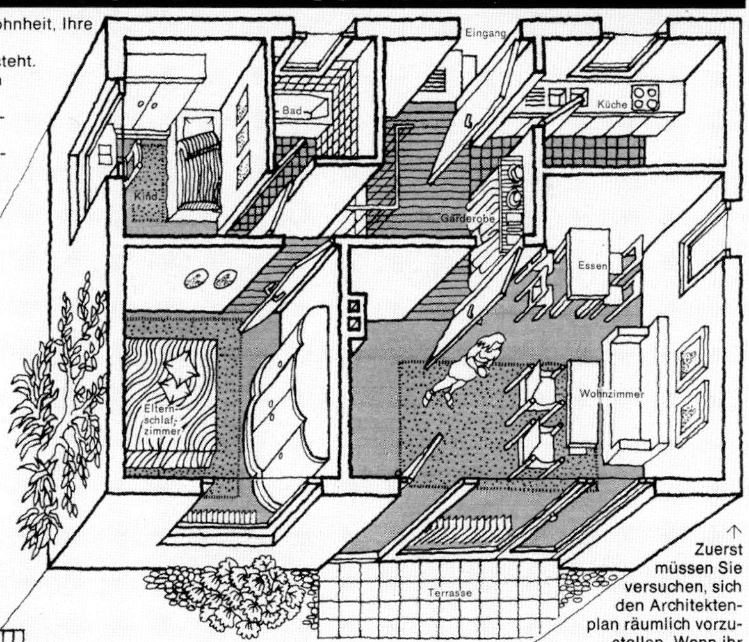

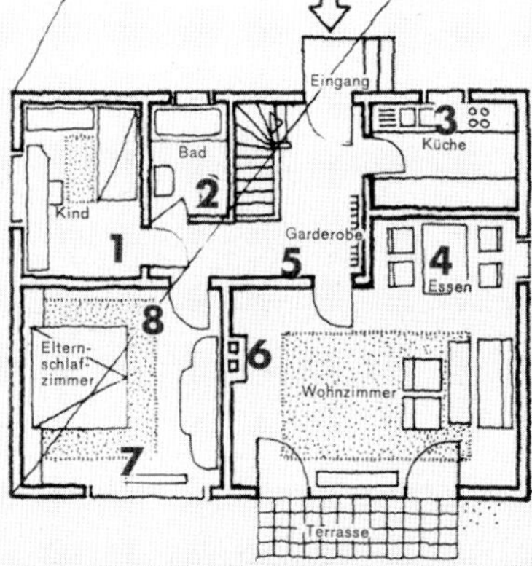

↑ Zuerst müssen Sie versuchen, sich den Architektenplan räumlich vorzustellen. Wenn ihr Vorstellungsvermögen nicht ausreicht, müssen Sie darauf bestehen, daß der Architekt oder die Fertighausfirma Ihnen in einer perspektivischen Zeichnung, mit einem gebauten Modell oder an einem Musterhaus vor Augen führt, was da eigentlich für Sie geplant wird. Lassen Sie sich nicht durch kluge Redensarten täuschen, und kaufen Sie keine »Pläne im Sack« Meist sind es »trojanische Pferde« aus deren Bauch allerlei Unheil hervorkommt, wenn das Haus erst einmal auf Ihrem Grundstück steht. Verlangen Sie auf alle Fragen präzise Auskunft – am besten lassen Sie sich die Antworten schriftlich geben. In der Zeichnung links haben wir nur einige der fahrlässigsten und gröbsten Grundrißfehler gekennzeichnet. Auf der nächsten Seite finden Sie diese einzeln wieder: und gleichzeitig jeweils eine Anleitung, wie solche Fehler vermieden werden.

187 ▶

Abb. 8: «Zuerst müssen Sie versuchen, sich den Architektenplan räumlich vorzustellen», SW 04/1971

(2007) auch einen «Erziehungsanspruch» (ebd., S. 256) angelegt. Mit ihren Ratgeber-Rubriken übertrug die Zeitschrift *Schöner Wohnen* eine klassische Funktion des Wohnlehrmediums Wohnzeitschrift in die Sphäre der Architektur und machte ihre Ratgeber-Rolle zu einem wesentlichen Einflussfaktor.

Diese Vermittlung architektonischen Praxiswissens kratzte zugleich an der Autonomie der Architekturdisziplin. Sie hatte das Potenzial, Wissenshierarchien zwischen Planer*innen und Bewohner*innen abzubauen und durch wachsenden Einfluss der Bauherr*innen auf Entwurfsentscheidungen die Architektur der Eigenheime dieser Zeit zu verändern.

Die Veröffentlichung alltäglicher Architektur

Zurück zur ersten Reportage, zum «kleinen Haus» der Familie L. Wir blättern in einen sonnigen Harburger Nachmittag. Im Garten ist beschattet von großen Kiefern ein Kinderzelt aufgebaut. Aus der sandigen Böschung am Waldrand ragen Wurzeln. Einige Felsbrocken liegen herum. Christoph kommt die Böschung heruntergelaufen, Careli entgegen, die in der Nähe des Zeltes im Gras hockt. Ihre Badeklamotten haben die beiden gegen robuste Lederhosen und farbenfrohe Hemden eingetauscht, er trägt ein kurzärmliges gelbes, sie ein langärmliges blaues. Frau L. hat es sich im Liegestuhl bequem gemacht und blickt lächelnd auf das Treiben der beiden. Die faltbare Terrassentür ist weit geöffnet, doch im schattigen Inneren ist nur eine weiße Hemdbrust zu erkennen, auf der sich ein dunkler Schlips abzeichnet. Herr L. steht im Hintergrund. Die Unbekannten scheinen in dieser vermeintlich privaten, alltäglichen Situation merkwürdig vertraut. Das Haus ist zugleich Fokus und Hintergrund der Szene. Es wirkt wie ein eingeschossiger Bungalow; die Wände sind weiß verputzt oder in ziegelrotem Sichtmauerwerk ausgeführt, das geneigte Dach ist mit Wellasbest gedeckt, über der Terrasse macht es einen vorsichtigen Schwung. Rechts sind die großformatigen, sprossenlosen, fast quadratischen Fenster mit zweiflügligen Läden versehen, links schimmern die Kiefern durch die gläserne Ecke des Hauses hindurch. Auch das Haus wirkt längst vertraut. Vom letzten Blättern kennen wir den Grundriss seines Untergeschosses, die Konstruktion seines Daches, seine Innenräume und seinen Preis (Abb. 9).

Abb. 9: Gartenseite des «kleinen Hauses», SW 01/1960

Eigenheimporträts

In den ersten fünfzehn Jahren ihres Erscheinens stellte *Schöner Wohnen* über 300 Eigenheime vor. Gebäudeporträts bildeten das Rückgrat der Zeitschrift – kein Heft erschien ohne die geschickten Kompositionen aus Text- und Darstellungsformen unterschiedlicher Genres. Schon der volle Titel des ersten Artikels «Das große Ziel: ein kleines Haus. Die Geschichte einer jungen Familie» macht klar, dass er als Homestory im doppelten Sinne daherkommt: Vorgestellt werden das Zuhause der «jungen Familie», deren scheinbar privater Alltag dargestellt wird, und das Haus als architektonisches Objekt.

Typische Stilmittel der Homestory wurden in den Gebäudeporträts gezielt zur kurzweiligen, niedrigschwelligen und persönlichen Vermittlung von Architektur eingesetzt. So näherte sich die fotografische und beschreibende Perspektive dem Gebäude häufig von außen und drang dann immer weiter ins Innere des Hauses und scheinbar Private seiner Bewohner*innen vor. Durch persönliche Anekdoten wurden die Bewohner*innen vertraut und zumeist als «einfache Leute» nahbar gemacht und das scheinbar Individuelle des persönlichen Wohnens herausgestellt. «Dabei formuliert die Homestory zumeist nicht mehr als Varianten individualisierter Normalisierung, denn das veröffentlicht Zu-Sehen-Gegebene des Persönlichen geht kaum über das Zugelassene und Erwünschte hinaus – wir sehen uns letztlich bei dem, was wir selbst tun dürfen, bei den Anderen zu.» (Nierhaus 2018, S. 21) Mit dieser Spiegelung des Eigenen in das alltägliche Leben der anderen, die Irene Nierhaus beschreibt, arbeitete *Schöner Wohnen* in den Gebäudeporträts: Die Elemente der Homestory brachten die Leser*innen dazu, in Beziehung zu den dargestellten Räumen zu treten, sich in die Eigenheimarchitekturen hineinzuimaginieren. Aus dem Leben in gebauten Vorbildern konstruierte das Gebäudeporträt einen architektonischen Rahmen individualisierter Normalisierung.

Besonders beliebt war die Gattung der Homestory in sogenannten Frauenzeitschriften. Sie sind ein wichtiger Bezugspunkt, mit dem *Schöner Wohnen* als Spin-off der *Constanze* durch den spezifischen Stil und den Anspruch, ein breites Publikum zu adressieren, immer verbunden blieb. Dieser Ursprung und der Hintergrund in den Verlagen Constanze und später Gruner+Jahr machte den Kern der *Schöner Wohnen* als populäre Zeitschrift aus. Innerhalb dieses Genres war es durchaus üblich, architektonische Themen zu verhandeln. Im Unterschied zu den Illustrierten wurde in den Gebäudeporträts der *Schöner Wohnen* allerdings kaum das Leben prominenter Personen, sondern ein vorbildhaftes, aber mit abgekürzten Nachnamen und stets ohne Adresse auch etwas anonymes Nebenan präsentiert. Obwohl die Einfachheit des Wohnens oft betont wurde, gehörten die Bewohner*innen häufig zu Berufsgruppen mit bildungsbürgerlichem Renommee und gehobenem Einkommen, darunter verhältnismäßig viele Architekten.

In den Gebäudeporträts wirken einzelne Passagen wie ein Wohnratgeber, der übertragbare Detaillösungen darstellt, die einen praktischen Nutzen für die Leser*innen haben. Das «kleine Haus» habe zum Beispiel «neben dem Nähplatz im kleinen Oberflur eine Klappe [...], durch die schmutzige Wäsche in die darunterliegende Waschküche geworfen werden kann» (SW 01/1960, S. 13). Hier wird der Bezug zum Genre der Wohnzeitschrift deutlich, in das sich *Schöner Wohnen* selbst allerdings nur zwischen den Zeilen einordnete.

Darstellungen und Beschreibungen nach dem Vorbild klassischer Architekturzeitschriften bilden einen anderen, wesentlichen Teil der Gebäudeporträts. Grundrisse, Schnitte und perspektivische Zeichnungen flankieren präzise und verständliche Beschreibungen der architektonischen Erscheinung, aber auch der Konstruktionsweise der Bauten. Über das Haus L. erfahren wir: «Der Firstbalken liegt auf dem Mauerwerk. Parallel zu ihm laufen Dachhölzer, auf die Wellasbest-Platten geschraubt sind. [...] Unter die Dachhölzer sind Stabilrohrplatten genagelt, die an ihren Unterseiten den Putz der Zimmerdecken halten. Zur Wärme-Isolierung liegt zwischen diesen Platten und den Dachhölzern eine Glaswollschicht.» (SW 01/1960, S. 13) Wie in klassischen Architekturzeitschriften war die Nennung der Architekt*innen elementar, da die Zeitschrift mit ihrer großen Reichweite innerhalb der «Eigenheimwilligen» eine wirksame Plattform bot; «das Haus ist die beste Werbung für Architektur» (Colomina 1999, S. 127). Im Unterschied zu den einschlägigen Architekturzeitschriften wandte sich *Schöner Wohnen* aber in Text und Darstellung nicht vornehmlich an ein Publikum aus der Architekturdisziplin.

Während in klassischen Architekturzeitschriften die Baukosten selten transparent gemacht werden, finden sich in den *Schöner Wohnen*-Gebäudeporträts stets Angaben zu Baujahr, Baukosten und Wohnfläche. Wie in den Bausparbroschüren der 1950er und 1960er Jahre typisch, ermöglichte das zukünftigen Bauherr*innen eine Vergleichbarkeit der Projekte, um sie als Anregungen für die eigenen Planungen heranzuziehen. Am Beispiel der Gebäudeporträts wird deutlich, wie sich *Schöner Wohnen* Versatzstücken unterschiedlicher Zeitschriftengenres zur Medialisierung alltäglicher Architektur bediente und so mit ihren Gebäudeporträts im Feld der zeitgenössischen Zeitschriften eine interessante Position zwischen den Genres einnahm.

Alltägliche Architektur

Wie lassen sich die über 300 auf diese Weise vorgestellten Häuser charakterisieren? Ein Begriff taucht in architektonischen Diskursen um das Eigenheim immer wieder auf: *anonyme Architektur*. Christoph Hackelsberger sieht im Gros der 1950er-Jahre-Bauten «Produkte aus Vorbedingungen und Wirtschaftlichkeit», die er zum «bundesrepublikanischen ‹Einheitshaus›, einem Typus anonymer Architektur» erklärt (Hackelsberger 1985, S. 56–57). Zuletzt haben Sonja Hnilica und Elisabeth Timm das Eigenheim als «neue anonyme Architektur» bezeichnet, hervorgebracht durch «Resonanzen zwischen akademisch vermittelter Baukunst, historischer Überlieferung, Konsumangeboten und populären Gestaltungsvorlieben» (Hnilica und Timm 2017b, S. 24). Allerdings bleibt unklar, was die Autor*innen eigentlich meinen, wenn sie von anonymer Architektur sprechen.

Im Architekturdiskurs ist der Begriff durch Bernard Rudofskys Ausstellung *Architecture Without Architects* geprägt worden, die 1964/1965 im Museum of Modern Art in New York Fotografien vernakulärer – also durch Nutzer*innen selbst in tradierter Weise errichteter – Bauten zeigt, darunter viele traditionelle Architekturen indigener Gruppen verschiedener Erdteile, die als «primitiv» bezeichnet und exotisierend dargestellt wurden (Rudofsky 1964). Obwohl Rudofsky wohl anderes bezweckte, lässt sich der Begriff der anonymen Architektur so in der Tradition einer Abgrenzung der Moderne gegenüber einem vernakulären, «primitiven», namenlosen Anderen lesen und ist vor diesem Hintergrund problematisch. Zudem ist dieser Vergleich in Bezug auf Eigenheime in aller Regel unzutreffend, denn selbst Katalogbauten und Fertighäuser sind von architektonisch ausgebildeten Planer*innen entworfen worden. Zudem sind die populären Architekt*innen, deren weithin rezipierte Gebäude in der Architektur vieler Eigenheime zitiert werden, alles andere als anonym. Hinsichtlich der gestalterischen Personalisierung vieler Eigenheime durch ihre Bewohner*innen gibt es keine weniger anonyme Architektur als die «Ich-Architektur» (Pisani 2014) der Eigenheime. Populären Beispielen folgend werden die Häuser in der Zeitschrift gelegentlich mit dem abgekürzten Familiennamen ihrer Bewohner*innen versehen. Dabei wird klar: Wenn der Begriff der anonymen Architektur von «hoher Architektur» abgrenzen soll, so ist er jedenfalls für die hier präsentierten Bauten nicht tragfähig, denn schließlich hatte es *Schöner Wohnen* gerade auf die Auflösung dieser Abgrenzung abgesehen.

Weiter trägt dagegen der Begriff der *alltäglichen Architektur*, den Venturi und Scott Brown in Bezug auf ihre Arbeit *Learning from Levittown* zu den Bauten der US-amerikanischen Vorstadt prägten. Analog arbeitet Benedikt Boucsein (2012, S. 44) mit dem Begriff der «Alltagsarchitektur» für Bauten, deren Entwurf besonders stark durch die Bedingungen ihrer Entstehung beeinflusst wurde. Das Budget, die Bauvorschriften, die Wünsche der Bauherrschaft und andere Bedingungen beeinflussen alltägliche Architektur weit mehr als ein stringentes architektonisches Konzept, dem bei «hoher» Architektur eine stärkere Bedeutung zukommt. Da, wie sich zeigen wird, diese Umstände der Architekturproduktion maßgeblich die architektonische Form der in *Schöner Wohnen* porträtierten Eigenheime bestimmten, ist diese Bezeichnung treffend. Denn es ist gerade das oft pragmatische Reagieren auf die Bedingungen des Alltags, das diese Bauten ausmacht und verbindet: Budget zu knapp? *Schöner Wohnen* verspricht: «Monatsgehalt 792 Mark – davon ein eigenes Haus!» (SW 11/1960, S. 11) Bedarf nach Ruhe? *Schöner Wohnen* präsentiert: «Ein Haus für lärmempfindliche Menschen» (SW 01/1961, S. 14). Der Arbeit müde? *Schöner Wohnen* versichert: «Dieses Haus ist völlig wartungsfrei» (SW 02/1963, S. 89). Keine Zeit? *Schöner Wohnen* erklärt: «Dieses Fertighaus ist in zehn Stunden montiert» (SW 04/1964, S. 55). Nachwuchs geplant? *Schöner Wohnen* findet: «Zweckmäßig gebaut für eine wachsende Familie» (SW 06/1968, S. 166).

Alltägliche Architektur wird von Architekt*innen geplant, die eher backstage als im Rampenlicht öffentlichen Interesses arbeiten und deren Berufsethos eher Baumeister*innen (Boucsein 2008, S. 79) als Künstler*innen entspricht. Konsequenterweise wird alltägliche Architektur eigentlich – und hier liegt ein bedeutsamer Widerspruch – nicht medial publiziert. Die mediale Repräsentation geht mit Definitionsmacht darüber einher, was eigentlich als darstellungswürdig befunden, ja was überhaupt als Architektur betrachtet wird. Wie Kester Rattenbury es mit Bezug auf den Kunst- und Architekturhistoriker Nikolaus Pevsner anschaulich fasst: «Pevsner said Lincoln cathedral was architecture and a bicycle shed was a building. You could easily argue that, if he'd only put the bicycle shed in one of his books, it would have become architecture.» (Rattenbury 2002b, S. xxii)

In ihrem Essay «Das Wohnhaus als Schaustück» charakterisiert Beatriz Colomina (1999) die mediale Repräsentation von Wohnhäusern in Massenmedien als Wesensmerkmal moderner Architektur des 20. Jahrhunderts:

> «Vielleicht ist nichts für die Architektur des 20. Jahrhunderts bezeichnender, als die zentrale Rolle, die das Wohnhaus in ihr spielt. Wenn das 19. Jahrhundert niemals ohne seine öffentlichen Gebäude – Theater, Oper, Börse und Museum – vorstellbar ist, war das 20. Jahrhundert von Anbeginn [...] vom Wohnhaus fasziniert.» (Ebd., S. 127)

Als eigentlichen Ort, an dem moderne Architektur produziert werde, auf den sie sich einließe und in den sie eingreife, sieht Beatriz Colomina (1994) die Massenmedien des 20. Jahrhunderts. Die mediale Repräsentation sei der entscheidende Faktor, der Architektur modern mache:

> «It is actually the emerging systems of communication that came to define twentieth-century culture – the mass media – that are the true site within wich modern architecture is produced and with wich it directly engages. In fact, one could argue [...] that modern architecture only becomes modern with its engagement with the media.» (Ebd., S. 14)

Colomina gründet ihre Argumentation in *Privacy and Publicity – Modern Architecture as Mass Media* auf Werke bekannter Architekt*innen der Moderne: Adolf Loos und Le Corbusier sind die zentralen Protagonisten ihrer Argumentation. Einem Wohnhaus von Le Corbusier widmete *Schöner Wohnen* unter Zehntausenden Blatt Papier nur drei Doppelseiten. Es sind Szenen des alltäglichen Wohnens und der alltäglichen Architektur, die *Schöner Wohnen* medialisierte. Im Hinblick auf die Intention der Redaktion, ihren Begriff von moderner Architektur weithin zu vermitteln, wird vor dem Hintergrund von Colominas Argumentation klar: *Schöner Wohnen* arbeitete daran, ihrem Begriff von Moderne den Weg in die alltägliche Architektur zu ebnen, indem sie die alltägliche Architektur selbst zum Schaustück machte.

Die Schöner Wohnen-Moderne

Durch die sorgfältige Auswahl der im Heft publizierten Gebäude konstruierte die Redaktion Stück für Stück ein Ordnungssystem «guter» und «richtiger» Architektur – den Zuschnitt einer eigenen *Schöner Wohnen*-Moderne. Doch was macht diese Moderne aus und wessen Moderne sollte das sein? Um dieses aus einzelnen Gebäudeporträts zusammengesetzte System zu überblicken, ist es hilfreich, die Gesamtheit der Häuser in den Blick zu nehmen.

Die *Schöner Wohnen*-Moderne baute auf privates Grundeigentum. Mit dem Eigenheim als architektonischem Ideal zeichnete sie einen Lebensentwurf, in dem andere Wohn- und Eigentumsformen vor allem als Übergangslösungen auf dem Weg zum Ziel des eigenen Hauses dargestellt wurden. Dabei trug die Zeitschrift vor dem politischen Hintergrund der deutschen Teilung und des Kalten Krieges in Abgrenzung zu kollektiven Wohn- und Eigentumsformen des Ostblocks zur medialen Konsolidierung eines «westlichen» Lebensstils in der BRD bei, der auf ein durch Konsum und privates Eigentum zu erlangendes, immer «schöneres» Wohnen in vorgeblicher Individualität abzielte.

Die *Schöner Wohnen*-Moderne war eine Moderne unbekannter Architekt*innen. Fast alle Entwürfe der publizierten Eigenheime – zu über neunzig Prozent Neubauten – stammten von Architekt*innen, die einem breiten Publikum unbekannt waren. Selten wurden diese Bauten in architektonischen Fachzeitschriften publiziert. Häufig zeigten die Porträts interessante architektonische Aspekte auf, vermieden indes aber radikale architektonische Positionen.

Die *Schöner Wohnen*-Moderne ließ einige architektonische Auseinandersetzungen der 1920er Jahre hinter sich, etwa in Bezug auf die Dachform: «Am Dach scheiden sich in der Regel die Geister. Sehr zu Unrecht: Denn unter einem ‹modernen› flachen Dach kann eine spießige Wohnung stecken, und unter einem ‹traditionellen› spitzen Dach kann man höchst unkonventionell leben.» (SW 12/1965, S. 164) Dabei stehen Titel wie «Aussen modern, innen konservativ» (SW 10/1960, S. 40) oder «Neue Häuser mit Tradition» (SW 09/1964, S. 130) exemplarisch für einen vermittelnden Umgang mit scheinbaren Gegensätzen.

Die *Schöner Wohnen*-Moderne band moralische Werte in die Gestaltung ein. Schon das Statement von Klaus L. aus der ersten Reportage stellte den begrenzten finanziellen Mitteln der Familie L. – «wir sind nicht reich» – ideelle Werte gegenüber, auf die sich wiederholt berufen wurde: Bescheidenheit – «ein schlichter Bau. [...] [S]ogar etwas ärmlich», Entschlossenheit – «wir haben in die Zukunft geplant» und Fleiß – «fertig wird man niemals» (SW 01/1960, S. 7). Der Blick auf die Titel der Gebäudeporträts zeigt, dass formale Kriterien gegenüber diesen Werten zurückgestellt worden sind – Häuser mit modernistischem architektonischen Ausdruck waren eher in der Defensive. Stattdessen wurden ideelle und praktische Werte zu architektonischen Kriterien: Titel wie «Ohne falsche Repräsentation» (SW 04/1962), «Einfach, aber solide – klein und doch bequem» (SW 10/1962), «Nur nicht auffallen» (SW 01/1970) oder «Ein Haus zum Leben, nicht zum Vorzeigen» (SW 09/1973) spiegeln Genügsamkeit wider. Sparsamkeit und Effizienz wurden in Porträts wie «30 000 Mark – kompaktes Haus mit hohem Raum» (SW 10/1964) oder «Viel Raum für wenig Geld» (SW 01/1971) ins Zentrum gestellt. Alltagstauglichkeit ist Gegenstand von Titeln wie «Hier braucht die Hausfrau keine Hilfe» (SW 05/1961) oder «Holzwände, die ohne Pflege auskommen» (SW 05/1965). «Ein Haus, das sich vielen Wünschen anpassen läßt» (SW 09/1961) macht Flexibilität zum entscheidenden Kriterium. Auch andere Werte wie Sicherheit: «Eine Wohnburg mitten auf dem freien Felde» (SW 05/1960), Naturnähe: «Ein großes, grünes Zimmer im Freien» (SW 03/1962) oder Freiheit: «Ein kleines Haus mit großer Freiheit» (SW 08/1967), traten immer wieder in Erscheinung (vgl. Engelke 2021, S. 452).

Die *Schöner Wohnen*-Moderne suchte Anschluss an internationale, ideologisch «richtig» gefärbte architektonische Vorbilder. Immer wieder poträtierte die Zeitschrift Häuser in Skandinavien, der Schweiz und den USA. Kurt Gustmann (2019) bringt diesen auffälligen Zuschnitt der Vorbilder auch mit der politischen Vergangenheit der Länder in Zusammenhang: «Wir haben über die Siedlung Halen berichtet. Wir haben über Einzelhäuser aus Skandinavien berichtet. Man hat gesagt: Schaut mal an, diese Länder haben den idiotischen Krieg nicht gehabt, die haben auch nicht diesen Spott gehabt nach 1933, als nicht mehr vernünftig gebaut wurde, sondern immer nur diese kleinen Siedlerhäuschen.»

Die *Schöner Wohnen*-Moderne war eine Moderne der heteronormativen Kernfamilie. In fünfzehn Jahrgängen der Zeitschrift hat diese Analyse nur acht Eigenheimporträts ausmachen können, die nicht auf Familienkonstellationen aus Vater, Mutter, mehr oder weniger Kindern und gelegentlich etwaigen Großeltern abzielten. Bereits im Editorial der ersten Ausgabe heißt es «richtungsweisend für die Programmatik des Familialen» (Umbach 2022, S. 64): «Liebe Leser! Das Titelbild des ersten Heftes der neuen Monatszeitschrift ‹Schöner wohnen› zeigt drei Kinder auf der Terrasse ihres Elternhauses. Das ist ein Programm: ‹Schöner wohnen› wendet sich vor allem an die Familie und an Menschen, die eine Familie gründen wollen.» (SW 01/1960, S. 3) Auch später sah die Redaktion die Kernfamilie als wesentlichen Fokus der Zeitschrift an. Das Behausen der Familie wurde häufig ins Zentrum der Darstellungen gerückt und das Eigenheim dabei als Familienarchitektur par excellence charakterisiert.

Die *Schöner Wohnen*-Moderne war eine Moderne männlicher Gestaltungsmacht. Unter den Autor*innen der etwa 300 publizierten Bauten sind nur neun weiblich zu lesende Vornamen. Bis auf eine Ausnahme werden diese im Team mit Männern genannt, die den gleichen Familiennamen tragen. Ein von Otti Reinheimer geplantes Haus in Darmstadt ist das einzige in *Schöner Wohnen* publizierte Haus dieser Zeit, für das eine Architektin allein verantwortlich zeichnete. Reinheimer wird im knappen Gebäudeporträt zum Haus, abgesehen von der Nennung ihres Namens, nicht erwähnt (SW 12/1961, S. 37).[20]

Die *Schöner Wohnen*-Moderne war eine Moderne für diejenigen, die sie sich leisten konnten. Die Redaktion war zwar offenbar bestrebt, durch Rubriken wie «Das kleine Budget» oder DIY-Reihen ein inhaltliches Spektrum auch für geringer Verdienende zu bieten. Auch erschienen neben durchschnittlichen und gelegentlich auch luxuriösen Eigenheimen immer wieder günstige Bauten, deren Baukosten um 30 000 DM angegeben waren. Unter dem Titel «Monatsgehalt 792 Mark – davon ein eigenes Haus!» (SW 11/1961, S. 11) rechnete ein Bauherr auf den Pfennig vor, wie er es mit einem derart geringen Einkommen zum Eigenheim gebracht hatte. In der Gesamtschau waren die Häuser nicht besonders günstig: Im Blick auf die Zeit von 1960 bis 1974 kostete ein durchschnittliches *Schöner Wohnen*-Haus etwa 100 000 DM und hatte etwa 145 Quadratmeter Wohnfläche. Trotz steigender Löhne, staatlicher Förderungen und Bausparkassen konnten sich dieses Wohnen nur Besserverdienende leisten. Leser Albert Klaghe aus Dortmund dazu in einem Leserbrief:

> «Sie geben sich große Mühe, dem Publikum das Bauen schmackhaft zu machen. Aber selbst das billigste Haus ist für mich noch zu teuer, obwohl ich 850 Mark im Monat verdiene. Ich müsste mich krummlegen und geradezu darben, wenn ich von diesem Geld ein Grundstück und ein Häuschen zusammensparen sollte. [...] Kurz: Das Bauen ist und bleibt eine Sache reicher Leute. Irgendwo stimmt da etwas nicht – im Sozialgefüge, in der Preis- und Lohnpolitik oder woanders.» (SW 03/1960, S. 5)

Wer schöner wohnen wollte, musste das auch bezahlen können.

20 Publiziert wurden Entwürfe von Margit Weisser (SW 12/1960, S. 13), Ingrid Olters (SW 01/1961, S. 12), Grete Wirsing (SW 09/1961, S. 36), Otti Reinheimer (SW 12/1961, S. 37), Bea Betz (SW 05/1962, S. 20), Ingeborg Spengelin (SW 06/1963, S. 74), Margarete Bley (SW 04/1964, S. 70), Gudrun Vogel (SW 08/1967, S. 98) und Ute Wachtendorf (SW 04/1972, S. 228).

Das Eigenheim als politisches Projekt

Sie lernen mich besser kennen, wenn Sie dieses Haus ansehen, als etwa, wenn Sie mich eine politische Rede halten hören.

– Ludwig Erhard (1964)

Das Eigenheim als politisches Projekt

Sie lernen mich besser kennen, wenn Sie dieses Haus ansehen, als etwa, wenn Sie mich eine politische Rede halten hören.

– Ludwig Erhard (1964)

Seinen Erfolg und seine anhaltende Beliebtheit in der Bundesrepublik verdankt das Eigenheim massiver politischer Förderung, die dieser Wohnform in den 1950er und 1960er Jahren Aufschwung verlieh und sie zum Teil bis heute stützt. Wie ich im Folgenden herausstelle, ließen sich für die konservativen Bundesregierungen unter Kanzler Konrad Adenauer in einer stark auf das Eigenheim ausgerichteten Wohnungspolitik mehrere politische Ziele zur Deckung bringen. Eigenheimarchitekturen wurden von Politiker*innen nicht nur als Mittel medialer Inszenierung genutzt. Das Eigenheim war auch biopolitisches Werkzeug demografischer Steuerung und sollte als Erziehungsinstrument der «Demokratisierung» der Bevölkerung dienen – allerdings in Verbindung mit Wertvorstellungen, die ebenso reaktionär waren wie die dazugehörige Terminologie.

Zuerst betrachte ich in diesem Kapitel die mediale Selbstdarstellung zweier Politiker als Eigenheimbesitzer, denn Anfang der 1960er Jahre präsentiert *Schöner Wohnen* zwei politische Hausbesuche: In Gmund am Tegernsee plante der Architekt Sep Ruf einen Bungalow für «Hausbesitzer Professor Ludwig Erhard», Wirtschaftsminister und späterer Bundeskanzler (SW 02/1960, S. 6–15). «Warum haben Sie sich ein Haus gebaut, Herr Minister?» war die Frage an Paul Lücke, Bundesminister für Wohnungsbau, der sich am Odinweg in Bensberg bei Bergisch Gladbach ein Eigenheim errichten ließ (SW 02/1961, S. 32–37, 56–57). In der Zeitschrift setzten Erhard und Lücke ihre Eigenheime zur medialen Profilierung der eigenen Person, bestimmter Werte und politischer Positionen ein. Ausgehend von den beiden Homestorys werden dann politische Ziele in den Fokus genommen, die mit dem Eigenheim verbunden worden sind.

Im zweiten Teil dieses Kapitels geht es um bevölkerungspolitische Motive, wie die konservativ-katholische Reproduktions- und Sexualideologie, und um reaktionäre Begriffe von Volk und Familie, die Politiker*innen wie Lücke vertraten und dabei voll auf das Eigenheim setzten; Wohnungspolitik war für Paul Lücke «angewandte Familienpolitik» (Born 1965, S. 42).

Im dritten Teil wird die politische Rolle der Eigenheime zur Integration der sogenannten «Nichteinwandfreien» (Adenauer 1973, S. 21) im Nachgang der NS-Diktatur und vor dem Hintergrund des Kalten Krieges thematisiert.

Abschließend zeige ich, wie die mit dem Eigenheim verbundenen politischen Ziele durch ein Arsenal von Förderinstrumenten umgesetzt wurden. Immer wieder, so wird deutlich, geht es dabei auch um die Konstruktion einer bestimmten Identität als Hausbesitzer – nicht nur für die zwei Politiker, sondern für eine ganze Nation.

Politische Repräsentation im Eigenheim

Auf dem Ackerberg bei Gmund tritt ein Herr in schwarzem Anzug mit Zigarre im Mundwinkel aus einer Haustür (Abb. 10). Strahlend begrüßt Ludwig Erhard die Besucher*innen im Eingangshof des Flachdach-Bungalows, der von weiß getünchten Wandflächen gefasst ist. In der Mitte des Hofes wächst eine junge Birke aus einer freien Stelle in den Platten aus gelbem Juramarmor. Durch die vergitterte Glastür führt der Minister ins Haus, vorbei am Arbeitsflügel im Nordosten, links liegen der Wirtschaftstrakt, rechts ein Treppenabgang und die Privaträume. Die raumhohen Innentüren sind vollflächig mit Fichte furniert, auch die Profile der Fenster, die Deckenuntersichten der hohen, hellen Gemeinschaftsräume und des weit auskragenden Flachdaches leuchten im gleichen warmen Holzton. Erst im Wohnraum geht der Juramarmor in einen weichen Spannteppich aus Schafwolle über. Das glänzende Holz der Tische und Lehnstühle mit hellgrünen Bezügen und der antiquarische Schrank spielen nur eine Nebenrolle, denn hier öffnet sich die L-förmige Südfassade des Hauses, an der der Wohn- und Essbereich sowie die beiden Schlafzimmer liegen. Die raumhohen Glastüren stehen weit offen, dahinter liegt in spektakulärer Berglandschaft ruhig die blaugrüne Fläche des Tegernsees.[21]

Abb. 10: «Erster Eindruck», SW 02/1960

Hausbesitzer Professor Ludwig Erhard

Die Homestory «Hausbesitzer Professor Ludwig Erhard» wurde in der zweiten Ausgabe der Zeitschrift *Schöner Wohnen* im Februar 1960 publiziert. Der Titel ist Programm: Die Reportage, eine Mischform aus Eigenheimporträt und Interview, setzte das von Sep Ruf geplante Haus und dessen Besitzer auf fünf Doppelseiten mit dreißig Fotografien geschickt in Szene. Redakteurin Ursula Rink und Chefredakteur Hasso

21 Siehe Sep Ruf, Baubeschreibung Haus B, 13.06.1962. Privates Archiv Irene Meissner. Dargestellt ist der Bau auch in *bauen+wohnen* (Eckstein 1956) sowie *baukunst und werkform* (o. A. 1958).

G. Stachow führten mit dem damaligen Bundesminister für Wirtschaft ein Gespräch über Bauland, Stadtentwicklung und Einrichtungsfragen, das sich in Allgemeinplätzen zum Wohnen in der Bundesrepublik erschöpfte. Vor allem ging es offenbar darum, den prominenten Minister in der neuen Zeitschrift präsentieren zu können, während dieser im Gegenzug die Möglichkeit bekam, sich medienwirksam als bürgernaher Eigenheimbesitzer zu gerieren: «Eine Villa mit zur Schau gestelltem Wohlstand kam für mich und meine Frau nicht in Frage. Nicht einmal ein großes Haus sollte es sein, allerdings auch kein enges und schon gar nicht ein Spielzeughaus im Heimatstil» (SW 02/1960, S. 7), erklärt Erhard.

Bescheidenheit will die Reportage auch visuell vermitteln. Die geschickte Perspektive der großen Farbfotografie, die im Layout das Titelbild bildet, lässt das für ein Wochenendhaus mit circa 180 Quadratmetern recht üppig bemessene Gebäude eher wie eine Laube wirken, da es wegen der Hanglage eingeschossig erscheint und zudem nur die Hälfte der Südfassade aus schrägem, die Dimensionen verkürzendem Winkel angeschnitten ist (Abb. 11). Vom Tal aus betrachtet zeigt sich das Haus in seiner vollen Größe, zweigeschossig samt dem 1957 ergänzten Seitenflügel mit Arbeitszimmer.[22] Beim Ausblick über den Tegernsee erdet die angeschnittene Markise die privilegierte Perspektive mit etwas Gartenlauben-Beschaulichkeit (Abb. 12).

Die dargestellte Offenheit des Hauses steht dabei in Widerspruch zur baulichen Realität. Das Haus verfügt einzig auf der Südseite über eine offene Fassade, die an einem Steilhang liegt. Die anderen, geschlossenen Fassaden liegen hinter einem «Drahtgeflechtzaun mit dahinter gepflanzter Hainbuchen- sowie teilweiser Rosenstrauch-Hecke»[23],

Abb. 11: Kleinfotografiert: in Farbe das Titelbild der Reportage in SW 02/1960

22 Zwei Jahre nach seiner Fertigstellung 1955 wurde das Gebäude 1957 um den nördlichen Gebäudeteil mit Erhards Arbeitszimmer erweitert. Diesen Hinweis verdanke ich Irene Meissner am Architekturmuseum der TUM. Eine umfassende Übersicht über Rufs Werk bietet ihre Publikation *Sep Ruf 1908–1982* (2013).

23 Sep Ruf, Baubeschreibung Haus B, 13.06.1962, S. 3. Privates Archiv Irene Meissner.

Abb. 12: Ausblick über den Tegernsee, SW 02/1960

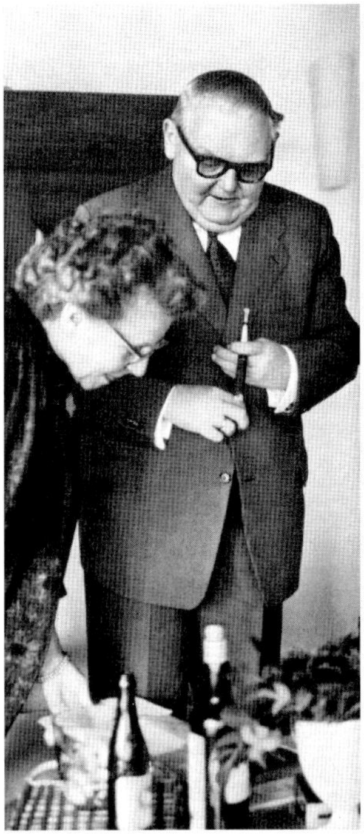

Abb. 13: «Der Minister und seine Frau Luise bemüht um das Wohl der Gäste», SW 02/1960

Abb. 14: «Bemüht um das Wohl der Gäste»: die Haushälterin

der das Grundstück umgibt. Zusätzlich war «zur Sichtbehinderung eine 2 m hohe weiße Wand mit Abdeckplatte und einem Stahlgitterzwinger für den Wachhund» (Eckstein 1956, S. 199) errichtet worden.

Auch personell ist die Situation weniger beschaulich als dargestellt. Die Begrüßungsszene im Hof des Hauses zeigt nicht alle Personen, die bei dieser Gelegenheit anwesend waren. Auf einem weiteren Foto der Serie, die der Fotograf Gerhard Gronefeld an diesem Tag aufnahm, ist ein Herr in dunklem Anzug mit Kappe zu sehen. Es ist Erhards Chauffeur, der ihm helfend eine Hand entgegenstreckt. Diese Aufnahme wurde nicht in *Schöner Wohnen* publiziert.[24] Auch das zweite Bild der Reportage, unterschrieben mit «Der Minister und seine Frau Luise, bemüht um das Wohl der Gäste», zeigt nicht die ganze Situation (Abb. 13). Die Genannten stehen an einem Tisch mit Flaschen und Gläsern. Luise Erhard hält sich etwas gebeugt, als habe sie ein Tablett gerade dort abgesetzt. Eigentlich um das Wohl der Gäste bemüht ist eine Hausangestellte der Erhards. Eine weitere, nicht publizierte Aufnahme zeigt diese, wie sie eine Flasche an den Tisch bringt, während Erhard rauchend vor einer *Schöner Wohnen*-Ausgabe sitzt (Abb. 14). Ein weiteres Bild zeigt Erhard, der in Gastgeber-Pose die Flasche entkorkt.

Die Haushaltsführung mit Dienstangestellten bildet sich architektonisch ab. In den Grundrissen des Hauses sind «Mädchenzimmer» verzeichnet. Eines liegt im Untergeschoss neben dem Heizungsraum. Ein weiteres ist mit dem Nordflügel des Hauses, in dem sich auch Erhards Arbeitszimmer befindet, nachträglich ergänzt worden. Beide Räume wirken durch ihre geringe Größe und vom Wohnbereich der Erhards abgewandte Orientierung in unmittelbarer Nähe zu Treppe und Wirtschaftsräumen wie ein Teil der Infrastruktur des Hauses (Abb. 15). In *Schöner Wohnen* wurde das Haus allerdings unüblicherweise ohne

24 Deutsches Historisches Museum Berlin, Inv.-Nr.: GG R 938f/5 – BA159876.

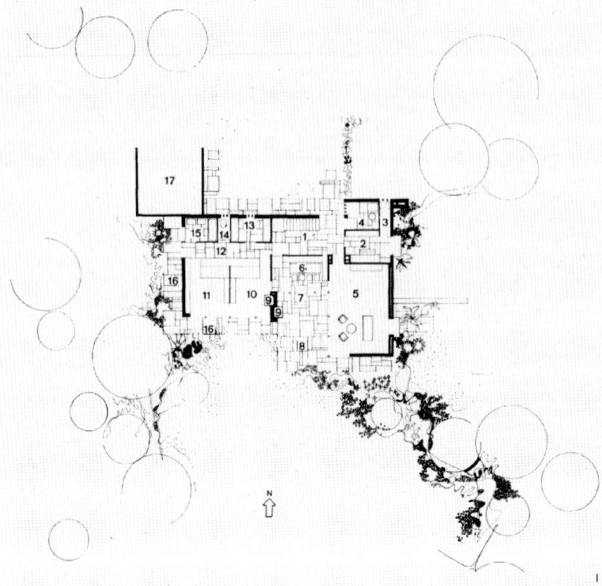

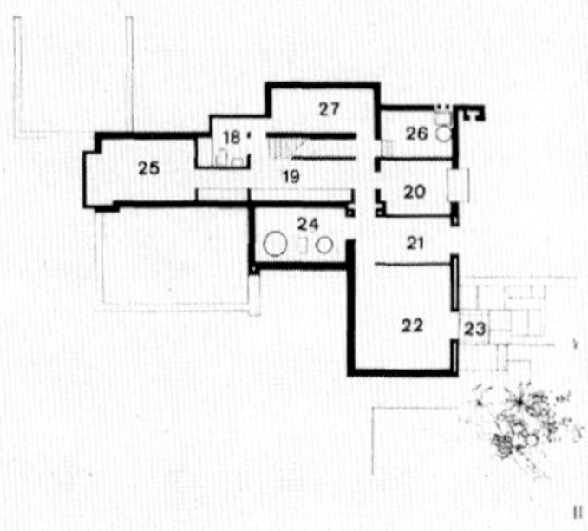

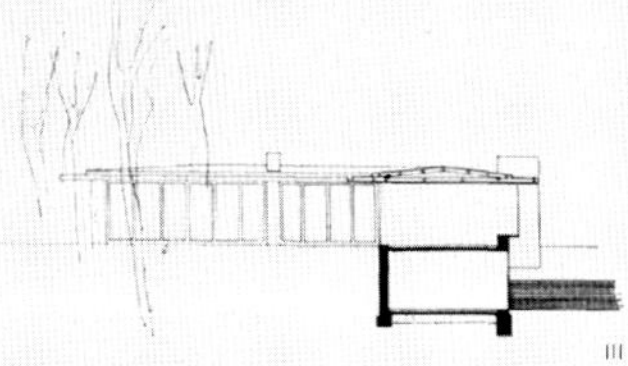

Haus B / Habitation B / House B

I
Grundriß Erdgeschoß / Plan du rez-de-chaussée / Plan ground-floor 1:350
II
Grundriß Untergeschoß / Plan du sous-sol / Ground-plan basement 1:350
III
Schnitt / Coupe / Section

Eingangs- und Wirtschaftsteil / Partie entrée et économie / Entrance and utility section
1 Eingang mit Garderobe / Entrée et vestiaire / Entrance with cloak-room
2 Küche / Cuisine / Kitchen
3 Speisekammer / Garde-manger / Larder
4 Waschküche / Buanderie / Laundry

Wohnteil / Partie de séjour / Living area
5 Wohnraum / Salle de séjour / Living-room
6 Eßraum / Salle à manger / Dining-room
7 Überdeckte Terrasse / Terrasse couverte / Covered terrace
8 Freiterrasse / Terrasse en plein air / Open-air terrace
9 Offener Kamin / Cheminée ouverte / Open fireplace

Schlafteil / Partie de nuitage / Sleeping-area
10 Zimmer der Dame / Chambre de madame / Wife's room
11 Zimmer des Herrn / Chambre de monsieur / Owner's room
12 Ankleideraum / Garde-robe / Dressing-room
13 Schrankraum / Cabinet à placards / Cupboards
14 WC
15 Bad / Bains / Bath
16 Freiterrasse / Terrasse en plein air / Open-air terrace
17 Garage

Untergeschoß / Sous-sol / Basement
18 Bad / Bains / Bath
19 Schrankflur / Palier à placards / Hall with cupboards
20 Mädchen / Bonne / Maid
21 Gästeschlafraum / Chambre à coucher de l'hôte / Guests' bedroom
22 Gästewohnraum / Salle de séjour de l'hôte / Guests living-room
23 Freiterrasse / Terrasse en plein air / Open-air terrace
24 Pumpenraum / Pompes / Pumps
25 Vorratsraum / Provisions / Stores
26 Heizung / Chauffage / Heating
27 Öltank / Citerne d'huile / Oiltank

Blick in den Wohn- und Eßraum. Links Kamin im Zimmer des Herrn.

Vue sur la salle de séjour et la salle à manger. A gauche la cheminée de la chambre de monsieur.

View towards living-room, dining-room and fireplace from owner's room.

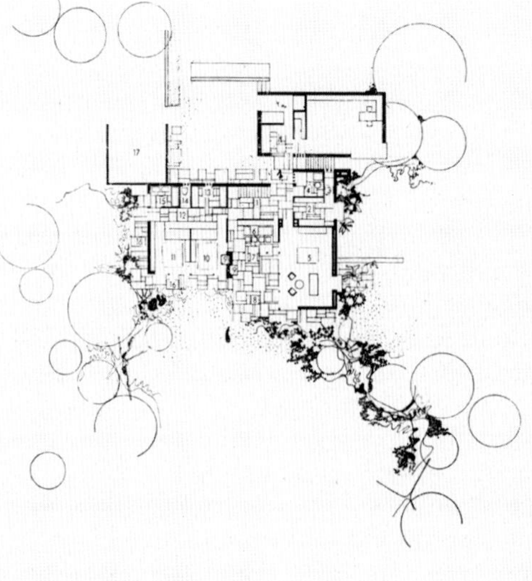

Grundriß Haus B 1 : 500

Eingangs- und Wirtschaftsteil
1 Eingang mit Garderobe
2 Küche
3 Speisekammer
4 Waschküche
4a Mädchenzimmer

Wohnteil- und Arbeitsteil
5 Wohnraum
6 Eßraum
7 Überdeckte Terrasse
8 Freiterrasse
9 Offener Kamin
9a Arbeitszimmer
9b Schrankraum

Schlafteil
10 Zimmer der Dame
11 Zimmer des Herrn
12 Ankleideflur
13 Schrankraum
14 WC
15 Bad
16 Freiterrasse
17 Garage

Abb. 15: Das Haus ist um einen Nordostflügel erweitert worden

Grundrisse abgebildet, die Räume der häuslichen Arbeit bleiben unsichtbar. Diese zur Erfüllung der protokollarischen Dinge und zum Empfang der besonderen Gäste notwendigen, in den Untergeschossen des Hauses verborgenen «Dienstbarkeitsarchitekturen» (Krajewski, Meerhoff und Trüby 2017) verbinden Erhards Bungalow mit seinen architektonischen Wurzeln in Herrschaftsarchitekturen früherer Zeiten.

Auf einem anderen Bild zeigt Erhard den Besucher*innen eine Zimmertür. «Erhard freut sich, wie jeder passionierte Eigenheimbesitzer, über gute handwerkliche Details. Gern führt er Oberfläche und Maserung der Zimmertüren seines Hauses vor», heißt es in der Bildunterschrift (SW 02/1960, S. 12–13). Hier steht ausgeschrieben, worauf schon die Überschrift abzielte: «Hausbesitzer Professor Ludwig Erhard» soll «wie jeder passionierte Eigenheimbesitzer» (ebd.) gezeigt werden. Dazu wurden Architektur und Einrichtung schick, aber bodenständig dargestellt und Erhard als gewandter, aber gewöhnlicher Gastgeber beim Begrüßen der Gäste, beim Entkorken der Flasche und beim Vorführen der Architektur des Hauses in Szene gesetzt.

Eine Abbildung fällt aus dieser Bildsprache inszenierter Bescheidenheit heraus: Auf der ganzseitigen und letzten Innenraum-Farbfotografie ist Erhards Arbeitszimmer abgebildet. Der holzgetäfelte Raum ist durch seine Glasfront zum See sehr hell. Der Ausblick in die Urlaubskulisse wird nicht gezeigt, in Szene gesetzt wird ein ernster und moderner Arbeitsort. An der Ostwand des Raumes ist mittig eine senkrechte Neonröhre installiert, die trotz des helllichten Tages hohe Aktenstapel auf einem Schreibtisch mit kühlem Arbeitslicht bestrahlt. Daneben steht ein Fernsehgerät auf einer beweglichen Kommode (Abb. 16). Der Minister,

Abb. 16: Erhards Arbeitszimmer, SW 02/1960

so vermittelt das Bild, ist selbst in seinem Wochenendhaus mit Arbeit beschäftigt und durch neueste Technik medial informiert.

Das letzte Bild des Artikels, unterschrieben mit «Erhard und sein Architekt Sep Ruf», zeigt die beiden auf der Terrasse des Hauses am Tegernsee.[25] «In seinem Bonner Reihenhaus führt Erhard Gespräche mit Vertretern von Industrie und Handel», heißt es im Text der Reportage. Dagegen sind «am Tegernsee [...] die meisten seiner Gäste Künstler und Wissenschaftler» (SW 02/1960, S. 7). Hier wird medial ein Schleier von Kunst und Wissenschaft – ein Motiv der *Villeggiatura* seit dem 15. Jahrhundert (Bentmann und M. Müller 1970, S. 93) – um das Haus am Tegernsee gelegt. Gern tritt Erhard mit «seinem» Architekten und Nachbarn Sep Ruf auf. Andere (nicht in SW publizierte) Aufnahmen Gronefelds zeigen Erhard mit Ruf am Terrassentisch (Abb. 17). Auf dem Tisch liegen zwei Federballschläger neben Plänen für den Kanzlerbungalow in Bonn, die beide angeregt zu studieren scheinen (Meissner 2017, S. 140). Nicht nur die kreative Session nach dem «nachbarlichen

Abb. 17: Erhard und Ruf über den Plänen des Kanzlerbungalows, um 1955

25 Sep Ruf baute zwei Häuser auf dem Ackerberg – eines davon als sein eigenes, das andere für Erhard. Später plante er das als «Kanzlerbungalow» bezeichnete Wohn- und Empfangsgebäude für Erhard in Bonn.

Federballmatch» (ebd., S. 140) mit dem Stararchitekten ist ein starkes Bild. Bildhaft wird auch der direkte Bezug des Hauses am Tegernsee zum Kanzlerbungalow, als dessen architektonisches Vorbild es erscheint. Hier probte Erhard die öffentlichkeitswirksame Konstruktion einer politischen Identität durch eine architektonische Kulisse mit offenem Grundriss, Flachdach, Glasfassade und weißen Wänden. In dieser Architektur wollte er – so formulierte er bei der Eröffnung des Kanzlerbungalows ausdrücklich – auch sich selbst repräsentiert sehen: «Sie lernen mich besser kennen, wenn Sie dieses Haus ansehen, als etwa, wenn Sie mich eine politische Rede halten hören.» Gar als «Haus, das unser innerstes Wesen ausstrahlt», bezeichnete Erhard 1964 den Kanzlerbungalow bei der Schlüsselübergabe.[26] Die Formulierung in der ersten Person Plural hebt Erhards Absicht medialer Identitätskonstruktion mittels eines Eigenheims auf ein neues Level: Meint «unser innerstes Wesen» (ebd.) die Identität des Bauherren oder die der Bundesrepublik?

Warum haben Sie sich ein Haus gebaut, Herr Minister?

Einige Wochen vor der Bundestagswahl im September 1961 schleift ein kleiner Junge in kurzen Lederhosen ein Bündel Zweige durch einen Garten. Das Haus am Odinweg in Bensberg, auf das er zugeht, liegt umgeben von üppigen Stauden und Büschen auf einer Anhöhe (Abb. 18). Auf den ersten Blick wirkt es wie der Archetyp eines stattlichen Eigenheims: Ein steiles Satteldach sitzt auf zwei Geschossen mit rechteckiger Grundfläche. Die verputzte Westfassade des Obergeschosses ist mit zweiflügeligen Holzfenstern versehen, deren Klappläden weit geöffnet sind. Ein Teil des Daches ist über der Veranda im Erdgeschoss heruntergeschleppt. Dieses bildet einen merkwürdigen Gegensatz zur Schwere des Obergeschosses; hier ist die Fassade durch große Glasflächen geöffnet, die nur von schmalen Pfeilern unterbrochen werden. Die großen Fenster sind mit heiter gestreiften Markisen versehen. Der Blick reicht weit über die Wiesen und Äcker eines Landschaftsschutzgebietes bis auf die Stadt und das Schloss Bensberg nahe Bonn. Der Sockel des Hauses greift die traditionellen Bezüge des Obergeschosses wieder auf. Er ist mit bossierten Natursteinquadern verblendet, über der Öffnung der schmiedeeisernen Kellerpforte ist das Mauerwerk als scheinrechter Bogen mit markantem Schlussstein ausgeführt. Rechts neben dieser Tür ist ein stattlicher Holzverschlag mit sechs Hasenställen installiert. Im weitläufigen Garten wächst eher Wiese als Rasen, darin stehen Obstbäume, eine solide Kinderwippe und Schaukel, Bohnenstangen in Gemüsebeeten und schließlich der Jägerzaun.

Die Homestory bei Paul Lücke erschien in der Juli-Ausgabe 1961 im Vorfeld der Bundestagswahl im September.[27] Der Bundesminister für Wohnungsbau erhielt auf vier textlastigen Doppelseiten Raum, seine wohnungspolitischen Ziele anhand einiger wohlwollender Fragen zu

26 Beide Aussagen Erhards zit. nach Meissner (2017, S. 144).

27 Die Bundestagswahl am 17. September 1961 läutete das Ende der Amtszeit Adenauers ein. Die CDU/CSU verlor ihre absolute Mehrheit durch Zugewinne der SPD, für die erstmals Willy Brandt angetreten war. Der Preis für die Koalition mit der FDP, mit der die CDU/CSU weiter regieren konnte, war Adenauers Rücktritt im Laufe der Legislaturperiode. Zwei Jahre später wurde Ludwig Erhard Bundeskanzler.

Abb. 18:
Haus Lücke
am Odinweg
in Bensberg,
SW 07/1961

Abb. 19:
Familie Lücke
im Garten,
SW 07/1961

erörtern. Lückes Ausführungen sind stilistisch nicht als Wortlautinterview, sondern in Schriftsprache verfasst und angefüllt mit technischen Details. Die Ausschweifungen anderer Interviewpartner*innen hätte die Redaktion der für ihr scharfes Layout gerühmten Zeitschrift wohl rigoros zusammengekürzt, doch der Text des Ministers wurde teils in einer kleineren Schriftgröße gesetzt und weit hinten im Heft fortgeführt.

Der Beitrag wird von neun Schwarz-Weiß-Fotografien begleitet, die wie die Fotos bei den Erhards von Gerhard Gronefeld aufgenommen wurden. Auf der ersten Doppelseite steht der Titel «Warum haben Sie sich ein Haus gebaut, Herr Minister?» fett zwischen einer kleineren Abbildung des Hauses und einem programmatischen, die Breite der rechten Seite füllenden Familienfoto (Abb. 19). Dieses zeigt, wie Paul Lücke lächelnd in Cordhose und kurzärmeligem Freizeithemd in der sommerlichen Wiese seines Gartens sitzt, flankiert von seinen fünf Söhnen, alle in kurzen Lederhosen und teils mit freien Oberkörpern neben Frau Rosa Lücke und Tochter in Trachtenkleidern. Lücke setzt sich hier als Patriarch einer großen Familie in Szene, das Setting naturnah und bodenständig, das Outfit hemdsärmelig und traditionsbewusst.

In der Reportage wird viel von Lückes Familie gezeigt, aber wenig von deren Zuhause – auch der Name der Architekt*in wird ungewöhnlicherweise nicht genannt. Das Haus scheint lediglich als Kulisse für die Inszenierung Lückes als Eigenheimbesitzer zu dienen. Die Abbildungen Lückes in dieser Rolle sind so arrangiert, dass sie stets die passenden Verbindungslinien zur Biografie des Ministers herstellen. Es ist auffällig, wie sowohl in zeitgenössischen als auch in gegenwärtigen Quellen immer wieder bestimmte biografische Erfahrungen zur Profilierung der Person Lücke und deren politischen Positionen herausgestellt werden. Etwa seine Herkunft: Lücke wuchs mit acht Geschwistern als Sohn eines Steinbruchmeisters in einfachen Verhältnissen auf. Nach Arbeit im Steinbruch folgte eine Lehre zum Schlosser. Seine Erfahrungen in der Großstadt: In der NS-Zeit wurde Lücke in Berlin zum Offizier ausgebildet. Dabei wohnte er im Arbeiterquartier Wedding, dessen heruntergekommene Wohnblöcke er später immer wieder zum Gegenbild seiner Eigenheimpolitik stilisierte. Seine Kriegserlebnisse: Während des Krieges verlor Lücke bei einem Angriff der französischen Resistance den rechten Unterschenkel. Seine Erfahrungen der unmittelbaren Nachkriegszeit: Nach Kriegsende gründete er die CDU im rheinisch-bergischen Kreis mit und tat sich durch organisatorisches Geschick im Wiederaufbau auf lokalpolitischer Ebene als Amtsdirektor von Engelskirchen hervor. 1949 wurde Lücke Abgeordneter im ersten Bundestag der BRD. Sein katholischer Glaube und seine Herkunft verbanden ihn mit Adenauer, zu dem Lücke ein gutes Verhältnis gehabt haben soll. Lückes Biografie wird als BRD-typische leid- und krisengeprüfte Aufstiegsgeschichte der Nachkriegszeit gerahmt. Eine Geschichte, in der die Rolle des Eigenheimbesitzers nicht fehlen darf.[28]

Das dritte Bild der Reportage nimmt die «bodenständige» Darstellung eines Spitzenpolitikers wörtlich. Lücke steht gärtnernd in einem Kartoffelbeet, hinter ihm Dutzende Bohnenstangen und, in der Ferne, das Schloss Bensberg (Abb. 20). Die Fotografie hat nicht nur einen biografischen Bezug zur Landwirtschaft der Großeltern Lückes

28 Biografische Informationen nach Schulz (1994, S. 258). Siehe auch Stange (2018, S. 112–115), Born (1965) und das Porträt Lückes auf der Webseite der Konrad-Adenauer-Stiftung.

Abb. 20: «Selbst gezogenes Obst und Gemüse schmeckt dem Minister am besten», SW 07/1961

(Born 1965, S. 24). Vor allem die Verbindung zur Siedler*innen-Bewegung, nach deren Vorbild Lücke in Engelskirchen eine Siedlung mit vierzig Kleinsiedlerstellen in Selbsthilfe organisiert hatte und auf deren Vordenker Nikolaus Ehlen sich Lücke in der Begründung seiner Eigenheimpolitik immer wieder bezog, liegt diesem Selbstversorgungstheater des Bundesministers zugrunde.[29]

Eine erneute Assoziation zur Siedler*innen-Bewegung weckt auch eine weitere Aufnahme: Sie zeigt zwei der sechs Kinder mit Rosa Lücke vor einem Hasenstall mit sechs Türen. Die Haltung von Stallhasen und anderen Kleintieren gehörte traditionell zum Zubrot kleiner Siedlerstellen. Das grob bossierte Mauerwerk und das schmiedeeiserne

29 Siehe Lücke (1953, S. 3), siehe auch Schulz (1994, S. 258).

Gitter im Hintergrund knüpfen indes an Lückes Lehrberuf des Schlossers und seine vorherige Arbeit im Steinbruch an. Diese Verbindung wird auch in der einzigen Innenraumaufnahme der Lücke-Homestory explizit gemacht; sie zeigt Paul Lücke im Flur seines Hauses auf die Steinplatten des Fußbodens deutend. Dazu heißt es: «Eigenhändig zusammengetragen und verlegt hat Paul Lücke die Steine für den Fußboden.» (SW 07/1961, S. 35). Bemerkenswert ist, was das Bild nicht zeigt: Im Vergleich zu Innenraumdarstellungen in anderen Gebäudeporträts, die, wie etwa im Haus L., bis in den Kleiderschrank im Schlafzimmer vordringen oder im Haus Erhard immerhin die Wohnräume in Szene setzen, scheint das Bild über das Wohnen der Lückes möglichst wenig aussagen zu wollen. Das Foto ist von der Treppe aus schräg von oben aufgenommen, stellt Lücke ins Zentrum und zeigt in erster Linie den Fußboden. Angeschnitten sind das unscharfe Ende eines Handlaufs, ein Stück Teppich und ein offener Kamin, vor dem zwei seiner Söhne platziert sind. Dieser passt allerdings nicht recht zur Atmosphäre der Reportage: Sims und Sockel strahlen in poliertem Marmor. Tatsächlich ist nicht bloß der Kamin, sondern auch die Treppe, auf der Gronefeld steht, als er das Foto aufnimmt, aus weiß gebändertem, schwarz-braunem «Lindlarer Marmor» gefertigt. Obwohl dieser Kalkstein aus dem nur zwanzig Kilometer entfernten Steinbruch Pack in Linde kommt und sich bestens in die biografische Erzählung Lückes einbinden ließe, waren die üppig glänzenden Marmoroberflächen offenbar nicht mit der Intention der «bodenständigen» Inszenierung vereinbar.[30]

Lücke war in der Selbstdarstellung geschickt, wie seine Biografie «Weg in die Verantwortung» zeigt, die 1965 im Vorfeld der Bundestagswahl publiziert wurde. Der Biograf Wilhelm Born beginnt das Buch mit dem Satz: «Niemand hat mir den Auftrag gegeben, dieses Buch zu schreiben.» (Born 1965, S. 5) Das ist zweifelhaft, denn unter diesem Pseudonym schrieb es Lückes persönlicher Referent Frank Ferdinand van Bebber.[31] In diesem Werk ist eine Feststellung das implizite Ziel der meisten Anekdoten: «Er ist einer von uns.» (Ebd., S. 31) Das Gleiche gilt für die Darstellungen in *Schöner Wohnen*, und zwar auf zwei Ebenen: Einerseits wird die Bodenständigkeit des Politikers hervorgehoben, andererseits seine Verbundenheit mit der lokalen Tradition und biografischen Geschichte. Dabei ist das Eigenheim weit mehr als eine Kulisse – es wird wesentlicher Teil dieser Erzählungen. Salvatore Pisani (2014) beschreibt das Haus als «gelebte Vita und Alter Ego» und sieht in dessen Interieur eine «beschreibbare Oberfläche, in der sich Befindlichkeiten und Selbsterzählungen einlagern lassen, wodurch sich das Feld der autobiografischen Schreibsysteme erweitert» (ebd., S. 11). Wie Pierre Bourdieu (2002) deutlich macht, wirken diese Selbsterzählungen nicht nur nach innen: «Als materielles Gut, das wie Kleidung, aber auf Dauer, für alle wahrnehmbar wird, äußert [...] dieser Besitz aufs Entschiedenste das soziale Sein seines Besitzers.» (Ebd., S. 49)

Die Präzision der medialen Präsentation legt nahe, dass Erhard und Lücke diese Äußerungen durch ihre Eigenheime bewusst zur Darstellung der eigenen Person und politischen Haltung einzusetzen

---

30 Lückes Marmortreppe hat es zu gewisser regionaler Bekanntheit gebracht (Jacobi 2007, S. 177). Für Hinweise zur Herkunft des Steins danke ich Matthias Remmel von der Otto Schiffarth Steinbruch GmbH in Lindlar.

31 Siehe eine entsprechende Notiz in *Der Spiegel* (o. A. 1965, S. 38). Umso mehr ist die Biografie eine aufschlussreiche Quelle in Bezug auf Lückes Selbstdarstellung.

verstanden. Lücke nutzte sein Eigenheim nicht nur in seiner Biografie und in *Schöner Wohnen* auf diese Weise, auch Besuche Konrad Adenauers inszenierte er öffentlichkeitswirksam am Gartenzaun (Abb. 21).

Abb. 21: «Bei Kanzlerbesuch erlauscht: ‹Haben Sie eijentlich auch Wühlmäuse im Jarten, Herr Lücke?›», *Heimat-Rundschau*, 03.05.1958

Angewandte Familienpolitik

Anstelle menschenleerer Architekturfotografien wird wieder und wieder Lückes Familie ins Bild gesetzt: Familie Lücke auf sommerlicher Wiese im Gras, Paul Lücke trägt seinen Jüngsten bei der Wippe (Abb. 22), Lückes Söhne beim Bau einer Hütte, Paul Lücke neben zwei Söhnen auf einen Steinfußboden deutend, Paul Lücke im Porträt mit einem Sohn auf dem Arm, Paul Lücke mit einem Sohn auf dem Schoß beim Entfernen eines Splitters im Fuß des Kindes.[32] Es scheint, als wolle Paul Lücke mit dieser liebevollen Vaterfigur den Hauptdarsteller in einer Geschichte geben, in einer Geschichte, die von Paul Lücke handelt und vom Eigenheim mit Garten als idealem Ort dieses familialen Lebens.

Abb. 22: Lücke und seine Söhne beim Wippen, SW 07/1961

32 Diese Fotografie aus der gleichen Reihe Gronefelds wurde nicht in *Schöner Wohnen* publiziert, aber in Lückes Biografie, siehe Born (1965, S. 33).

Das Ein-Familien-Haus

Die Inszenierung des Familienlebens um das Eigenheim Lückes ist Ausdruck politischer Haltung. Für Lücke war seine Vorstellung von Familie Ziel staatlichen Handelns: «Die Familie muß Ordnungsbild der gesamten Politik sein. Danach ist alles auszurichten.» (Born 1965, S. 49) Und zwar besonders auf eine Weise: «Wer gesunde Familien in persönlicher Freiheit will, muß familiengerechte Wohnungen, familiengerechte Städte, muß Eigentum möglichst für alle Familien wollen.» (Ebd., S. 17) Diese Verbindung des traditionellen christlichen Familienideals mit privatem Grundeigentum fand unmittelbare Übersetzung in die Wohnungspolitik der Bundesrepublik der 1950er Jahre.

Als im April 1950 das Erste Wohnungsbaugesetz provisorisch als «vorläufige Regelung für das Baujahr 1950» (Schulz 1994, S. 228) erlassen wurde, kam dem Eigenheim im Vergleich zu Mietwohnungen keine herausgehobene Bedeutung zu. Das lag zum einen daran, dass der damalige Bundesminister für Wohnungsbau Eberhard Wildermuth (FDP) angesichts der Herausforderungen des Wiederaufbaus der Überzeugung war, dass dem Massenbedarf nur durch Mietwohnungsbau zu begegnen sei (ebd., S. 256). Zum anderen lehnte der Liberale strikte Vorschriften bestimmter Baumittelquoten zugunsten von Eigenheimen aufgrund unterschiedlicher Situationen in den Ländern ab (Wildermuth 1950). Wie eine Äußerung des damaligen Bundesvorsitzenden Franz Blücher vor dem FDP-Bundesvorstand zeigt, hielt die FDP den Fokus der Unionsfraktion auf das Eigenheim für «wirklichkeitsfremd» (Schulz 1994, S. 256).

Schnell formierte sich Widerstand in der Union und vor allem in katholischen Verbänden, die sich in einer «gewaltigen Offensive» (ebd., S. 256) dafür einsetzten, das Eigenheim zum vordersten Ziel der bundesdeutschen Wohnungspolitik zu machen. Mit Erfolg, denn mit Paul Lücke, der zu diesem Zeitpunkt gerade den Vorsitz im Wohnungsbauausschuss übernommen hatte, konnte die Bewegung auf einen zunehmend einflussreichen politischen Fürsprecher im Bundestag zählen, der eng mit katholischen Organisationen verbunden war.[33] Bereits wenige Monate nach dem Inkrafttreten des Ersten Wohnungsbaugesetzes setzte sich Lücke als Erstunterzeichner eines Antrags der CDU/CSU-Fraktion dafür ein, die Auszahlung der für den sozialen Wohnungsbau bestimmten Bundesmittel für die Länder an die Auflage zu binden, einen «angemessenen Anteil» zum Bau von Eigenheimen einzusetzen.[34] In der Plenardebatte am 15. Dezember 1950, in der dieser Antrag diskutiert wurde, äußerte Lücke: «Wir fordern [...], daß im Mittelpunkt der Wohnbaupolitik [...] die Familie steht, die Familie, so, wie wir sie uns vorstellen, daß sich also die Wohnungspolitik nach der Familie richtet.» (Lücke 1950)

Das Anliegen der CDU/CSU-Fraktion wurde nun von allen politischen Lagern unterstützt. Der damalige Bundesminister für Wohnungsbau Eberhard Wildermuth (FDP) schwang sich gar zum «Erfinder der sogenannten Stadtrandsiedlung» auf, die er als «die idealste Siedlungsform» (Wildermuth 1950) bezeichnete. Auch aus dem linken Spektrum

33 Lücke wurde 1962 Präsident des Deutschen Katholikentages und war von 1967 bis 1976 Mitglied des Zentralkomitees der deutschen Katholiken (Götschmann 1993, S. 164).

34 Siehe Antrag vom 13.12.1950, Drucksache 01/1705, verfügbar unter https://dserver.bundestag.de/btd/01/017/0101705.pdf, zuletzt abgerufen am 13.03.2023.

gab es Unterstützung für das Eigenheim, dem durch die Siedler*innen-Bewegung der Zwischenkriegszeit auch eine linke politische Tradition innewohnte. So sah der Abgeordnete Georg Stierle (SPD) im «Eigenheim [...] die ideale Form des Wohnens», schließlich hatte die SPD bei der ersten Bundestagswahl 1949 plakatiert, dem «Eigentum mit Garten und Kleintierstall [...] die volle Zustimmung der Sozialdemokratischen Partei» zu garantieren (C. Zimmermann 2001, S. 338). Da selbst die KPD zuvor mit dem Slogan «Trautes Heim – Glück allein» in den Wahlkampf gegangen war (Schulz 1994, S. 94), erhielt Lückes Antrag keine Gegenstimmen. Auch wenn der «angemessene» Anteil der Mittel noch nicht festgelegt werden konnte, die in den Ländern für «familiengerechte» Wohnungen und Eigenheime aufgewendet werden sollten, waren so schon 1950 die Weichen für das Zweite Wohnungsbaugesetz gestellt, mit dem das Eigenheim 1956 in der politischen Förderung Vorrang vor anderen Wohnformen erhielt. Bereits in dessen erstem Paragrafen war als vorrangiges Ziel der Wohnungsbauförderung gefasst, «weite Kreise des Volkes durch Bildung von Einzeleigentum, besonders in der Form von Familienheimen, mit dem Grund und Boden zu verbinden». Insbesondere waren dabei solche Wohnungen zu fördern, welche «die Entfaltung eines gesunden Familienlebens, namentlich für kinderreiche Familien, gewährleisten» (§ 1 Abs. 2 II. WoBauG).

Das Eigenheim als biopolitisches Werkzeug

Was sich Paul Lücke, Vater von sechs Kindern, unter einem «gesunden» Familienleben vorstellte, machte er in einer Rede beim Arbeitskreis Ehe und Familie des Deutschen Katholikentages im Rahmen des Altenberger Treffens im September 1951 deutlich. Dabei stellte Lücke auch einen unmittelbaren architektonischen Zusammenhang her:

> «Die in Kleinwohnungen gepferchten jungen Familien zwingen wir zur Empfängnisverhütung, Abtreibung und Entsittlichung und damit zum biologischen Volkstod. Die Kleinstwohnung erzwingt die Kleinstfamilie für alle Zukunft. Gerade deshalb ist das familiengerechte Heim die unabdingbare Voraussetzung für die innere Gesundung unserer Familien und damit unseres Volkes.» (Lücke 1951, S. 26)

Das aus dieser Veranstaltung resultierende *Altenberger Programm* bildete den «publizistischen Höhepunkt der Eigenheimkampagne» und wurde im Plenarsaal des Bundeshauses in Bonn feierlich kundgegeben (Schulz 1994, S. 265). Die bundespolitische Bedeutung dieses Treffens wird nicht nur durch diesen Ort deutlich. Auch Bundeskanzler Adenauer sprach zu diesem Anlass und fügte der Äußerung Lückes noch eine weitere Dimension hinzu, doch dazu später mehr.

Wie Julia Gill (2010, S. 44) herausstellt, wollten Mitte der 1950er Jahre nur achtzehn Prozent der Menschen im Eigenheim leben. Die politische Eigenheimförderung der westdeutschen Nachkriegszeit war somit keine harmlose Wirtschaftswunder-Wohlfühlpolitik. In der explizit formulierten Absicht, durch Wohnungspolitik die Familienplanungen jener Menschen aktiv zu beeinflussen, die zu einem «deutschen Volk» gezählt wurden, machte die Bundesregierung das Eigenheim zur Architektur konservativer Biopolitik. In seiner oben zitierten Rede, so argumentiert Johanna Hartmann (2020, S. 112), «explizierte Lücke seine Wohnungspolitik als biopolitische Unternehmung, in der sich die durch den Nationalsozialismus belasteten Begriffe mit christlichen Inhalten verbunden scheinbar problemlos weiterverwenden ließen».

Das von Michel Foucault geprägte Konzept der Biopolitik ist eine brauchbare Folie, vor der sich die Tragweite der Wohnungspolitik deutlich abzeichnet. Foucault beschreibt eine «tiefgreifende Transformation» (Foucault 1987, S. 162–163) herrschaftlicher Machtmechanismen Mitte des 18. Jahrhunderts: «Man könnte sagen, das alte Recht, sterben zu *machen* oder leben zu *lassen,* wurde abgelöst von einer Macht, leben zu *machen* oder in den Tod zu *stoßen.*» (Ebd., S. 165) Dabei wurden die «Fortpflanzung, die Geburten- und die Sterblichkeitsrate, das Gesundheitsniveau, die Lebensdauer, [...] zum Gegenstand eingreifender Maßnahmen und regulierender Kontrollen: Bio-Politik der Bevölkerung» (ebd., S. 166). Zugrunde liege «eine Macht, deren höchste Funktion nicht mehr das Töten, sondern die vollständige Durchsetzung des Lebens ist» (ebd., S. 166). In der Ausübung dieser Macht sieht Foucault explizit in der Wohnungspolitik eine Kontrolltechnologie, die «installiert werden [musste], um den Körper und die Sexualität [...] unter Aufsicht zu halten» (ebd., S. 152).

Vor diesem Hintergrund stellt Lücke in der oben zitierten Äußerung aussagekräftige Zusammenhänge zwischen Architektur und Sexualität her: Kleine Wohnungen führten zu Empfängnisverhütung und gar zu Abtreibungen. Das ist für Lücke ein fatales Hemmnis der Produktion neuer Bürger*innen. Sogar vom durch die Kleinwohnung verursachten «biologischen Volkstod» ist die Rede, die in völkischem Duktus damit zur Gefahr für die Nation erklärt wird. Im Sinne einer konservativen katholischen Ethik, die Empfängnisverhütung und Abtreibung ablehnte, wird die kleine Wohnung zudem mit moralischer Schuld aufgeladen. Weiter schlussfolgert Lücke, dass kleine Wohnungen die «Entsittlichung» der Bewohner*innen zur Folge haben könnten. Seiner Argumentation zufolge begünstigen Kleinwohnungen offenbar Sex abseits familialer Reproduktion architektonisch, da nicht der Drang zur Gründung einer Familie durch vakante Kinderzimmer besteht. Lückes «Familienheime», die dem Namen entsprechend durch ihre architektonische Konfiguration einzig auf das Wohnen der Kernfamilie abzielen, sind also biopolitische Instrumente in doppelter Hinsicht: Sie wirken zugleich als bevölkerungspolitische Geburtenbeschleuniger und als moralpolitische Keuschheitsgehäuse. Die politische Förderung des Eigenheimes vor allen anderen Wohnformen folgte also nicht nur einer katholischen Moral mit tradiertem Familienbild, sondern sie hatte das biopolitische Ziel, das Leben der Menschen aktiv zu beeinflussen und familiales Leben zu produzieren, das diesem Bild entsprach. Lücke äußerte ganz unverblümt: «Wir nennen diese Politik Familienheimpolitik. Sie ist beste angewandte Familienpolitik.» (Born 1965, S. 42)

Die angewandte Familienpolitik der Eigenheimförderung stützt dabei auch eine Grundfeste familialen Lebens im Sinne des traditionell-katholischen Wertesystems: die patriarchale Autorität. Wie die Inszenierung Paul Lückes als Familienvater in *Schöner Wohnen* deutlich darstellt, spielt die Vaterfigur in dessen Familienbild eine wesentliche Rolle – und zwar als «patriarchalischer Typ» (Born 1965, S. 191). Für dessen Machtstellung in der Familie war die Position des Eigenheimbesitzers entscheidend:

> «Das Bewußtsein, daß der Vater Hauseigentümer sei, daß er Obdach und Behausung biete, versinnbildlichte den anderen Familienangehörigen – inbesondere [sic] den heranwachsenden Kindern – die Autorität des Vaters und war geeignet, diese zu stär-

> ken und damit eine spezifische Form des familiären Zusammenhalts zu festigen.» (Schulz 1994, S. 261)

Was von Schulz etwas verklausuliert der Stärkung bedarf, ist die patriarchal strukturierte Familie nach der Abwesenheit der Männer durch den Krieg. In dieser Hinsicht sollte das Eigenheim «nach den Erschütterungen des Krieges ein ‹normales› – sprich patriarchales – Familienleben wieder herbeiführen» (Staub 2017, S. 83).

Allerdings machte sich Adenauer nicht alle Forderungen der katholischen Eigenheimlobby «vollständig zu eigen», wie Schulz (1994, S. 265) behauptet, und auch Lücke folgte der katholischen Sozialethik in einer entscheidenden Frage nicht: Ausgerechnet die aus heutiger Perspektive erfrischend progressiven Forderungen nach einer kommunalen Bodenvorratswirtschaft und einer Abschöpfung der Bodenwertsteigerung blieben in der «Eigentumsideologie» (Häußermann und Siebel 1996, S. 230) dieser Jahre auf der Strecke.

Aus den Proleten wurden Eigentümer

Die Abbildungen in der Zeitschrift zeigen Lückes Haus am Odinweg als friedlichen Ort. Der Nachmittag ist so ruhig, dass sich Lückes Sohn im glatten Wasser des Gartenteichs spiegelt. Das Spiel der Kinder auf der Wippe wirkt frei und unbekümmert, der Vater steht gelassen daneben, das jüngste Kind auf seinem Arm. Während der Arbeit im Gemüsebeet steht der Liegestuhl auf der Terrasse einladend bereit, um nach getanem Tagwerk die Aussicht über den Garten und das Bergische Land zu genießen. Am gleichen Tag entstand auch eine in Lückes Biografie publizierte Abbildung, die Paul Lücke mit einer Rosenschere in der rechten Hand im Gesträuch seines Gartens zeigt. Der linke Arm langt zielstrebig nach einem Zweig, der Ehering am Finger, das Eigenheim im Hintergrund (Abb. 23). Die Bilder vom glücklichen Aufwachsen der Kinder und vom Bestellen des Gartens richten genau wie dieses Bild vom Beschneiden der Bäume den Blick aus einer alltäglichen Gegenwart in eine weite, sichere Zukunft, in der alles den rechten Weg zu nehmen scheint.

Abb. 23: «Das Beschneiden der Bäume und Sträucher in seinem Garten macht Lücke selbst.» (Born 1965, S. 49)

Das Volk mit Grund und Boden verbinden

In der *Schöner Wohnen*-Homestory gab Lücke zu Protokoll: «Der Erwerb eines Familienheims [...] verschafft dem Bauherren Eigentum an Grund und Boden in der sinnfälligsten und ursprünglichsten Form überhaupt. Im Eigentum liegt die Wurzel der persönlichen Freiheit. Eigentum macht unabhängig, bedeutet Krisenfestigkeit und Sicherung des Lebensabends.» (SW 07/1961, S. 35) Frei, krisenfest, sicher; immer wieder ist von diesen Begriffen die Rede, doch frei wovon, fest wogegen, sicher wovor sollte der Kauf eines Eigenheims machen – und auf welche Weise? Andere Äußerungen Lückes geben Aufschluss: «Nur der Mensch und nur die Familie, die ein Eigentum besitzt, ist gegen Radikalisierung gefeit, weil das Bewußtsein, Eigentümer zu sein, verpflichtet und vor Radikalisierung schützt.»[35] Erklärtes Ziel war eine «Gesellschaftsordnung [...], die unser Volk für alle Zeit immun macht gegen Radikalismus jeder Art».[36] Zur Herstellung dieser «Gesellschaftsordnung» war für Lücke das Eigenheim zentrales Mittel, um die politische Haltung seiner Bewohner*innen zu verändern und die Bevölkerung – seiner Terminologie zufolge wie mit einer Impfung – gegen Radikalisierung zu «immunisieren». Der Bezug auf «Radikalismus jeder Art» suggeriert eine scheinbar symmetrische Positionierung gegen ein Wiedererstarken rechtsextremer Positionen einerseits und eine Abgrenzung vom internationalen kollektivistischen Sozialismus des sowjetischen Lagers im Kalten Krieg andererseits, die aber sehr asymmetrisch motiviert war und umgesetzt wurde. Die Rolle des Eigenheims wird folglich in seinen Wendungen sowohl gegen rechte als auch gegen linke Radikalisierungsbestrebungen untersucht.

In der unmittelbaren Nachkriegszeit war die Union bestrebt, die Millionen durch Taten oder Sympathien am NS-Regime Beteiligten zu integrieren, auch um das politische Wiedererstarken rechtsextremer Kräfte zu verhindern, das als reale Gefahr gesehen wurde (Frei 1996, S. 397). Im ersten deutschen Bundestag gab es mit dem Bund der Heimatvertriebenen und Entrechteten, der Deutschen Rechtspartei, der Deutschen Partei und der damals in weiten Teilen stark nationalistisch ausgerichteten FDP eine ganze Reihe von Parteien rechts der CDU/CSU, von denen die zwei letztgenannten am ersten Kabinett Adenauer beteiligt waren (Wiegel 2002, S. 4). Diesen Parteien galt es, keinen weiteren Zulauf zu liefern (Frei 1996, S. 399).

Von der Förderung privaten Grundeigentums durch wohnungspolitische Maßnahmen versprach sich die Bundesregierung in dieser Sache nichts weniger, als dass dies «in Zeiten ernster Belastungsproben seine politische Stabilisierungsfunktion» erfüllen könnte, wie es Lückes Vorgänger im Amt des Ministers für Wohnungsbau Victor-Emanuel Preusker 1954 anlässlich der ersten Lesung des Zweiten Wohnungsbaugesetzes im Bundestag formulierte.[37] Der Unionsabgeordnete Leukert ergänzte: «Nicht nur die Schaffung des Familienheims, sondern darüber

35 Zitat Lückes auf der Webseite der Konrad-Adenauer-Stiftung, siehe https://www.kas.de/de/web/geschichte-der-cdu/personen/biogramm-detail//content/paul-luecke, zuletzt abgerufen am 17.10.2022.

36 Paul Lücke, zit. nach Born (1965, S. 55).

37 Siehe Äußerung Preuskers im Plenarprotokoll des 2. Deutschen Bundestags – 9. Sitzung. Bonn, 14.01.1954, S. 250. Verfügbar unter https://dserver.bundestag.de/btp/02/02009.pdf, zuletzt abgerufen am 13.03.2023.

hinaus die Bindung der Familie an das Heim und zum Gartenland schafft, auf die Dauer gesehen, eine befriedete Familie.»[38] Beim besagten Altenberger Treffen des Deutschen Katholikentages 1951 führte auch Adenauer in seiner Rede diesen Gedanken der «Befriedung» durch Familien- und Wohnungspolitik aus:

> «Die tiefste Ursache für all das Unglück, das über die Welt und über unser deutsches Vaterland in den letzten Jahren gekommen ist, ist nach meiner Überzeugung moralischer Natur. [...] [D]ie Völker sind moralisch erkrankt. Und von dieser allgemeinen moralischen Erkrankung, die sich nicht etwa nur auf das deutsche Volk beschränkt, sind im starken Maße Ehe und Familie ergriffen. Die Wiederherstellung und Sicherung geordneter Voraussetzungen für Werden, Wachsen und Blühen gesunder christlicher Familien, gesunden christlichen Familienlebens, ist mit die wichtigste Aufgabe der Gegenwart.» (Adenauer 1951, S. 89)

Indem Adenauer vom «Unglück» spricht, das «über unser deutsches Vaterland [...] gekommen ist» (ebd., S. 89), externalisiert er zunächst die Verantwortung für die NS-Herrschaft und sieht eine «tiefste Ursache [...] moralischer Natur», die durch das «Wachsen und Blühen [...] gesunden christlichen Familienlebens» (ebd., S. 89) geheilt werden solle. «Entscheidende Voraussetzung» dafür, macht Adenauer sofort klar, ist das «Familienheim» (ebd., S. 91).

Vor diesem Hintergrund überrascht die Kontinuität der Terminologie nicht, in die der politische Einsatz für das Eigenheim gefasst wurde. Die Formulierungen Adenauers wurden von jenen Lückes noch deutlich übertroffen: Dieser redete von Wohnungen, die nicht «den erforderlichen Lebensraum für eine gesunde Familie bieten».[39] Er spitzte gar zu: «Wer den Willen zum Kind durch eine fehlgeleitete Wohnungspolitik tötet, gibt damit die Zukunft unseres Volkes auf» (Lücke 1953, S. 3), und er sprach analog vom «biologischen Volkstod» (Lücke 1951, S. 26) durch Kleinwohnungen. Diese Äußerungen wirken, als seien Sprechzettel aus der NS-Zeit recycelt worden. Weitere derartige Bezüge in Lückes Vokabular stellt Dirk Götschmann (1993, S. 165) heraus:

> «Lücke griff nun ohne Scheu wieder den Begriff der ‹Heimstätte› auf, und auch sonst wies seine Argumentation deutliche Parallelen zur Siedlungspolitik der jüngst vergangenen Epoche auf. Das Eigenheim sei für ein gesundes Familienleben, dieses wiederum für die angestrebte Steigerung der Geburtenrate die wichtigste Voraussetzung. Die Wohnungsbaupolitik müsse die ‹Ansprüche, die eine gesunde (!) Familie hat›, berücksichtigen, auch gehöre zu jedem Familienheim ein Garten oder Stück Feld, ‹um dadurch unsere Menschen wieder mit dem Boden zu verwurzeln, und ihnen, soweit es möglich ist und es der bisher beschränkte deutsche Lebensraum (!) zuläßt, eine – wenn auch kleine – Sicherung für Krisenzeiten zu gewähren und um einen möglichst großen Teil unseres Volkes wieder zu Eigentümern zu machen.›»

38 Siehe Äußerung Leukerts im besagten Plenarprotokoll, S. 2260.
39 Siehe Äußerung Lückes im Plenarprotokoll des 1. Deutschen Bundestags – 108. Sitzung. Bonn, 15.12.1950, S. 4073. Verfügbar unter https://dserver.bundestag.de/btp/01/01108.pdf, zuletzt abgerufen am 13.03.2023.

Auch Gesetzestexte schrieben diese Bezüge fort. So zielte die von Lücke eingebrachte erste Fassung des Zweiten Wohnungsbaugesetzes darauf ab, «weite Kreise des Volkes [...] mit dem heimatlichen Boden zu verwurzeln».[40] In der NS-Zeit wurde ähnlich formuliert: «Das nationalsozialistische Ziel ‹Verwurzelung des deutschen Menschen mit dem Grund und Boden› soll die Wahl der Wohnform bestimmen», heißt es etwa in einem Aufsatz zur «Heimat- und Handwerkspflege in der Siedlungs- und Bauplanung» des Funktionärs der Heimatschutzbewegung Werner Lindner (1940, S. 11). Auf diesem Bild baute auch NS-Ideologe Walther Darré die rassistische Argumentation seiner Schrift *Blut und Boden* auf. Hier heißt es einführend: «Völker sind so an einen bestimmten Boden gebunden, daß sie wie Bäume tief darin wurzeln und nur mit Gefahr auf andersartigen Boden verpflanzt werden können.» (Darré 1936, S. 2) In der später verabschiedeten Fassung jenes Wohnungsbaugesetzes wurde der «heimatliche Boden» in «Grund und Boden» verändert, auch soll das Volk nicht länger durch Eigenheime mit diesem «verwurzelt», sondern «verbunden» werden. Doch auch in dieser Fassung ist noch von «Volk», «Boden» und der «Entfaltung eines gesunden Familienlebens» die Rede.[41]

Wichtig ist in diesem Zusammenhang, dass Adenauer zu der Zeit, in der die Grundlagen der Wohnungspolitik gelegt wurden, eine politische Auseinandersetzung mit der nationalsozialistischen Vergangenheit weitgehend abgelehnt hat. In seiner ersten Regierungserklärung machte er klar: «Durch die Denazifizierung ist viel Unglück und viel Unheil angerichtet worden.» Adenauer sprach sich verharmlosend dafür aus, die «wirklich Schuldigen an den Verbrechen, die in der nationalsozialistischen Zeit und im Kriege begangen worden sind», zu bestrafen, während er zugleich dagegen argumentierte, in «zwei Klassen von Menschen» zu unterscheiden: «die politisch Einwandfreien und die Nichteinwandfreien». Dabei betonte er, dass die «Bundesregierung so entschlossen ist, dort, wo es ihr vertretbar erscheint, Vergangenes vergangen sein zu lassen».[42] In den Gärten der Eigenheime, so war offenbar die Hoffnung, würde bei sorgfältiger Pflege das dichteste Gras über die jüngste Vergangenheit wachsen.

Bollwerke gegen den Bolschewismus

Schon im Laufe der 1950er Jahre erlangte das Eigenheim für die US-amerikanische Besatzung politische Bedeutung, um mit dem Ziel der Einbindung der BRD in das westliche Wirtschaftssystem im Zuge des Marshallplans den Bau von Eigenheimsiedlungen zu fördern und «das Einfamilienhaus als vermögenssicherndes Eigentum, das gegen die Gefahren des Kommunismus aus dem benachbarten anderen Deutschland immun machen sollte» (Staub 2017, S. 83), in Stellung zu bringen.

40 So formuliert im von Lücke in den Bundestag eingebrachten Antrag der CDU/CSU-Fraktion vom 20.11.1952 zum «Entwurf eines Gesetzes zur Schaffung von Familienheimen (Zweites Wohnungsbaugesetz)», Drucksache 3868. Verfügbar unter https://dserver.bundestag.de/btd/01/038/0103868.pdf, zuletzt abgerufen am 13.03.2023.

41 So etwa in § 1 Abs. 2 II. WoBauG i. d. F. v. 28.06.1956.

42 Siehe Äußerung Adenauers im Plenarprotokoll des 1. Deutschen Bundestags – 5. Sitzung. Bonn, 20.09.1949, S. 27. Verfügbar unter https://dserver.bundestag.de/btp/01/01005.pdf, zuletzt abgerufen am 13.03.2023.

Entgegen ihrer eigentlichen Haltung, das Thema Wohnungsbau der BRD zu überlassen, legte die US-Regierung zu diesem Zweck zwei Wohnungsbauprogramme auf, die «das Eigenheim als Standard für die deutsche Nachkriegsgesellschaft einführen sollte[n]» (ebd., S. 84). Im Zuge der Economic Cooperation Administration (ECA) von 1951 finanzierten die USA den Bau von 3 300 Wohneinheiten verteilt auf 15 Städte, durch das darauffolgende Programm Mutual Security Agency (MSA) wurden zwischen 1953 und 1955 an neun verschiedenen Orten im Ruhrgebiet 4 500 Einfamilienhäuser für Bergmannsfamilien gebaut.[43]

Auch für die Bundesregierung hatte das Eigenheim in dieser Hinsicht eine politische Funktion. Auf dem Altenberger Treffen des Deutschen Katholikentages im September 1951 führte Adenauer in seiner oben erwähnten Rede die biopolitische Dimension des Wohnungsbaus mit der antikommunistischen Rhetorik dieser Zeit zusammen. Er argumentierte, «allein die größere Familie kann die Zukunft unseres Volkes sichern und der materiellen, der geistigen und, meine Damen und Herren, auch der biologischen Gefahr der östlichen bolschewistischen Naturvölker auf die Dauer wirksam widerstehen» (Adenauer 1951, S. 90). Eine im Kontext christlicher Werte offenbar einwandfreie rassistische Argumentation, die Adenauer unmittelbar mit dem Eigenheim zu verbinden verstand: «Zum Begriff der Familie gehört das Eigentum [...]. Die Schaffung von Eigenheimen muß deshalb als sozial wertvollster und am meisten förderungswürdiger Zweck staatlicher Wohnungsbau- und Familienpolitik anerkannt werden.» (Ebd., S. 92) Die populäre Zuschreibung, Adenauer habe in den Eigenheimen «Bollwerke gegen den Bolschewismus» (Nerdinger 1990, S. 41) gesehen, bestätigt sich.

Wie Joachim Petsch (1983) herausstellt, hatte diese Politik auch das Ziel, «einen ‹Schutzgürtel› von besitzenden Kleinbürgern um die eigentlichen kapitalistischen Eigentumsinteressen zu legen» und damit «die Wiedereinsetzung der Privateigentümer an den Produktionsmitteln in ihre alte Stellung zu verdecken und die Kleinbürger mit der kapitalistischen Wirtschaftsordnung auszusöhnen». Damit diente die Eigenheimpolitik Adenauers «der Bekämpfung der antikapitalistischen und sozialistischen Gesinnung und zur Befriedung der Arbeiterschaft» (ebd., S. 398). Alexandra Staub (2009) stellt dazu treffend fest: «[A] caste that had traditionally been more involved with labour movements than lawn mowers was encouraged to settle into a new burgeois german existence.» (Ebd., S. 153)

Kurz nachdem im Juli 1961 der Hausbesuch bei Paul Lücke in *Schöner Wohnen* erschienen war, wurde die Sektorengrenze zwischen der DDR und der BRD abgeriegelt und die SED-Führung veranlasste den Bau der Berliner Mauer. Im Kontext der Teilung Deutschlands stand die CDU-geführte Bundesregierung, die nicht in der Lage gewesen war, diesen Schritt zu verhindern, unter erheblichem Druck. So wurde der Wiederaufbau von westdeutscher Seite zum Wettbewerb dieser Systeme stilisiert und das Eigenheim zum Hauptdarsteller wohnungspolitischer Propaganda gemacht. In der folgenden Ansprache stellte Bundesbauminister Lücke im Westberliner Radiosender RIAS nicht nur seine eigene Leistung im Vorfeld der Bundestagswahl 1965 heraus. RIAS funkte auch in die DDR:

> «Wenn der bekannte französische Journalist Michél Gorday in einer großen deutschen Illustrierten schreibt: ‹Wer das Land und

43 Zu diesen Programmen siehe Staub (2017, S. 83–87).

> die Ruinen von 1945 bis 1948 gesehen hat, muß den Wiederaufbau der zerstörten Wohnungen in Deutschland und die Neubauten für das größte Wunder, noch größer als das eigentliche Wirtschaftswunder halten ...›, dann hat er nicht nur an die rund acht Millionen seit Kriegsende gebauten Wohnungen gedacht, [...] sondern er [...] hat wie Tausende von anderen Journalisten aus der ganzen Welt gesehen, daß die Wohnungen in der Bundesrepublik von Jahr zu Jahr größer, besser und somit familiengerechter werden. Der größte Erfolg dieser Politik ist jedoch die Tatsache, daß von diesen acht Millionen Wohnungen 2,5 Millionen Familienheime sind [...]. Hier wurde die große Möglichkeit genutzt, nicht nur Wohnraum zu schaffen, sondern gleichzeitig Eigentum an Grund und Boden. Die durchschnittliche Größe der heute gebauten Wohnungen beträgt rund 77 m². Zur gleichen Zeit beträgt die durchschnittliche Wohnfläche in Moskau nach amtlichen Angaben 6 bis 7 m² pro Person. [...] Während bei uns seit über zehn Jahren in jeder Minute – Tag und Nacht – eine Wohnung fertiggestellt wird – das sind bis zur Stunde seit Kriegsende weit über sieben Millionen Wohnungen – konnten in der sowjetisch besetzten Zone mit knapp 800 000 Wohnungen noch nicht einmal die Millionen-Grenze erreicht werden. Oder, um es noch deutlicher aufzuzeigen, während in der sowjetisch besetzten Zone 1962 für 1 000 Menschen nur 5,1 Wohnungen fertiggestellt werden konnten, waren es im freien Teil unseres Vaterlandes doppelt soviel.»[44]

Dabei handelte es sich bei den antikommunistischen Argumentationsstrategien keineswegs um das häufig suggerierte spiegelsymmetrische Gegenbild der «Abgrenzung» zur radikalen Rechten. Ganz im Gegenteil bestand die «Abgrenzung» gegen rechts nicht zuletzt in der Integration dieser Seite – und zwar insbesondere *durch* den Antikommunismus, den der Historiker Axel Schildt (1993) als «Integrationsideologie» (ebd., S. 630) der Nachkriegszeit bezeichnet: «Die mitunter schrille Tonart des Antikommunismus erinnerte an die Propaganda der 1930er Jahre – ebenso wie die personellen Kontinuitäten auf der Seite des Fachpersonals, und der Mehrheit der Bevölkerung konnte es scheinen, als ob sie wenigstens in dieser Frage ‹schon immer› auf der richtigen Seite gestanden hätte.» (Ebd., S. 630)

Dem Begriff der Freiheit kam in der antikommunistischen Rhetorik zentrale Bedeutung zu: «Im Eigentum liegt die Wurzel der persönlichen Freiheit» (SW 07/1961, S. 37), so Paul Lücke im *Schöner Wohnen*-Interview. «Die ‹Verteidigung der Freiheit› [...] gegen die totalitäre Bedrohung und nicht etwa die Anrufung der ‹Demokratie› wurde offenbar gerade wegen ihrer weiten Auslegbarkeit zur erfolgreichen Konsensformel, die der Mentalität der Bevölkerung in besonderem Maße entsprach, weil sie auf deren erklärbare starke Sicherheits- und Ruhebedürfnisse sowie Ängste vor neuen kriegerischen Katastrophen und Angriffen auf ihre Privatheit positiv Bezug nahm.» (Schildt 1993, S. 630–631) Der Begriff der Freiheit wurde häufig mit dem Wohneigentum verknüpft, schließlich zielte das Bild des eigenen Heims auf dieses Bedürfnis nach Ruhe, Sicherheit und Privatheit.

---

44 Lücke, zit. nach Born (1965, S. 14–15).

Konformismus durch Wohneigentum

Die Bestrebungen der konservativen Bundesregierungen in den 1950er und frühen 1960er Jahren, Mieter*innen in privates Wohneigentum zu bewegen, haben politische Tradition.[45] In seinem Text *Zur Wohnungsfrage* von 1873 stellte Friedrich Engels einen grundlegenden Zusammenhang zwischen privatem Grundeigentum und der politischen Haltung der Bewohner*innen her:

> «Um die moderne revolutionäre Klasse des Proletariats zu schaffen, war es absolut notwendig, daß die Nabelschnur durchschnitten wurde, die den Arbeiter der Vergangenheit noch an den Grund und Boden knüpfte. [...] [W]er sein Häuschen, Gärtchen und Feldchen [...] hatte, war bei aller Misere und bei allem politischen Druck ein stiller, zufriedener Mann ‹in aller Gottseligkeit und Ehrbarkeit›, zog den Hut vor den Reichen, Pfaffen und Staatsbeamten und war innerlich durch und durch ein Sklave.» (Engels 1969 (1872), S. 219)

Oder umgekehrt auf den Punkt gebracht: «Verschafft ihnen eigene Häuser, kettet sie wieder an die Scholle, und ihr brecht ihre Widerstandskraft.»[46] (Ebd., S. 239) Pierre Bourdieu folgt einem ähnlichen Argument. Er sieht in einer eigentumsorientierten Wohnungsmarktpolitik ein Instrument, das eingesetzt wird, um die politische Haltung bestimmter Gruppen gezielt zu verändern:

> «Insbesondere mit allerlei Formen von Regelungen und Finanzhilfen [...] trägt der Staat – und tragen diejenigen, die im Stande sind, ihre Ansichten mit seiner Hilfe durchzusetzen – in der Tat sehr stark dazu bei, *den Zustand des Wohnungsmarktes zu produzieren.* [...] So verweist jede Maßnahme zur Einschränkung des zugänglichen Angebots an Mietwohnraum [...] einen Teil der potenziellen Mieter an das Wohneigentum, das seinerseits je nach Höhe der personengebundenen Fördermittel und der Kreditkosten mehr oder weniger attraktiv ist. [...] [E]ine Politik, [...] die darauf abzielt, [...] die ‹Wahl› derjenigen sozialen Gruppen, die bis dahin am wenigsten geneigt waren, ihren Wohnungsbedarf auf diese Weise zu decken und den Zugang zum Wohneigentum zu einer vorrangigen Geldanlage zu machen, dennoch auf das Eigentum zu lenken (in Anlehnung an bestimmte geistige Urheber des Gesetzes, die Mietwohnblocks mit dem Kollektivismus oder Sozialismus assoziierten, wurde diese soziale Gruppe also auf die dauerhafte Bindung an die bestehende Ordnung und somit auf eine Form von Konservatismus orientiert).» (Bourdieu 2002, S. 37f.)

Bourdieu beschreibt, wie Wohnungspolitik auf privates Wohneigentum ausgerichtet wird, um die Bewohner*innen an eine bestehende Ordnung zu binden – gemäß dem Credo «Eigentum macht konservativ». Georges Teyssot (1989, S. 66) führt diesen Gedanken weiter aus:[47]

> «Verwirft man die Lösung der ‹Wohnungsfrage› mit Hilfe des Gespanns öffentlicher *und* kollektiver Wohnungsbau als untauglich,

---

45 Siehe auch Staub (2009, S. 154–162).
46 Siehe dazu ausführlich Häußermann und Siebel (1996, S. 261–265).
47 Für diesen Hinweis danke ich Gabu Heindl.

> dann setzt sich das Modell des privaten *und* individuellen Wohnungsbaus durch, das einzige Modell, das es möglich macht, die familiäre Struktur zu monopolisieren und zu isolieren, das es erlaubt, im Arbeiter das Gefühl von räumlicher Identität und materieller Kultur zu wecken, ihm den Sinn für Eigentum einzutrichtern, das symbolische Äquivalent für den ‹heimischen Herd› als Gegenwert für das Leben am Arbeitsplatz zu stabilisieren, den Körper zu disziplinieren und seine Gewohnheiten zu regulieren. [...] Glauben Sie nicht, daß eine solche Politik etwa gescheitert wäre!»

Fast einhundert Jahre nachdem Engels *Zur Wohnungsfrage* schrieb, ist die Situation eine andere. Das Wohnen, das Arbeiten und die Mobilität haben sich verändert. Dennoch greift es zu kurz, wenn Häußermann und Siebel (1996) Engels Argumentation dadurch gänzlich den «Boden entzogen» (ebd., S. 263) sehen. Der Soziologie Helmut Schelsky, der den Begriff der «nivellierten Mittelstandsgesellschaft» prägte, konstatierte für die 1950er Jahre einen «Rückzug in die privaten Bereiche des Berufs und der Familie», eine «Reprivatisierung des Daseins», die den «Zerfall der Öffentlichkeit» zur Folge habe (Schelsky 1955, S. 237). Analog spricht der Soziologe Richard Sennet in Bezug auf die US-amerikanische Vorstadt der 1950er Jahre von einem «entpolitisierten Rückzug; das System bleibt unangetastet, doch vielleicht können ‹wir› unser Stückchen Rasen retten» (Sennett 1986, S. 333). Zum Zusammenhang zwischen Wohnen und Wählen stellen Häußermann und Siebel (1996) fest: «Eigentümer wählen mit größerer Wahrscheinlichkeit ‹rechts› als Mieter» (ebd., S. 274).[48] Paul Lücke (1951, S. 25–26) jedenfalls ist sich der Wirkung für Mensch und Volkswirtschaft bewusst:

> «Der Arbeiter, dem die Möglichkeit zu einer Siedlerstelle geboten wird, wird Tag und Nacht arbeiten, also volkswirtschaftlich gesehen eine zusätzliche Arbeitsleistung vollbringen, um sein eigenes Häuschen bald schuldenfrei zu bekommen. [...] Ich habe selbst eine Siedlung gebaut und dabei erlebt, mit welchem Eifer die Siedler darangingen, die Siedlung zu erstellen, und heute schon sind sie die stolzen Besitzer eines kleinen Anwesens geworden. Hier wurden nicht nur Menschen untergebracht, sondern hier vollzog sich mit dem Bezug der Siedlerstellen ein geistiger Wandel der gesamten Familie. [...] Aus den Proleten wurden Eigentümer.»

Das Eigenheim führt in Lückes Argumentation also zu einem «geistigen Wandel», womit eine mit konservativen, antikommunistischen und zugleich auch klassistischen Zielen verbundene Verbürgerlichung der Arbeiter*innen und Geringverdienenden gemeint ist. So viel zu den Motiven – es bleibt die Frage, mit welchen Mitteln diese politischen Ziele realisiert wurden und wen die Maßnahmen zur Umsetzung dieser Ziele tatsächlich begünstigten.

48 Die Autoren machen diesen Zusammenhang allerdings von weiteren Einflussfaktoren abhängig, siehe Häußermann und Siebel (1996, S. 274).

Politische Werkzeuge der Eigenheimförderung

Das erste in *Schöner Wohnen* abgebildete Eigenheim illustriert eine prominent gegenüber dem Inhaltsverzeichnis platzierte Anzeige (Abb. 24). Die Zeichnung zeigt ein Eigenheim mit drei spielenden Kindern und einer Frau im Liegestuhl im Vordergrund. Daneben, angeschnitten, das übergroße Gesicht eines jungen Mannes, der mit lässigem *thumbs up* und strahlenden Augen auf diese Szene schielt. Dazu heißt es: «... dies kleine Haus im buntem Garten: Das könnte Ihr eigenes sein!» Die Bausparkasse Wüstenrot warb mit 157 000 «Wüstenrot-Bausparern», drei Milliarden DM zugeteiltem Baugeld seit 1948 und der anstiftenden Beteuerung: «Und täglichschaffen's 100 weitere Bausparer. [...] Wenn auch Sie besser wohnen wollen, fragen Sie doch Wüstenrot [...]. Außerdem gewinnen Sie Geld dabei (bis 400 DM Prämie im Jahr oder Steuervorteile).» Die Finanzierung eines Eigenheims mit staatlichen Zuschüssen, so erweckt die Gemeinschaft der Freunde Wüstenrot den Anschein: «Eigentlich recht einfach!» (SW 01/1960, S. 4)

Abb. 24: Anzeige der Wüstenrot Bausparkasse AG, SW 01/1960

Das Eigenheim im sozialen Wohnungsbau

In der jungen Bundesrepublik wurde das wohnungspolitische Ziel der Schaffung privaten Wohneigentums durch unterschiedliche politische Maßnahmen angestrebt. Grundsätzlich standen einem Ausbau der politischen und fiskalischen Instrumente zu dessen Förderung der Abbau des Angebots an günstigen Mietwohnungen und die weitgehende Auflösung der Mieter*innenschutzrechte gegenüber. Schon Anfang der 1950er Jahre äußerte Lücke: «Wir werden [...] mit allem Nachdruck die Forderung zu verwirklichen trachten, daß das Eigenheim [...] in den kommenden Jahren zur Norm des sozialen Wohnungsbaus wird. Ziel der Wohnungsbaupolitik muß es sein, Geschoßwohnungen nur dort zu errichten – ich denke dabei an die Stadtkerne –, wo sie unbedingt nötig sind.» (Lücke 1953, S. 3) Im Interview mit *Schöner Wohnen* formuliert Lücke euphemistisch, er wolle «[b]eim Wohnungsbau keine Rekorde um jeden Preis anstreben [...]. Und: Wo immer es möglich ist [...], durch staatliche Hilfen den Bau von Eigenheimen fördern» (SW 07/1961, S. 56–57). Dazu legte die Bundesregierung ein ganzes Arsenal an Förderinstrumenten auf, und zwar auf drei Ebenen: erstens die Förderwege des sozialen Wohnungsbaus, zweitens die steuerlichen Vorteile und drittens die Förderung des Bausparens (C. Zimmermann 2001, S. 332). Es folgt ein Versuch, das vielgliedrige und sich häufig verändernde Fördersystem in gebotener Kürze aufzuschlüsseln.[49]

Zunächst zum Feld des sozialen Wohnungsbaus, der in den 1950er Jahren im Ersten und Zweiten Wohnungsbaugesetz neu geregelt wurde. Mit dem Ersten Wohnungsbaugesetz von 1950, das erstmals in der deutschen Wohnungsbaugesetzgebung kein durch die Länder auszufüllendes Rahmengesetz war, sondern als Teil konkurrierender Gesetzgebung Bestimmungen machte, die dann durch die Länder nicht anders getroffen werden konnten, erfolgten «grundlegende und auf Bundesebene im wesentlichen neue Weichenstellungen» (Schulz 1994, S. 241). Der hier implementierte Begriff *Sozialer Wohnungsbau* brachte eine Abkehr vom Arbeiterwohnungsbau und «trug der Tatsache Rechnung, daß die Wohnungspolitik nach dem Weltkrieg eine schichtenübergreifende, allgemeine Aufgabe des Staates war» (ebd., S. 242). Konkret erfolgte damit die Gleichstellung öffentlicher und privater Bauherren bei der Bewilligung öffentlicher Mittel sowie die Gleichberechtigung aller Bauherren, also etwa gemeinnütziger oder öffentlicher mit privaten Bauherren, beim Zugang zu öffentlichen Mitteln (ebd., S. 242).[50]

Das Eigenheim wurde im Ersten Wohnungsbaugesetz noch gleichgestellt neben den anderen Wohnformen – Kleinsiedlungen und Mietwohnungen – genannt. Das änderte sich mit dem Zweiten Wohnungsbaugesetz von 1956. Als grundsätzliches Ziel wurde darin formuliert, «weite Kreise des Volkes durch Bildung von Einzeleigentum, besonders in der Form von Familienheimen, mit dem Grund und Boden zu verbinden» (§ 1 Abs. 2 II. WoBauG) und dazu den sozialen Wohnungsbau zu instrumentalisieren, mit dem bis 1962 die Errichtung von 1,8 Millionen Wohnungen angestrebt wurde (Schulz 1988, S. 415).

Klar wurde im Zweiten Wohnungsbaugesetz formuliert: «Der Neubau von Familienheimen hat den Vorrang vor dem Neubau anderer

49 Einen Überblick über die Wohnungsbaupolitik und Eigenheimförderung in der BRD der Nachkriegszeit gibt Schulz (1988, 1994).

50 Siehe § 21 Abs. 1 I. WoBauG, wurde in § 26 Abs. 2 II WoBauG übertragen.

Wohnungen nach Maßgabe der Vorschriften des § 30.» (§ 26 Abs. 1a II. WoBauG) Hier wurde bestimmt, wie «die für das Wohnungs- und Siedlungswesen zuständigen obersten Landesbehörden die Verteilung der öffentlichen Mittel» vorzunehmen haben, nämlich indem «zunächst den Anträgen auf Bewilligung öffentlicher Mittel zum Bau von Familienheimen entsprochen werden kann, wenn diese für Wohnungssuchende mit geringem Einkommen bestimmt sind» oder so eine bestehende Wohnung für Wohnungssuchende mit geringem Einkommen frei wird. Ebenso sollte Anträgen von Bauherren entsprochen werden, die einen nach Einkommen gestaffelten, möglichst hohen Anteil an Eigenleistung beim Bau erbrachten (§ 30 Abs. 1 und § 35 Abs. 2 II. WoBauG).[51]

Die Definition der «geringen Einkommen»[52] macht indes klar, dass «sozialer Wohnungsbau» nicht vorrangig auf Menschen mit wirklich geringen Einkommen abzielte, denn die Einkommensgrenze, unterhalb derer ja alle gleichermaßen gefördert wurden, war ausgesprochen hoch angesetzt. Um in den Genuss staatlicher Förderungen des sozialen Wohnungsbaus zu kommen, lag die Einkommensgrenze eines Vier-Personen-Arbeitnehmerhaushaltes bei etwa 12 600 DM. Im Jahr 1957 betrug allerdings das Bruttoeinkommen eines Vier-Personen-Arbeitnehmerhaushaltes im Mittel gut die Hälfte dieser Summe, nämlich circa 7 600 DM (von Beyme 1987, S. 262). Zudem unterstützte das Gesetz nicht alle Lebensmodelle gleichermaßen:

> «Während das Erste Wohnungsbaugesetz von 1950 auf die Wohnraumproduktion fokussierte und dabei pragmatisch die führende Rolle der Frauen aufgrund vieler Kriegswitwen, Geschiedenen oder Frauen, die nie verheiratet gewesen waren, berücksichtigte, veränderte sich dieser Fokus beim Zweiten Wohnungsbaugesetz schnell. Das Zweite Wohnungsbaugesetz bevorzugte hinsichtlich seiner Finanzierungsmechanismen die wohlhabende und traditionelle Familie mit einem männlichen Verdiener und ließ dabei wenig Raum für andere Varianten. Während Gesetzgebung und Wohnungsbauprogramme versuchten, den Status der Arbeiter_innen in Richtung der Mittelschicht zu heben, zielten sie auch darauf ab, männliche Privilegien nach Jahren der Abwesenheit der Männer an der Kriegsfront in der häuslichen Sphäre zu festigen.» (Staub 2016, S. 179)

Der fünfte Teil des Zweiten Wohnungsbaugesetzes «Förderungsfähige Bauvorhaben» hatte konkreten Einfluss auf die Architektur der Eigenheime. Die Wohnfläche eines mit öffentlichen Mitteln geförderten «Familienheimes» wurde auf 120 Quadratmeter beschränkt (§ 39 Abs. 2 II. WoBauG). Tatsächlich hielten viele der in *Schöner Wohnen* gezeigten Häuser diesen Rahmen gerade eben ein. Bemerkenswert ist, wie tief das Gesetz in die Familienplanung vordrang und das Zusammenleben als möglichst kinderreiche Kernfamilie architektonisch definierte, indem es bestimmte, innerhalb dieser Grenzen nur jene «Wohnfläche zuzulassen, [...] die es ermöglicht, in der Wohnung zwei Kinderzimmer zu schaffen,

51 Zudem hatten die Landesbehörden dem Bundesminister für Wohnungsbau über die Umsetzung des § 30 jährlich Bericht zu erstatten (§ 32 II. WoBauG).

52 Siehe § 25 Abs. 1 II. WoBauG.

es sei denn, daß die Wohnung für ältere Ehepaare oder für Alleinstehende bestimmt ist» (§ 39 Abs. 2 II. WoBauG).[53]

Die Förderung im Feld des sozialen Wohnungsbaus erfolgte auf dieser Grundlage vor allem durch öffentliche Baudarlehen, die durch die Länder gestaffelt nach Wohnungsgrößen ausgestaltet wurden (§ 42 II. WoBauG). Diese Darlehen waren vor allem für die nachstellige Finanzierung, also als Aufstockung von Bankkrediten oder Bauspargeldern vorgesehen und wurden zinslos oder zu sehr niedrigen, festen Zinssätzen vergeben. Zudem gab es Darlehen zur Deckung laufender Aufwendungen, Zinszuschüsse und Annuitätsdarlehen (§ 42 Abs. 6 II. WoBauG), außerdem zinslose Familienzusatzdarlehen von 1 500 DM für das dritte und jedes weitere Kind mit einem Tilgungssatz von höchstens zwei Prozent (§ 45 II. WoBauG). Weiter spricht Lücke im *Schöner Wohnen*-Interview von den trefflich betitelten Zinsverbilligungsaktionen *Junge Familie* und *Besser und schöner Wohnen,* durch die der Bund Darlehenszinsen über sieben Jahre mit bis zu sechs Prozent bezuschusste (SW 07/1961, S. 56). Besondere Zuschüsse und Darlehen waren für Kriegsgeschädigte und Spätheimkehrer vorgesehen. Die Antragstellung erfolgte durch ein vereinfachtes Bewilligungsverfahren «ohne Vorlage einer Wirtschaftlichkeitsberechnung oder auf Grund einer vereinfachten Wirtschaftlichkeitsberechnung» (§ 49 II. WoBauG). Offenbar nahm die Bundesregierung für wohnungspolitische Ziele den Ausfall von Rückzahlungen in Kauf.

So viel zum sozialen Wohnungsbau – allerdings nur was den «Ersten Förderweg» betrifft, denn 1965 wurde zusätzlich der «Zweite Förderweg» (Förderung mit nicht öffentlichen Aufwendungshilfen) eingeführt. Dieser begünstigte jene Personen, die die ohnehin schon hohen Einkommensgrenzen oder Wohnflächenbeschränkungen des «Ersten Förderweges» überschritten. Das Ziel dieses «Zweiten Förderweges» war also die Wohneigentumsförderung von Besserverdienenden aus den Mitteln des sozialen Wohnungsbaus (Keil 1996, S. 48). Dazu wurden aus Mitteln des sozialen Wohnungsbaus Annuitätszuschüsse gewährt, wenn die Begünstigten die Einkommensgrenze um nicht mehr als ein Drittel überstiegen und das Bauvorhaben als steuerbegünstigt anerkannt worden war (§ 88 II. WoBauG). Damit konnten die Wohnflächengrenzen von jetzt 130 Quadratmetern erneut um zwanzig Prozent überschritten, also Wohnungen von bis zu 156 Quadratmetern als steuerbegünstigt anerkannt werden (§ 82 Abs. 1 II. WoBauG). Diese Annuitätszuschüsse liefen über sieben Jahre und betrugen bis zu vier Prozent der zur Deckung der Gesamtkosten aufgenommenen Darlehen. Der Staat zahlte auf diese Weise einen wesentlichen Teil der Zinsen verhältnismäßig gut verdienender Eigenheimbesitzer*innen aus Mitteln des sozialen Wohnungsbaus. Der soziale Wohnungsbau, so viel wird klar, wurde im Zuge der mit «Vermögensbildungspolitik» (von Beyme 1987, S. 258) trefflicher bezeichneten Wohnungspolitik dieser Jahre für die Förderung des Eigenheims instrumentalisiert (von Saldern 1995a, S. 268). Soziale Aspekte spielten dabei nur insofern eine Rolle, als sie für dieses Ziel von Nutzen waren.

---

53 Weiter hieß es: «Bei Familienheimen ist auch auf den voraussichtlichen künftigen Raumbedarf der Familie Rücksicht zu nehmen.» (§ 39 Abs. 3 II. WoBauG)

Förderung privaten Wohneigentums

Auch außerhalb des sozialen Wohnungsbaus gab es ein breites Instrumentarium mehr oder weniger direkter Förderungen für privates Wohneigentum und insbesondere für Eigenheime, über das *Schöner Wohnen* seine Leser*innen in der beständigsten Rubrik «Finanzen» auf dem Laufenden hielt. An erster Stelle standen dabei steuerliche Vergünstigungen: Wenn der Bau einer Wohnung nicht durch öffentliche Mittel im Rahmen des sozialen Wohnungsbaus unterstützt wurde, so galt sie doch als «steuerbegünstigte Wohnung», wenn sie die in § 39 Abs. 1 vorgeschriebenen Obergrenzen der Wohnfläche um nicht mehr als zwanzig Prozent überschritt (§ 82 II. WoBauG) – das betraf fast alle der in *Schöner Wohnen* vorgestellten Gebäude.[54]

Die Steuervorteile umfassten auch Grundsteuervergünstigungen (Schulz 1994, S. 240). Die Grundsteuer wurde für mit öffentlich geförderten oder steuerbegünstigten Wohnungen neu bebaute Grundstücke nach dem Steuermessbetrag erhoben, der vor der Bebauung maßgeblich war. Diese Regelung zielte vorrangig auf neu ausgewiesene Eigenheimgrundstücke, deren Grundsteuer so für eine Dauer von zehn Jahren de facto eingefroren wurde. Zudem konnten Bauherr*innen steuerbegünstigter Wohnungen nach § 7c EStG ein Viertel der Tilgung von öffentlichen Darlehen von bis zu 10 000 DM von der Einkommensteuer absetzen.

Noch weitreichender als diese Instrumente wirkte der als «Häuslebauerparagraf» bekannte § 7b EStG, den *Schöner Wohnen* zu den «wichtigsten Steuervorschriften für den Bauherren» zählte und wiederholt ausführlich erläuterte (SW 12/1960, S. 10). Unter dem Titel «Erhöhte Absetzung für Wohngebäude» ließen sich durch § 7b für Gebäude, die zu mehr als zwei Dritteln «Wohnzwecken dienen», in den ersten beiden Jahren nach der Fertigstellung 7,5 Prozent und in den darauffolgenden acht Jahren je vier Prozent der Herstellungskosten abschreiben.[55] Bei Ein- und Zweifamilienhäusern war das für höchstens 120 000 DM der Baukosten möglich – für damalige Verhältnisse ein üppig bemessener Deckel. So konnten in den ersten zehn Jahren nach der Fertigstellung 47 Prozent dieser Kosten (also über 55 000 DM) von der Einkommensteuer abgesetzt werden. Im Zeitraum von 1950 bis 1956 wurden allein durch § 7b etwa 6,5 Milliarden DM an Steuervergünstigungen ausgeschüttet (Schulz 1994, S. 335). Wessen Wohneigentum auf diese Weise gefördert wurde, ist klar: Baukosten kann nur von der Einkommensteuer absetzen, wer ein entsprechend hohes Einkommen hat.

Darüber hinaus gab es noch weitere Maßnahmen der Förderung des Eigenheimbaus, etwa zur Baulanderschließung (§ 90 II. WoBauG). Mit dem Ziel, die Erschließung neuer Flächen für Eigenheime zu beschleunigen, wurde zum Beispiel ein pragmatischer Straßenbau vorgeschrieben, an den «keine höheren Anforderungen gestellt werden, als [...] zur zweckmäßigen Erschließung [...] notwendig ist» (§ 90 Abs. 2 II. WoBauG). Da die Erschließungskosten durch Erschließungsbeiträge auf die Anwohner*innen umgelegt wurden, war es zudem das Ziel, die so entstehenden Belastungen zu senken (ebd.). Zur Erschließung von Bauland für «Familienheime» im öffentlich geförderten sozialen

54 Diese Grenze lag im Jahr 1956 bei 144 Quadratmeter, 1965 sogar bei 156 Quadratmeter Wohnfläche.

55 Siehe § 7b EStG i. d. F. v. 11.10.1960.

Wohnungsbau konnten Gemeinden zudem Baulanderschließungsdarlehen zur Vorfinanzierung der Erschließungskosten aus Bonn erhalten (§ 90 Abs. 3 II. WoBauG).

Parallel zu den verschiedenen Ebenen der Eigentumsförderung wurde der Sektor günstiger Mietwohnungen demontiert. So erläutert Lücke im *Schöner Wohnen*-Interview das «Gesetz über den Abbau der Wohnungszwangswirtschaft und über ein soziales Miet- und Wohnungsrecht», das die Presse mit dem kürzeren Titel «Lücke-Plan» versah. Dieses Gesetz habe, so Lücke, die «Eingliederung des Wohnungswesens in die soziale Marktwirtschaft durch eine gestaffelte Aufhebung der Mietpreisbindungen» zum Ziel, der «starre Mieterschutz» solle dadurch «elastischer geregelt» werden (SW 07/1961, S. 34). Obwohl dagegen «Mieterbund, die Gewerkschaften und die Sozialdemokraten, [...] Sturm liefen»[56], war dieses Gesetz im Juni 1960 in Kraft getreten und führte in den folgenden Jahren zu einem erheblichen Anstieg der Mieten (ebd., S. 340). Bereits 1950 war mit dem Ersten Wohnungsbaugesetz das Mieterschutzgesetz für neu errichtete Gebäude außerhalb des sozialen Wohnungsbaus außer Kraft gesetzt worden. Bis Ende 1965 war es durch den «Lücke-Plan» im gesamten Bundesgebiet vollständig geschliffen – und der Mieter*innenschutz weitgehend «liberalisiert» (von Roncador 2006, S. 179).[57] Zudem kündigt Lücke ein Wohnungswirtschaftsgesetz an, durch das Wohnungsbaugesellschaften verpflichtet werden sollen, «geeignete Objekte ihren Mietern als Eigentum anzubieten» (SW 07/1961, S. 35). Damit einher ging auch eine kontinuierliche Abnahme des Anteils der Sozialwohnungen an den Neubauwohnungen. Ihr Anteil nahm von 69,5 Prozent im Jahr 1951 über 52,4 Prozent im Jahr 1957 auf 20,8 Prozent im Jahr 1965 bis auf 7,4 Prozent im Jahr 1970 drastisch ab (Häußermann und Siebel 1996, S. 231). Die Bundesregierung arbeitete nicht nur durch die Förderung des privaten Wohneigentums aktiv daran, den Wohnungsmarkt nach ihren Zielen umzugestalten. Für den Erfolg des politischen Projektes Eigenheim bedurfte es auch der Demontage seiner Alternativen.

Zauberschlüssel Bausparen

«Bausparkassen auf dem Wellenberg der Konjunktur» titelte *Schöner Wohnen* im Februar 1961 und schrieb: «‹400 Mark schenkt Ihnen der Staat jedes Jahr!› Millionenfach lesen wir diesen Lockruf auf Postwurfsendungen, Litfaßsäulen, in der Kinowerbung und im Anzeigenteil der Zeitungen. [...] Aber diese 400 Mark verschenkt der Staat nur, wenn der Bürger einen Bausparvertrag abschließt, 400 Mark ist die höchstmögliche Wohnungsbauprämie im Jahr und nur, wer mindestens 1 600 Mark jährlich in seinen Bausparvertrag einzahlt, bekommt sie.» (SW 02/1961, S. 78) Bausparen war Dauerthema in *Schöner Wohnen* – nicht nur in der Rubrik «Finanzen», die ständig über aktuelle Konditionen und Förderinstrumente informierte. Auch in den Anzeigenspalten wetteiferten

56 Siehe «Gemeinnütziger Ausverkauf», o. A., in: *Der Spiegel* 14/1961.

57 Durch das Mieterschutzgesetz von 1923 ließ sich eine Kündigung nur aus wenigen Gründen gerichtlich erwirken und nur vollstrecken, wenn eine Ersatzwohnung zur Verfügung stand (Haerendel 1999, S. 847). Mit dem Ersten und Zweiten Wohnraumkündigungsgesetz wurde der Mieter*innenschutz in der ersten Hälfte der 1970er Jahre wieder gestärkt (von Roncador 2006, S. 179).

großformatige Reklamen der GdF Wüstenrot, Schwäbisch Hall und anderer Bausparkassen, sogar Werbeprospekte von Bausparkassen wurden der Zeitschrift beigelegt.

Die Bausparkassen hatten großen Anteil an der Finanzierung neuer Eigenheime. Bereits in den 1920er Jahren war das Bausparen nach dem Vorbild englischer *Building Societies* in der Weimarer Republik populär geworden, als die Inflation andere Wege der Finanzierung erschwerte.[58] Die ursprüngliche Idee des Bausparens liegt darin, dass sich eine Gruppe von Bausparer*innen zusammenschließt, um jeweils über einen festgelegten Zeitraum auf eine größere Summe zu sparen. Aus diesem gemeinsam ersparten Kapital konnte den ersten, ursprünglich im Losverfahren ausgewählten Bausparer*innen der avisierte Betrag bereits nach kurzer Zeit zugeteilt werden. Über die restliche Laufzeit des Bausparvertrags wurde dieses Darlehen dann getilgt und sukzessive konnten die folgenden Bauspardarlehen verlost werden (vgl. Lorbek 2018, S. 2–3). Je mehr Sparer*innen zusammenkamen, desto schneller konnten Zuteilungen erfolgen. Auf diese Weise ermöglichten Bausparkassen auch jenen Bauwilligen, die zwar über ein regelmäßiges Einkommen, aber nur geringes Vermögen verfügten, in absehbarer Zeit das für die Finanzierung ihres Eigenheims notwendige Eigenkapital aufzubringen.

In der Nachkriegszeit gewann das Bausparen an Bedeutung (Warda 2020, S. 7). Da das Prinzip sich ideal mit dem politischen Ziel der Förderung privaten Grundeigentums verbinden ließ, wurde (und wird) das Bausparen durch staatliche Zuschüsse und steuerliche Begünstigungen gefördert. In der Bundesrepublik wurden die «Prämien für Wohnbausparer» (§ 88 II. WoBauG) im Zweiten Wohnungsbaugesetz von 1956 verankert, es bestand damit ein Rechtsanspruch auf staatliche Bausparprämien. Gezahlt wurden diese einkommensunabhängigen Prämien durch die Länder aus den Bundesmitteln des sozialen Wohnungsbaus (§ 18 Abs. 1 II. WoBauG). Zusätzlich bezuschusste der Bund das Bausparen von 1957 an mit weiteren hundert Millionen DM jährlich. Näheres regelte das Wohnungsbau-Prämiengesetz (WoPG), mit dem der Bau oder Kauf von Eigenheimen oder Eigentumswohnungen politisch unterstützt wurde. Die Höhe der Bausparprämien betrug mindestens 25 Prozent der Einzahlungen und wurde gestaffelt nach Anzahl der Kinder der Bausparer*innen gesteigert, auf bis zu 35 Prozent bei mehr als fünf Kindern. Maximal wurden jährlich 400 DM Zuschuss bezahlt.[59] Die Bausparprämien waren von der Einkommensteuer befreit (§ 6 WoPG). Alternativ zu den Prämien ließen sich die Einzahlungen als Sonderausgaben steuerlich absetzen (§ 8 Abs. 1 WoPG; § 10 Abs. 1 S. 3 EStG).

Wie Lücke in *Schöner Wohnen* betonte, erwies sich diese Förderung als ausgesprochen wirksam. Im Jahr 1959 wurden 634 000 neue Bausparverträge über eine Summe von mehr als zehn Milliarden DM abgeschlossen, was einer Verdopplung innerhalb von fünf Jahren entsprach (SW 07/1961, S. 36). Der Staat förderte das Bausparen allein im Jahr 1960 mit etwa 450 Millionen DM an Prämien (SW 07/ 1961, S. 57). In der Summe lässt sich das Volumen der staatlichen Bausparförderungen von 1950 bis 1975 auf 36,8 Milliarden DM beziffern (von Beyme 1987, S. 261). Für *Schöner Wohnen*-Chefredakteur Kremerskothen (2018) war

58 Durch *Building Societies* wurde in England seit dem Ende des 18. Jahrhunderts Wohnungsbau finanziert (Scholten 1999, S. 105). Zur Geschichte des Bausparens siehe Martin L. Müller (1999) und Maja Lorbek (2018).

59 Diesen Angaben liegt § 3 WoPG i. d. F. v. 21.12.1954 zugrunde.

das Bausparen damit der «ökonomische Zauberschlüssel» für den Erfolg des Eigenheims, der viele Türen öffnete: In den 1950er Jahren wurde etwa ein Drittel der Kapitalmarktmittel für den Wohnungsbau von den Bausparkassen aufgebracht (Schulz 1994, S. 334).

Das Prinzip des Bausparens und dessen staatliche Förderung dürfte vielen die Finanzierung ihres Eigenheims vereinfacht haben. In der politischen Ausgestaltung der staatlichen Bausparförderung zeigt sich: Die bundesdeutsche Wohnungsbaupolitik legte es in erster Linie darauf an, möglichst viele durch üppige Zuschüsse vom Wohnen im Eigenheim zu überzeugen. Allerdings wurden dabei vor allem diejenigen adressiert, die sich das auch leisten konnten. Alle, die wirklich wenig verdienten, hatten kaum die 1 600 DM im Jahr übrig, um die vollen 400 DM Bausparprämie abzugreifen – von den einkommensteuerlichen Vorteilen ganz zu schweigen. Das proklamierte Ziel, durch politische Eigentumsförderung insbesondere Menschen mit geringeren Einkommen Zugang zum Wohneigentum zu vereinfachen, entsprach nicht den realen Entwicklungen.

Town and country must be married, and out of this joyous union will spring a new hope, a new life, a new civilisation. [...] How beautiful homes and gardens may be seen, on every hand.

– Ebenezer Howard (1898)

Zwischen Stadt und Landschaft

Town and country must be married, and out of this joyous union will spring a new hope, a new life, a new civilisation. […] How beautiful homes and gardens may be seen, on every hand.

– Ebenezer Howard (1898)

Sennestadt bei Bielefeld wurde in den 1950er Jahren von einem Team um den Stadtplaner Hans Bernhard Reichow geplant und gehört zu den größten Stadtgründungen der Nachkriegszeit. Als sich dort 1961 die ersten Eigenheimquartiere besichtigen ließen, widmete *Schöner Wohnen* der neuen Stadt eine große Reportage, in der die Zeitschrift Schlüsselthemen bundesdeutscher Nachkriegsstadtplanungen aufgriff: Konzepte der *Stadtlandschaft*, einer vorgeblich «natürlichen» Prinzipien folgenden *organischen Stadtplanung*, der *aufgelockerten und gegliederten Stadt* und der *autogerechten Stadt.* So ist der Bericht zu Sennestadt ein idealer Ausgangspunkt, um in diesem Kapitel die Bedeutung des Eigenheims in Planungskonzepten der Nachkriegszeit nachzuvollziehen.

Wie ich im ersten Teil dieses Kapitels zeigen möchte, liegen der Planung Sennestadts städtebauliche Ideen zum Verhältnis von Stadt und Landschaft mit langer Geschichte zugrunde. Um die zentrale Bedeutung des Eigenheims in dieser Ideengeschichte der Stadtlandschaft herauszustellen, begegnen von Sennestadt ausgehende städtebaugeschichtliche Stippvisiten dem Einfamilienhaus zuerst in Gartenstadt-Entwürfen Ebenezer Howards am Ende des 19. Jahrhunderts, dann in Visionen Bruno Tauts zur *Auflösung der Städte* um 1920 und später in Planungen Reichows und seiner Kollegen für Idealstädte Anfang der 1940er Jahre. Gemein ist allen Ideen eine vehemente Ablehnung der Großstadt, die für alle möglichen pathologisch beschriebenen Übel verantwortlich gemacht wurde: Eher sanft ist bei Howard von «rastloser Unruhe»[60] die Rede, laut Taut führen die «gebauten Gemeinheiten» zu «Steinherzen» (Taut 1920, S. 1) und Reichows großstadtfeindliche Tiraden gipfeln schließlich im «Tod ganzer Völker» (Reichow 1948, S. 3). Was die unterschiedlichen Konzepte vereint, ist eine Vorstellung vom Wohnen in einzelnen Häusern, die in einer baulichen Struktur geringer Dichte in enger Beziehung zur Landschaft stehen.

Im zweiten Teil dieses Kapitels mache ich deutlich, wie dem Eigenheim in der Nachkriegszeit im Rahmen dieser nur oberflächlich an den neuen politischen Kontext angepassten Konzepte eine zentrale Bedeutung in der Planung zukam. Auf Grundlage erbitterter Großstadtkritik überführte zuerst Hans Bernhard Reichow in seinem Buch *Organischer Städtebau – Von der Großstadt zur Stadtlandschaft* (1948) seine biologistischen Ideen der Stadtlandschaft in die Nachkriegszeit. *Die gegliederte und aufgelockerte Stadt* von Johannes Göderitz, Roland Rainer und Hubert Hoffmann (1957) gab einem wesentlichen städtebaulichen Motiv der Nachkriegszeit einen Titel und schrieb dem Eigenheim neben einer zentralen Rolle im Wiederaufbau auch entscheidende bevölkerungspolitische Bedeutung im «Wiederaufbau» des «Volkskörpers» zu. Reichows programmatischer Begriff der *autogerechten Stadt* (1959) prägte viele Planungen der 1950er und 1960er Jahre, die mit ihrem Fokus auf den autobasierten Individualverkehr das Eigenheim als städtische Wohnform alltagstauglich machten. Schließlich gehe ich knapp darauf ein, wie Teile dieser städtebaulichen Konzepte planungsrechtlich fixiert und fortgeschrieben wurden.

60 Im Original spricht Howard von «restless anxiety» (Howard 1898, S. 13).

Die lange Geschichte der Stadtlandschaft

Vor dem Balkon liegt eine neue Stadt: Den ganzen Hirschweg hinunter stehen Reihenhäuser mit schmalen Gärten, jeweils fünf oder sechs in einer Zeile. Sie sind von Stichwegen erschlossen, die ausgehend von Garagenhöfen an den Gärten vorbeiführen. Fensterlose Giebel weisen zur Straße, alle Satteldächer haben die gleiche Neigung, alle Fenster sitzen in den gleichen, fast quadratischen, weiß umrahmten Öffnungen. Wenn die spärlichen jungen Hecken und Sträucher etwas angewachsen sind, werden die Lattenzäune und Garagen weniger ins Gewicht fallen. Im Hintergrund, dort wo es große Bäume gibt, liegt eine Kirche auf einem Hügel und überblickt die Häuserreihen. St. Kunigunde sei 600 Jahre alt, schreibt *Schöner Wohnen*, und füge sich «harmonisch» ein. Ein Fehler der Redaktion, die Kirche wurde gerade einmal vor zehn Jahren fertiggestellt. Trotzdem ist sie älter als die meisten Häuser in Sennestadt (Abb. 25).

Abb. 25: Sennestadt, Blick auf die Kirche St. Kunigunde, SW 08/1961

Die Vereinigung von Stadt und Landschaft

«Anstelle magerer Kartoffeln sprießen seit sechs Jahren aus dem kärglichen Sandboden der Senne, etwa 14 Kilometer südöstlich von Bielefeld, unentwegt Wohnblocks, Reihenhausabschnitte und Einzelhäuser.» (SW 08/1961, S. 74) Was da 1961 in der Augustausgabe der *Schöner Wohnen* aus dem Sandboden «sprießt», ist Sennestadt, eine der größten Stadtgründungen in der BRD der Nachkriegszeit, und für die Redaktion nichts Geringeres als «eine neue Epoche des Städtebaus» (ebd.). Aufgrund des Wohnraummangels im Raum Bielefeld wurden in der neu errichteten Stadt seit Mitte der 1950er Jahre 6 000 Wohnungen geplant, vornehmlich um für Geflüchtete aus den ehemaligen deutschen Ostgebieten und Zugezogene aus der DDR zügig günstigen Wohnraum zu realisieren. Angesichts dieser Aufgabe ist es bemerkenswert, dass etwa die Hälfte des für Wohngebäude vorgesehenen Baulandes mit Eigenheimen bebaut wurde. Am Wettbewerbsplan (Abb. 26), der die Gliederung und Gestaltung der Stadt zeigt, wird durch die kurzen Schatten vieler Gebäude deutlich, wie hoch der Anteil an vorgesehenen Einfamilien-Reihenhäusern im Prozess der Planung war. Die Aufnahme eines typischen Straßenraumes, der von giebelständigen Reihenhaus-Zielen gesäumt wird, zeigt deren stadträumliches Ergebnis im Bericht der *Schöner Wohnen* (Abb. 27).

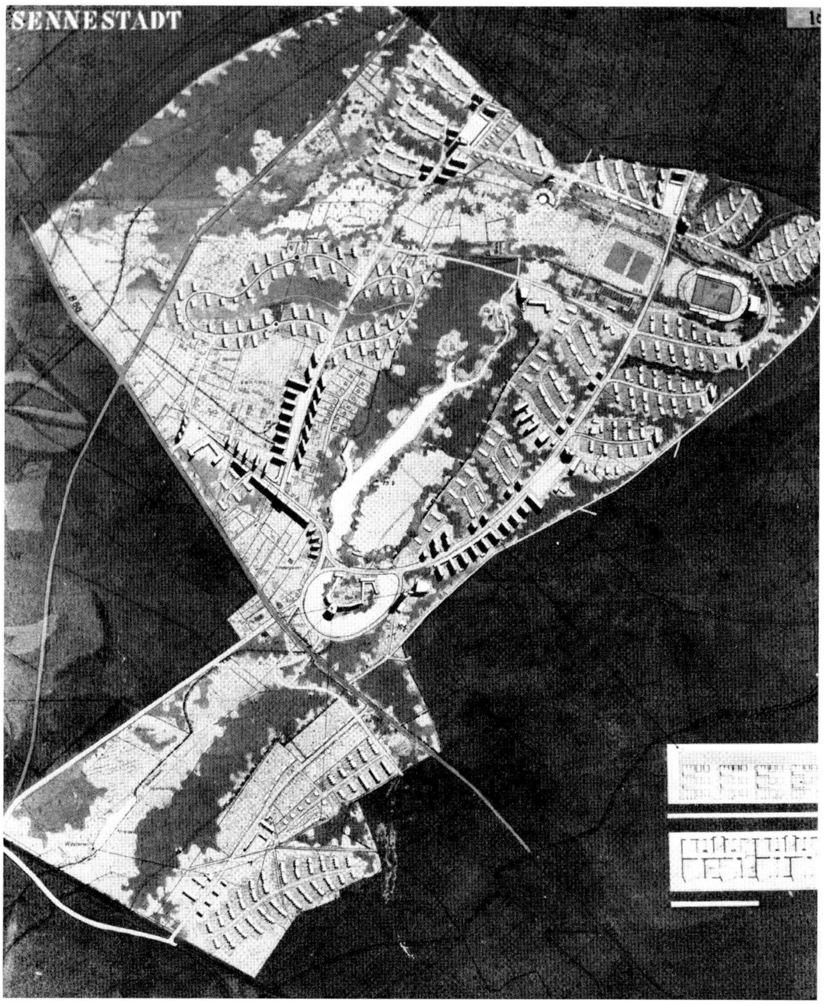

Abb. 26: Wettbewerbsplanung für Sennestadt, H. B. Reichow, 1956

Den Wettbewerb für die Stadtplanung Sennestadts gewann 1954 einer der profiliertesten Stadtplaner dieser Jahre. Hans Bernhard Reichow (1899–1974) wuchs im ehemaligen Pommern auf. Nach dem Militärdienst 1917 und 1918 mit Einsätzen in Belgien und Frankreich studierte er Architektur in Danzig und arbeitete in Berlin und Dresden als Architekt und Stadtplaner, bevor er 1934 zum Stadtbaurat in Braunschweig gewählt und in diesem Zuge Mitglied der SA wurde (Brinitzer 1994, S. 20–36). Ein Konflikt mit Vorgesetzten führte zu einer

Abb. 27: Einfamilien-Reihenhäuser in Sennestadt, SW 08/1961

Strafversetzung zur Baupolizei. Daraufhin bewarb sich Reichow im Planungsamt Stettin, wo er zuerst als Oberbaurat und darauf als Baudirektor arbeitete und seit 1937 auch Mitglied der NSDAP war (ebd., S. 36). Nach 1945 war Reichow gefragter Stadtplaner in Hamburg, wurde 1964 vom Land NRW zum Professor ernannt und zwei Jahre später mit dem Großen Bundesverdienstkreuz geehrt (Durth 1992, S. 513). Reichow zeichnete für die Durchführungsplanung ebenso wie für die Verkehrsplanung, die Grünflächenplanung und den Entwurf vieler öffentlicher Gebäude nebst besagter Wohnblocks, Reihenhausabschnitte und Einzelhäuser verantwortlich. Heute für Konzepte «organischer» und «autogerechter» Stadtplanungen der Nachkriegszeit bekannt, hatte Reichow zuvor als Stettiner Baudirektor Planungskonzepte zu den «Kolonisationsgebieten des neuen deutschen Ostens» (Reichow 1941, S. 226) für das NS-Regime entwickelt.

Der *Schöner Wohnen*-Bericht zur Sennestadt legt den Fokus auf das Verhältnis von Stadt und Landschaft. Im Text heißt es, die Gebäude der Stadt «sprießen [...] aus dem Sandboden» (SW 08/1961, S. 72), dreifach dringt die Landschaft textlich in die Bauten vor: «Heide, Wald und Wiesen wachsen gleichsam in die Haustüren hinein.» (Ebd.) «Den Einwohnern von Sennestadt wächst die Natur zur Haustür hinein.» (Ebd., S. 74) «Wiesen und Blumen wachsen den Einwohnern in die Haustüren hinein. Sie wohnen in Mitten der Natur.» (Ebd., S. 75)

Was hat es mit dieser Verbindung von Stadt und Landschaft auf sich, die so vehement hervorgehoben wird?[61] Der wichtigste historische Ausgangspunkt liegt in der Gartenstadtbewegung, die seit Ende des 19. Jahrhunderts den im Zuge der Industrialisierung immer prekärer gewordenen Wohnverhältnissen der städtischen Arbeiterklasse neue Planungen entgegensetzte. Sämtliche der im Folgenden betrachteten Konzepte, die auf Verbindungen von Stadt und Landschaft abzielten, bezogen sich auf Ideen der Gartenstadtbewegung zurück und versuchten, den programmatischen Spruch ihres bekanntesten Protagonisten Ebenezer Howard aus dessen Klassiker *TO-MORROW: A Peaceful Path to Real Reform* (1898) in ihrem Sinne neu auszulegen: «Town and country *must be married*, and out of this joyous union will spring a new hope, a new life, a new civilisation.» (Howard 1898, S. 10)[62]

Howard sah den «Master-Key» (ebd., S. 5) zur Lösung der prekären großstädtischen Arbeits- und Wohnverhältnisse und aller damit in Zusammenhang gebrachten Übel darin, die Arbeiter*innen zurück aufs Land zu bringen – in neu geplante Gartenstädte für etwa 30 000 Einwohner*innen (ebd., S. 15). Seine Argumentation baute Howard auf einem konzeptuellen Modell auf, das bis heute Teil der meisten Architekturgeschichtsvorlesungen ist. In seinem Diagramm *The Three Magnets* (Abb. 28) setzte Howard auf die zentrale Frage: «The People: Where will they go?», den binären Optionen «Town» und «Country» mit den jeweiligen anziehenden und abstoßenden Faktoren einen dritten, mit «Town-Country» überschriebenen Magneten mit besonderer Anziehungskraft entgegen. Dieser nahm den Begriff der Stadtlandschaft wörtlich vorweg und vereinte darunter das Beste aus zwei Welten: «Beauty of Nature» und «Pure Air and Water» wurden mit «Low Prices», «No Sweating» und «Plenty to do» in «Bright Homes and Gardens» und «Freedom» verbunden (ebd., S. 9–11). Der Town-Country-Magnet scheint Motivationen des Lebens im Einfamilienhaus auf den Punkt zu bringen. Tatsächlich leben die Menschen in Howards Idealstadt-Entwurf *Garden City* in Einfamilienhäusern, deren soziales und ökonomisches Fundament in der Rezeption von Howards Gartenstadt-Ideen allerdings häufig abhandenkam.

Howards Vorschlag sieht unterschiedlich gestaltete, einzeln oder gruppiert arrangierte Häuser vor, in denen je fünf bis sechs Menschen auf einem Grundstück von jeweils zwanzig auf 130 Fuß (etwa 6,5 auf 42,5 Meter) leben (ebd., S. 15). Die Häuser werden nicht weiter beschrieben. In einem Nebensatz spricht Howard allerdings von «comfortable six-roomed cottages, and with a nice little garden» (ebd., S. 48) für jede Familie – Howard hatte also eine Stadt aus Einfamilien-Reihenhäusern auf länglichen Gartengrundstücken im Sinn. Spätere städtebauliche Konzepte, die auf die Gartenstadt Bezug nehmen, werden diese Typologie immer wieder aufgreifen.

61 Zum Konzept der Stadtlandschaft siehe auch von Beyme (1987, S. 78ff.), Durth und Gutschow (1988, S. 161–233), Durth (1990, 1995), Gutschow (2001, S. 173ff.), Düwel und Gutschow (2001, S. 192–193), in Bezug auf Sennestadt siehe Fünderich (1987).

62 Wie Nikolai Roskamm (2017a, S. 264) herausstellt, beschrieb der völkisch-nationalistische Publizist Theodor Fritsch zwei Jahre vor Howard eine «Stadt der Zukunft» (1986), die dessen *Garden City* ähnelt und die als «gemeinsames Grundmotiv der Drang, der zeitgenössischen Stadt den Rücken zu kehren», verbindet.

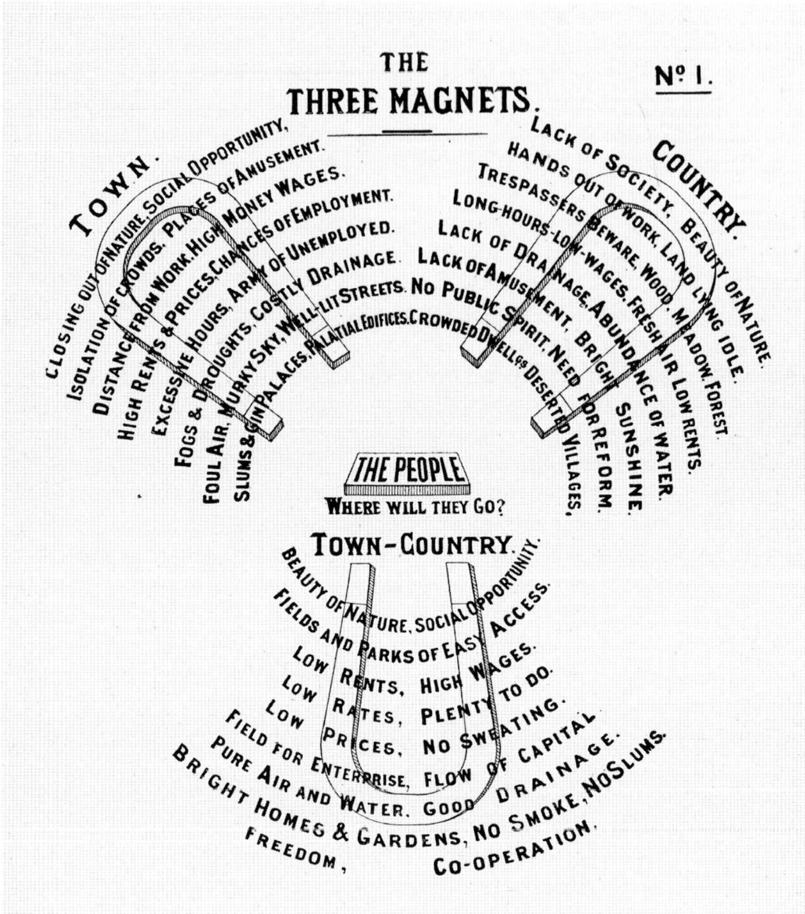

Abb. 28: «The People: Where will they go?». Ebenezer Howard, 1989

Da Reichow sich in Theorie und Praxis verschiedentlich auf die Gartenstadtbewegung bezog, ist es wenig verwunderlich, dass Sennestadt oberflächliche Parallelen zu Howards *Garden City* aufweist. In ihrer Größe sind beide Planungen vergleichbar. Auch hier sind Reihenhäuser die vorherrschende Einfamilienhaus-Typologie. Die Arbeitsplätze der Bewohner*innen von Howards *Garden City* waren in kurzer Distanz vor Ort vorgesehen, sodass diese im Gegensatz zur häufigen Umsetzung als Schlafstadt zum Wohnen täglich pendelnder Arbeiter*innen in dieser Hinsicht weitgehend autonom angelegt war. Dass auch Sennestadt in Zukunft «keine Trabantenstadt, kein Nachtasyl für die Pendler zwischen Arbeitsplatz und Wohnung sein», sondern «später einmal aus sich heraus leben können» sollte, hob *Schöner Wohnen* extra hervor (SW 08/1961, S. 75).

In wesentlichen Aspekten unterscheidet sich Howards *Garden City* allerdings von der Eigenheimrealität der bundesdeutschen Nachkriegszeit. Howards Vorschlag zielte darauf ab, die Wohn- und Lebensbedingungen der «working class» (Howard 1898, S. 13) durch ein Haus mit Garten zu verbessern. Doch diese Häuser waren nicht als *Eigen*heime gedacht, denn in Howards Konzept ist der Boden Gemeinschaftseigentum, dessen steigender Wert durch eine geringe Pacht in kollektives Eigentum der Bewohner*innen übergeht. Nachdem der Kauf des Bodens und die Errichtung der Gebäude abbezahlt wären, sollten die Bewohner*innen nur noch einen Beitrag zum Unterhalt der öffentlichen

Infrastrukturen zahlen. Howard hob die Bedeutung der Eigentumsfrage hervor: «It is this arrangement which will be seen to give Garden City much of its magnetic power.» (Ebd., S. 22) Für das Gelingen dieser Idee von entscheidender Bedeutung war deshalb die Lage der neuen Stadt in der Landschaft – an einem Ort möglichst geringer Bodenpreise.

Ein weiterer interessanter Faktor verstärkt die *magnetic power* von Howards Planung. Zwischen den Wohnhäusern sind Einrichtungen der Kinderbetreuung und «common gardens and cooperative kitchens» (ebd., S. 15) vorgesehen, in denen – den Bedürfnissen der Arbeiter*innen folgend – die Möglichkeit liegt, die später erörterten heteronormativen Rollenbilder der auf individuelle Eigenheime ausgerichteten Stadtplanung «reiner» Wohngebiete zu brechen. Dieses kritische Potenzial von Ebenezer Howards Vorschlag hat in 125 Jahren eher an Relevanz gewonnen. Viele der Planungen, die sich auf Ebenezer Howards erstes Konzept einer neuen Verbindung von Stadt und Landschaft beriefen, haben diese entscheidenden Ebenen – des gemeinschaftlichen Grundeigentums, der kollektiven Räume und der geteilten Care-Arbeit – allerdings außer Acht gelassen.

Die Auflösung der Städte

Für das Zentrum Sennestadts hatte sich Reichow eine landschaftliche Besonderheit einfallen lassen. In der *Schöner Wohnen* heißt es dazu: «An der Stadtkrone, die das Zentrum bildet, wo Rathaus, Stadthalle und ein Hotel ihren Platz haben werden, wurde der Bullerbach zu einem halbmondförmigen Weiher angestaut» (SW 08/1961, S. 74). Der dazu abgebildete Plan (Abb. 29) zeigt das Zentrum Sennestadts auf einer Halbinsel, die dieser künstliche Weiher umgibt. Planer Reichow beschreibt diese «Stadtinsel» als «eine hervorragende Lage für Rathaus, Bürgerhalle, Volkshochschule und Jugendheim, die einst gemeinsam das Herz und die Krone des Stadtganzen bilden werden» (Reichow 1965, S. 22). Auch im abgebildeten Plan ist das Stadtzentrum als «Stadtkrone» betitelt. Das Bild der Stadtkrone findet sich auch in Reichows Publikation «Organische Stadtbaukunst» wieder, wo Reichow es im Kapitel «Krönung der Stadtlandschaft» (Reichow 1948, S. 197) mit dem Begriff der Stadtlandschaft zu einer «Stadtlandschaftskrone» (Ebd., S. 198) verbindet.

Der Begriff der Stadtkrone führt zu einem weiteren historischen Bezugspunkt: *Die Stadtkrone* ist der Titel einer Publikation, in der Bruno Taut (1919) in der Nachkriegszeit des Ersten Weltkriegs Ideen der Gartenstadt- und Lebensreformbewegung aufgriff. Aufschluss darüber, vor welchem Hintergrund *Die Stadtkrone* entstand, gibt die Parabel «Das Neue Leben – Architektonische Apokalypse» Paul Scheerbarts, die Tauts Text und Zeichnungen vorangestellt ist. Sie eröffnet das Buch wie folgt: «Langsam dreht sich der alte Erdball um die alte Sonne, die nicht mehr glüht und strahlt wie einst. [...] Die tote Erde dreht sich immer langsamer.» (Scheerbart 1919, S. 10) Doch kurz bevor sie stillsteht, kommen zwölf riesige Erzengel geflogen und bestücken die Erde mit großen diamantenen Domen, deren Glockengeläut alle Toten auferstehen lässt. Um die Auferstandenen zu behausen, verstreuen die Engel «viele hundert neue, blitzblank glänzende Paläste» (ebd., S. 10), in denen schließlich – nachdem «die Bösen» (ebd., S. 14) von den Engeln wieder getötet und im Schnee verscharrt wurden – «jeder ruhig werden kann» (ebd., S. 11). Das «neue Leben» wird allerdings nur als zaghafte Möglichkeit angedeutet, denn schlussendlich kommen die Engel zurück und

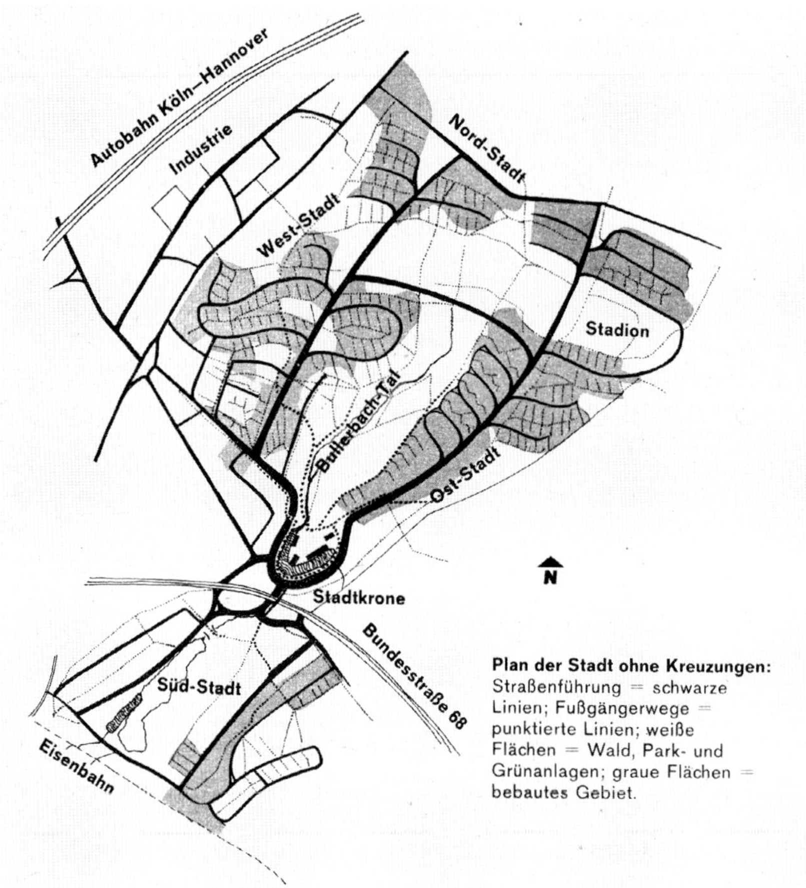

Abb. 29: Plan Sennestadts mit dem Stadtzentrum als «Stadtkrone», SW 08/1961

«stecken die festlich erleuchteten Paläste wieder in ihren Rucksack, [...] nehmen ihre Dome in den Arm – und flattern davon» (ebd., S. 15). Analog zur Situation nach 1945 wurde hier angesichts der Geschehnisse und Zerstörungen des Ersten Weltkriegs eine «architektonische Apokalypse» erträumt – ein Ende der alten Stadt, das Raum gibt für einen visionären Neuanfang.

Für die *Stadtkrone* schlug Taut eine kristallene Architektur als zentralen Bezugspunkt vor. Um diesen öffentlichen Raum ohne Programm sollten die öffentlichen Gebäude der Stadt angeordnet werden. Im Hauptteil, den Taut selbst verfasste, wird deutlich, was mit den durch die Engel verstreuten Palästen gemeint sein könnte; aus welchen Bauten die Stadt besteht, die Taut bekrönen wollte. Auf die Frage, «welche Form eine neue Stadt haben muß, damit die Einwohner in ihr glücklich sein können», ist «das kleine Einzelwohnhaus, in Reihen gebaut, mit eigenem Garten» Tauts Antwort (Taut 1919, S. 55). An anderer Stelle beschreibt er die neue Stadt als «völlig im Charakter der Gartenstadt gedacht, mit niedrigen Einzelhausreihen und tiefen Gärten für jedes Haus» (ebd., S. 63f.). Nach der «architektonischen Apokalypse» stellte sich Taut um seine *Stadtkrone* also eine Bebauung vor, die gänzlich aus Einfamilienhäusern besteht.

Aufbauend auf den Gedanken zur *Stadtkrone* veröffentlichte Bruno Taut (1920) unter dem Titel *Die Auflösung der Städte oder Die Erde eine gute Wohnung oder auch: Der Weg zur Alpinen Architektur* eine Serie von 30 Zeichnungen. An erster Stelle präsentierte Taut eine bemerkenswerte Darstellung (Abb. 30): Das obere Drittel zeigt eine zerklüftete Landschaft aus Trümmern mehrgeschossiger Gebäude: «Laßt sie zusammenfallen, die gebauten Gemeinheiten! Steinhäuser machen Steinherzen» steht in fetter schwarzer Handschrift zwischen den Häuserbrocken. Der untere Bereich der Darstellung zeigt eine fein gezeichnete Landschaft aus der Distanz einer Vogelperspektive. Sanft geschwungene Wege verbinden lose Gruppen kleiner Gebäude, die den Umrissen von Blütenblättern folgend um zentral gelegene, etwas größere Gebäude angeordnet sind. Darunter heißt es in ebenso lose in die Landschaft gepunkteten Lettern: «Nun blüht unsere Erde auf!» Die Gebäude, welche die «gebauten Gemeinheiten» der mehrgeschossigen Steinhäuser bei Taut ersetzen und die Erde zum «Aufblühen» bringen sollten, wirken wie Einfamilienhäuser. Tatsächlich wohnen die Menschen hier in kleinen Konstellationen in je einer polygonalen «Schachtel mit einem einzigen Wohnraum» (ebd., S. 7) und führen «[r]äumlich entfernter voneinander [...] ein stärkeres Einzelleben, [...] ihre Wohnung ist immer ‹einzig›, [...] ein unendlich variables Umformen von gleichen Hausbestandteilen» (ebd., S. 7). Tauts Idee der Anordnung der Häuser sieht «keine Zentralisierung sondern möglichst Zerstreuung über das ganze Land» (ebd., S. 6) vor, denn das «distanzierte Gefühl verlangt Distanz in Raum und Form und Farbe» (Abb. 31). Tauts zeichnerisches Manifest für ein friedliches und grenzenloses Zusammenleben ohne Stadt und Staat ist nicht nur ein Manifest für die «Auflösung der Städte» in die Landschaft, es ist auch ein Manifest für das Einfamilienhaus.

Nach 1945 entsprachen viele europäische Städte tatsächlich der Trümmerlandschaft, die Taut in seiner Vision einer «Auflösung der Städte» nach dem Ende des Ersten Weltkriegs gezeichnet hatte. Seine Vorstellungen einer Stadtlandschaft fanden, wie Durth und Gutschow (1988) konstatieren, «in den Entwürfen von Hans Bernhard Reichow und anderen Planern später ihre ‹weltanschaulich› verkleidete oder technokratisch verzerrte Entsprechung» (ebd., S. 162). In Sennestadt liegt diese Entsprechung nicht nur in formalen Analogien der «organisch» geschwungenen, angeblich «natürlichen» Formen im Stadtgrundriss oder polygonalen Grundrissen einiger Häuser. Dem Credo der Lebensreform nach Licht, Luft und Sonne folgend wurde «[a]llen Architekten, die in Sennestadt Häuser bauen, [...] zur Auflage gemacht, in jeder Wohnung den Hauptwohnraum und ein Kinderzimmer nach Süden oder nach Südwesten zu legen» (SW 08/1961, S. 74). Und auch das «distanzierte Gefühl» (Taut 1920, S. 6) wurde städtebaulich umgesetzt. Wie sich Taut die Bewohner*innen seiner Kapseln zur Stadtkrone pilgernd vorstellte, um eine gemeinschaftliche Erfahrung zu machen, so ist sich auch Reichow «sicher, daß [neue Kontakte] sich umso ungezwungener und natürlicher ergeben, je mehr Privatheit wir den Menschen in ihrem Heim [...] sichern» (Reichow 1965, S. 31). Zu diesem Verständnis von Stadt bemerkte *Schöner Wohnen*: «Rathaus, Stadthalle, ein Hotel, das Gymnasium, das Stadion mit mannigfaltigen Sportanlagen, lassen noch auf sich warten. Vielleicht liegt es nicht zuletzt daran, daß die Einwohner [...] noch kein sehr ausgeprägtes Gemeindeleben entwickelt haben.» (SW 08/1961, S. 75)

Abb. 30: «Laßt sie zusammen-fallen, die gebauten Gemeinheiten! Steinhäuser machen Steinherzen». Bruno Taut, 1920

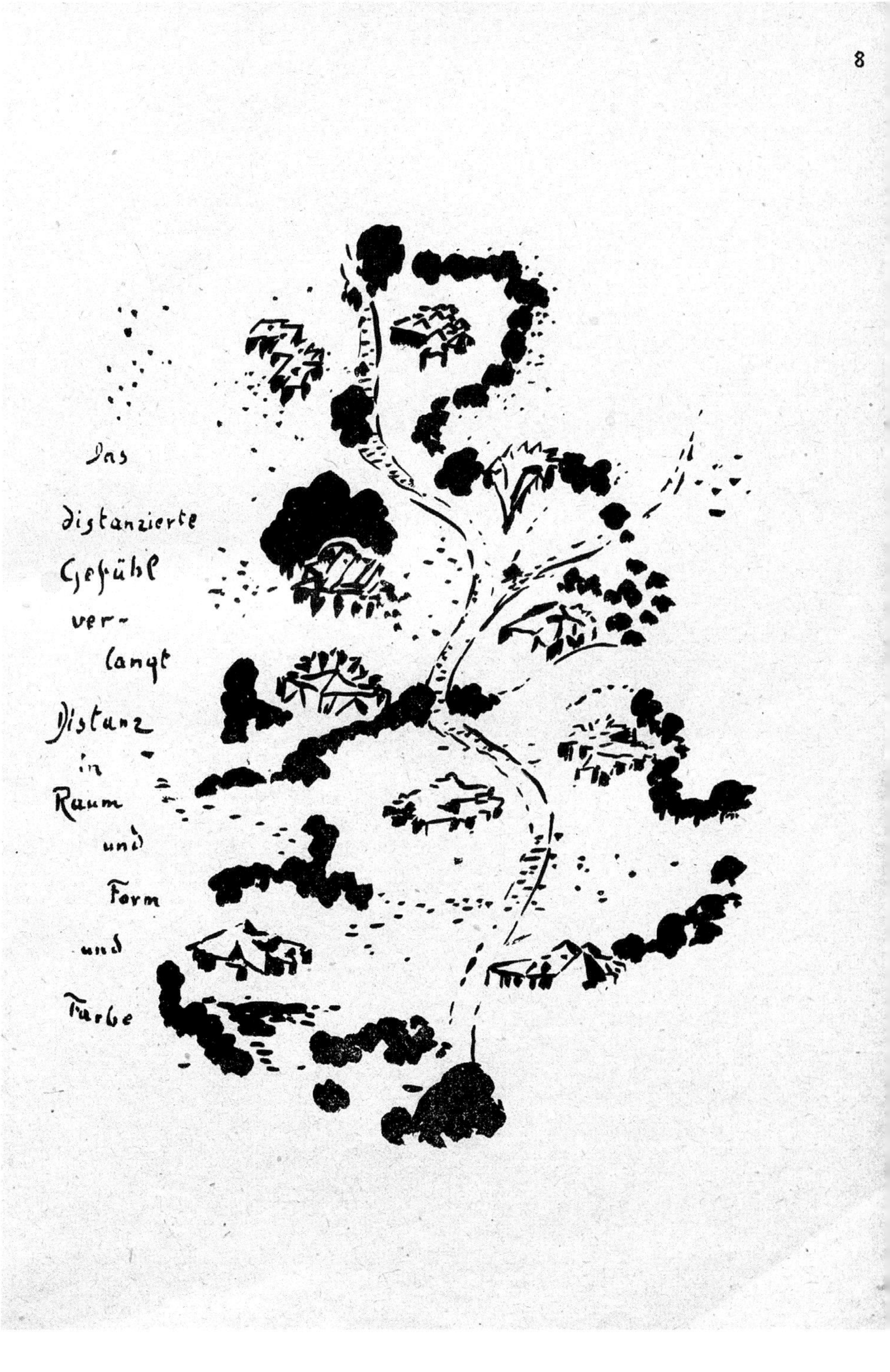

Abb. 31: «Das distanzierte Gefühl verlangt Distanz in Raum und Form und Farbe». Bruno Taut, 1920

Die «totale Gesundung» der Stadt

Viele der in Sennestadt unter dem Begriff der Stadtlandschaft umgesetzten Ideen erörterte Hans Bernhard Reichow in seiner bekanntesten Publikation *Organische Stadtbaukunst – Von der Großstadt zur Stadtlandschaft.* Diese erschien 1948, war aber, wie es im Vorwort heißt, «im Grundsätzlichen konzipiert, ehe die Zerstörung vieler Städte als Folge des verheerenden Krieges begann» (Reichow 1948, S. VII). Vor 1945 arbeitete Reichow als Baudirektor im Stettiner Stadtplanungsamt (Stolzenburg 2002, S. 138f.) an Planungen für die Umgestaltung deutscher Städte und für «Kolonisationsgebiete des neuen deutschen Ostens» (Reichow 1941, S. 226).

Zu dieser Zeit publizierte Reichow den Aufsatz «Grundsätzliches zum Städtebau im Altreich und im neuen deutschen Osten» (1941). Dieser zeugt von einem totalitären Verständnis von «Städtebau, der letzten Endes die Regelung aller Beziehungen zwischen Mensch und Boden umfaßt» (ebd., S. 225). Dementsprechend begeistert zeigte sich Reichow von den stadtplanerischen Möglichkeiten, die die NS-Herrschaft versprach, und freute sich, dass «heute die Grundlagen weltanschaulicher und politischer Ausrichtung seit langem zum erstenmal wieder in ähnlicher Klarheit wie im Mittelalter gegeben sind [...]. Damit wäre auch dem Städtebau die wesentliche Voraussetzung seiner Aufgabe gegeben: durch sinnvolle Regelung aller Beziehungen des Wohnens und Bauens der ‹Lebens-Einheit und -Ganzheit› der Menschen zu dienen» (ebd., S. 226).

Immer wieder tritt bei Reichow der etwas nebulöse Begriff der *Lebenseinheit* in Erscheinung. Klar ist, dass Reichow sie vermisst: «Diese im Mittelalter bei uns am stärksten erkennbare Lebenseinheit ist in den nachmittelalterlichen Jahrhunderten zunächst entartet; völlig zerstört wurde sie allerdings erst im Zeitalter der Maschine mit all seinen umstürzenden Folgeerscheinungen.» (Ebd., S. 226) Sein Konzept der Stadtlandschaft hat für Reichow das Ziel der Wiederherstellung dieser «Lebenseinheit»: «Die Stadtlandschaft [...] ist zunächst eine abstrakte Organisationsidee im Dienste der Wiedergewinnung der «Lebenseinheit» auf der Grundlage einer neuen weltanschaulichen und politischen Ausrichtung.» (Ebd., S. 229) Welche Form des Wohnens hatte Reichow im Sinn, um diese Voraussetzungen zur Wiedergewinnung einer «Lebenseinheit» zu schaffen? Aufschluss gibt eine Musterplanung, an der ganz in organischer Terminologie der «zellenmäßige Aufbau unserer Stadtlandschaft» (Ebd., S. 226) für eine Idealstadt von 20 000 Einwohner*innen demonstriert wird (Abb. 32).

Die im Zentrum der Siedlung positionierten «übergeordneten Gemeinschaftsanlagen (Halle, Parteihaus, Aufmarschplatz usw.)» (Reichow 1941, Tafel LXVIII) symmetrisch flankierend, sah Reichow «drei Siedlungsformen in Mietshäusern, Einfamilienhäusern und Wirtschaftssiedlerstellen» (Reichow 1941, S. 227) vor, die in strengen Reihen angelegt sind. Wie im Plan ersichtlich besteht jede «Siedlungszelle» für «ca. 1208» Einwohner*innen aus 96 Familien in «Kopfbauten» (kleine Mehrfamilienhäuser mit je drei Wohneinheiten, für die Gärten am Rand der «Siedlungszelle» angelegt sind), zehn Familien in «Eigenheimen», 36 Familien in «Wirtschaftssiedlungen» (Einfamilien-Doppelhäuser mit längeren Gärten) und zudem 160 Familien in «Langbauten» (Einfamilien-Reihenhäuser). Etwa zwei Drittel der Bewohner*innen von Reichows idealer Stadt – die allesamt als Familien definiert werden – leben also in Einfamilienhäusern.

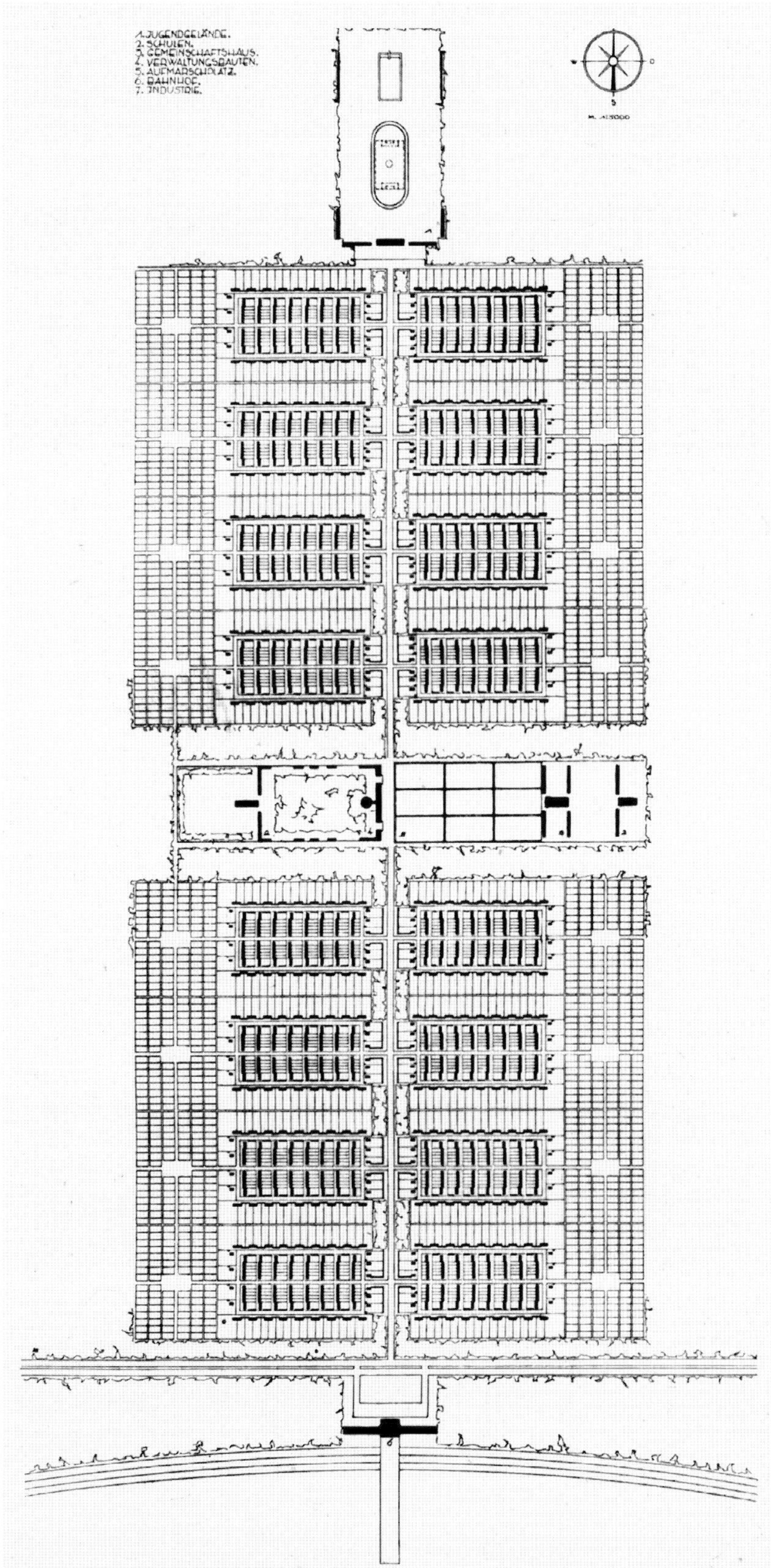

Abb. 32: «Zellenmäßige Gliederung» einer Kleinstadt in «Siedlungszellen». H. B. Reichow, 1941

Die Haltung Reichows lässt sich in Planungsdiskurse der NS-Zeit einordnen, in denen viele nationalsozialistische Stadtplaner ein wahrhaftes Faible für die Idee der Stadtlandschaft äußerten. Die pathologisierende Großstadtfeindlichkeit, die in völkisch-nationalistischen Diskursen schon seit dem Ende des 19. Jahrhunderts verbreitet war,[63] bot den Ausgangspunkt, um in Konzepten der Stadtlandschaft verschiedene ideologische und praktische Ziele zu verbinden.

Parallelen zu Reichows Essay «Grundsätzliches zum Städtebau im Altreich und im neuen deutschen Osten» (1941) zeigt etwa die im gleichen Jahr erschienene Publikation *Der Gedanke der Stadtlandschaft* des Bremer Stadtbaurats Wilhelm Wortmann. Wortmann machte während der NS-Zeit Karriere in der Bremer Bauverwaltung und arbeitete für Albert Speers Arbeitsstab für den Wiederaufbau bombenzerstörter Städte. 1956 wurde Wortmann Professor für Städtebau an der Technischen Hochschule Hannover (Durth 1992, S. 517). Im besagten Text glaubt Wortmann analog zu Reichow «die Lebenseinheit des Menschen in seinen Beziehungen zum Boden, zur Familie, zur Arbeit und zur Gemeinschaft» (Wortmann 1941, S. 15) verloren und erklärt programmatisch:

> «[D]as Leben des Städters muß wieder gesund und lebenswert werden. Der Gedanke der Stadtlandschaft will diese Forderung erfüllen. Dieser Begriff ist mit Herabzonung der Baudichte und Höhe, mit Auflockerung und reicher Durchsetzung der Baugebiete mit Grünzügen nicht erfaßt. Die Stadtlandschaft will einen neuen zellenförmigen Aufbau der Stadt in bewußter Anlehnung an die politische Gliederung unseres Volkes, im Gedanken der Volksgemeinschaft und in lebendiger Beziehung zur Landschaft. [...] Die Forderung der Stadtlandschaft bedingt also eine totale Gesundung der Stadt und will mit dazu beitragen, den Untergang an der Großstadt, dem seit Jahrtausenden die Völker zum Opfer gefallen sind, für das deutsche Volk zu verhüten.» (Ebd., S. 17)

Der Reichskommissar für das Siedlungswesen und Professor an der Technischen Hochschule Berlin Gottfried Feder argumentierte ähnlich. Die Großstadt sei für die Zerstörung eines «Heimatgefühls» und den «Tod einer Nation» verantwortlich, da sie den Familien den Willen zum Kind raube. Als er 1934 ein Wohnungsbauprogramm auflegte, war dabei die «Wiedereingliederung der Großstadtbevölkerung in den Rhythmus der deutschen Landschaft» erklärtes Ziel, mit dem «die Auflockerung der Großstädte, die Wiederbodenständig- und Seßhaftmachung der Bevölkerung» erreicht werden sollte.[64] Über Feders Lehre gibt sein 1939 publiziertes Buch *Die neue Stadt* Aufschluss, das noch bis in die 1950er Jahre als städtebauliches Standardwerk galt (Durth und Gutschow 1988, S. 175). Analog zu Reichows Planungen sieht Feder in einer Aufgabenstellung für Studierende eine Kleinstadt von 20 000 Einwohner*innen als ideale Stadt vor, in der «etwa 25–30 vH aller Wohnungen der Stadt als Mietwohnungen errichtet werden» sollen (Feder 1939, S. 460). Weiter heißt es: «Die übrigen Wohnungen sollen in zweigeschossiger Einzelbauweise in geschlossener und offener Form mit 500–700 Quadratmetern Land erstellt werden. Auf die Auflockerung der Industrie und der Wohngebiete soll aus Luftschutzgründen möglichst

63 Siehe Roskamm (2017a, S. 264–279).
64 Siehe Gottfried Feder, «Das deutsche Siedlungswerk» (1934), S. 183–185, zitiert nach Miller Lane (1986, S. 195).

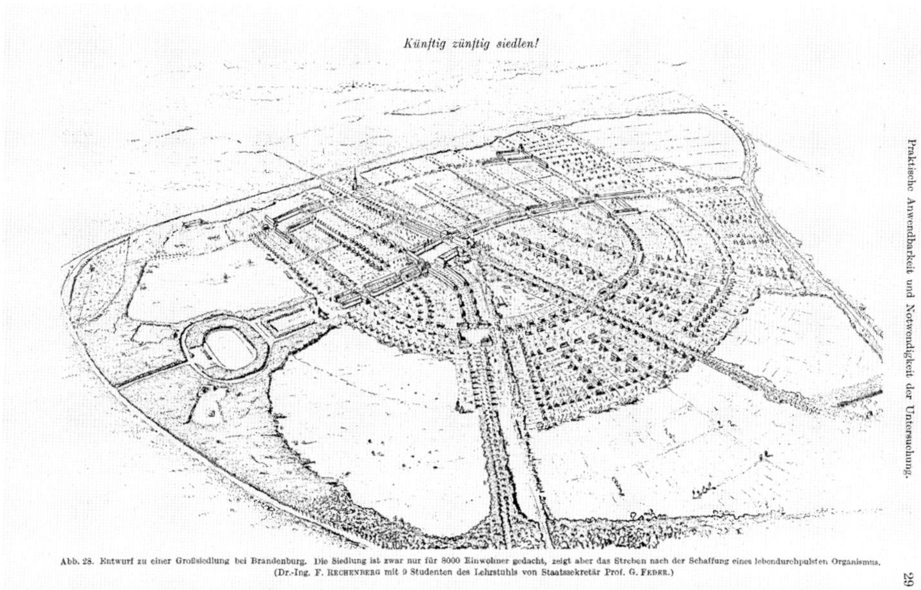

Abb. 33: «Künftig zünftig siedeln!». Einfamilienhäuser in einer von Studierenden Feders verfassten Arbeit. Gottfried Feder, 1939

Sorgfalt verwendet werden.» (Ebd., S. 460) Bemerkenswert ist, dass sowohl Feder als auch Wortmann das Konzept der Stadtlandschaft bereits mit dem Begriff der *Auflockerung* verknüpfen. Dabei wird auch aus militärischer Perspektive des Luftschutzes argumentiert. Die abgebildeten Entwürfe der Studierenden setzen Feders Vorgaben in eine Bebauung um, die zu über drei Vierteln aus Einfamilienhäusern besteht (Abb. 33).

Als besonders eigenheimbegeistert zeigte sich Roland Rainer. Der österreichische Architekt arbeitete nach seinem Studium in Wien an der Deutschen Akademie für Städtebau, Reichs- und Landesplanung in Berlin bei Johannes Göderitz. Rainer war seit 1938 Mitglied der NSDAP. Nach dem Krieg lehrte er als gefragter Professor u. a. in Graz, Hannover und Wien, dort war er Stadtplaner von Wien und Rektor der Akademie der Bildenden Künste (Durth 1992, S. 512). Im Jahr 1944 verfasste Rainer im Auftrag der Deutschen Akademie für Städtebau, Reichs- und Landesplanung eine Studie mit dem Titel *Die zweckmässigste Hausform für Erweiterung, Neugründung und Wiederaufbau von Städten*. Der Architekt trat in dieser Arbeit in biologistischer und rassistischer Argumentation für das Eigenheim ein. Auch der Begriff des *Organischen* erscheint in diesem Zusammenhang. Schon zu Beginn der Arbeit heißt es:

> «Erst die unmittelbare Vereinigung von Wohnung und Garten schafft einen gesunden [...] Zustand. Erst das Einfamilienhaus [...] führt zu einer biologisch vollwertigen, technisch einfachen, überzeugenden und organischen Haus- und Stadtgestaltung. [...] In der Abneigung gegen unselbstständige Mietwohnungen und dem Streben nach einer selbstständigen, mehr oder weniger persönlichen Behausung kommt überdies mehr zum Ausdruck als nur der Wunsch nach Naturverbundenheit durch Gartenbesitz. Das Einfamilienhaus herrscht noch heute in den Städten jenes Bereichs, in dem nach Gobineau[65] die ‹Fülle arischen Wesens› konzentriert ist.» (Rainer 1944, S. 8)

65 Rainer bezieht sich auf Joseph A. de Gobineau (1816–1882), dessen *Essai sur l'inégalité des races humaines* (1855) zu den rassistischen Grundlagentexten gezählt wird.

Daraus stellt Rainer einen weiteren Zusammenhang her: «[Z]wischen der Wohnung einerseits, der Gesundheit, der Schöpferkraft und der Rasseneigenart der Bewohner andererseits erscheint die Abhängigkeit der Kinderzahl von der Bodenbewirtschaftung erklärlich und sehr bedeutsam» und er behauptet, dass «Familien, welche Boden bewirtschaften, wesentlich mehr Kinder haben als die Familien, welche keinen Anteil am Boden haben» (ebd., S. 8). Rainer schlussfolgert:

> «Den biologischen Vorzügen des freistehenden Einfamilienhauses stehen [...] Nachteile hinsichtlich Besiedlungsdichte und Erschließung gegenüber, den diesbezüglichen Vorteilen der Geschoßwohnung ihre schwerwiegende biologische Unzulänglichkeit. Das Einfamilienreihenhaus vereinigt die biologischen Vorzüge des freistehenden Einfamilienhauses mit den städtebaulichen und wirtschaftlichen der Geschoßwohnung. Es erscheint daher geeignet, die Grundlage von Erweiterung, Neugründung und Wiederaufbau von Städten zu bilden.» (Ebd., S. 21)

Der Begeisterung der Nationalsozialisten für das Konzept der Stadtlandschaft attestiert der Architekturhistoriker Niels Gutschow (2001) «religionsähnliche Züge» (ebd., S. 175). Er führt sie auf eine im Jahr 98 n. Chr. durch den römischen Geschichtsschreiber Tacitus verfasste Schrift über den angeblichen Ursprung und die Siedlungsgebiete der Germanen *De origine et situ Germanorum* zurück, der durch die 1935 von Heinrich Himmler gegründete Organisation «Ahnenerbe» zur Konstruktion einer Überlegenheit der germanischen «Rasse» herangezogen wurde (ebd., S. 177). Gutschow bezieht sich auf den Historiker Simon Schama (1995), der in *Landscape and Memory* schreibt:

> «The essence of their social simplicity was summed up by Tacitus's observation that ‹nullas Germanorum populis urbes habitari› (none of the German tribes live in [walled] cities). Not only this but their houses are not even contiguous with each other [...]. They live separated and scattered, according as spring-water, meadow or grove appeals to each man. [...] Everyone keeps a clear space around his house.» (Ebd., S. 84)

Aus dieser Passage – lesbar als erste Beschreibung des Einfamilienhauses in der Stadtlandschaft – folgert Gutschow: «Im ‹Bewußtsein des Ursprungs› schien die Rückkehr in den Wald oder doch zumindest die Bindung an die Scholle Erlösung zu verheißen. Mit der Idee der Stadtlandschaft war die geeignete Formel gefunden» (Gutschow 2001, S. 177).[66]

Sicher ist die zentrale Rolle, die das Eigenheim in der nationalsozialistischen Ideologie spielte, nicht allein in diesem historischen Bezug zu erklären. Deutlich wird in den dargestellten Perspektiven der NS-Zeit vielmehr, wie die Stadtplaner im Eigenheim eine Vielzahl ideologischer und praktischer Motive miteinander zu verbinden vermochten. Angesichts personeller Kontinuitäten und der im vorigen Kapitel herausgestellten politischen Argumentationslinien für das Eigenheim erstaunt es nicht, dass wesentliche Teile der im nationalsozialistischen Kontext erarbeiteten Planungskonzepte wieder in Erscheinung treten, wenn im Folgenden städtebauliche Positionen der Nachkriegszeit in den Fokus genommen werden.

66 Zur Stadtlandschaft im Nationalsozialismus siehe auch Düwel und Gutschow (2001, S. 90–131).

Kontinuitäten der Planung

Schöner Wohnen gibt einen atmosphärischen Einstieg zur Sennestadt (Abb. 34): «Die Natur hat sich hier überhaupt zum willigsten Gehilfen der Architekten hergegeben. Kiefernwälder, von Buchenhainen durchsetzt, wechseln ab mit Heidelandschaft, Wiesengründen und Bachläufen und haben somit diese Stadt zu einer reizvollen Parklandschaft werden lassen, in der man oft vor Bäumen die Häuser gar nicht mehr wahrnimmt. Die vier übersichtlich gegliederten Stadtteile [...] sind durch natürlich gewachsene Grüngürtel voneinander abgesetzt, aber nicht getrennt. [...] Den Einwohnern der Sennestadt wächst die Natur zur Haustür hinein. In welchem Stadtteil sie auch wohnen, sie brauchen kaum mehr als zehn Minuten, bis sie waldige Wanderwege erreichen, wie sie sonst nur Kurorte zu bieten haben, nachts ist es [...] so still wie in einem Dorf. Man hört höchstens den Wind in den Bäumen der Wälder oder das Gemurmel des Bullerbachs.» (SW 08/1961, S. 74)

Abb. 34: Sennestadt, SW 08/1961

Von der Großstadt zur Stadtlandschaft

Wenn *Schöner Wohnen* im Text die «Stadt zu einer Parklandschaft werden» lässt (SW 08/1961, S. 74), scheint es, als paraphrasiere die Zeitschrift den Untertitel des bekanntesten städtebaulichen Werkes des Planers Sennestadts, Hans Bernhard Reichows *Organische Stadtbaukunst – von der Großstadt zur Stadtlandschaft* (1948). In dieser Publikation, die als das «erste städtebauliche Lehrbuch der Nachkriegszeit in Deutschland» (Lampugnani, Frey und Perotti 2005, S. 56) gilt, entwarf Reichow eine Zukunft der Städte als in geringer Dichte bebaute, in überschaubare Einheiten gegliederte, offen in die Landschaft ausgreifende räumliche Strukturen. Dabei legte Reichow ein biologistisches Verständnis der Stadt als «Organismus» zugrunde, die er vorgeblich «natürlichen» Prinzipien folgend strukturierte und dazu formal Vorbilder wie Zellen, Blattadern, Blutkreisläufe oder geologische Formationen nachahmte. Das zeigt sich in Sennestadt deutlich; der Plan der geschwungenen, sich fein verästelnden «Verkehrsadern» (SW 08/1961, S. 74) wirkt, als stamme er aus einem Biologiebuch. Reichow war mit seinen Konzepten einer «organischen Stadtlandschaft» ausgesprochen populär (Durth 1992, S. 336f.).

In einer einführenden Tirade der Großstadtkritik fabuliert Reichow in *Organische Stadtbaukunst* vom «Tod ganzer Völker» durch «Großstadtelend und Vermassung» (Reichow 1948, S. 3). Um dem entgegenzuwirken, setze die «Stadtlandschaft wieder eindeutig die Einheit von Haus und Garten» (ebd., S. 29). So soll durch «die Bindung an Natur, Landschaft und Scholle einerseits, an die Gemeinschaft andererseits» eine «neue innere Ordnung» (ebd., S. 66) hergestellt werden. Zugleich ist das Einfamilienhaus hier eine biopolitische Architektur, die die räumliche Einheit der Kernfamilie garantiert: Als «Hort alles Lebens [...] stellen wir die Familie an den Anfang all unseres Denkens und Planens. Wir gliedern das Wohnen nie über die Geschlossenheit der Familie hinweg, trennen auch Heim und Arbeitsstätten nur, soweit unsere biologischen Ziele naturnahen Lebens und Schaffens dazu zwingen, um schon städtebaulich der unheilvollen Zersplitterung alles Großstadtlebens zu begegnen.» (Ebd., S. 106)

Obwohl sich Reichow in der Herleitung seiner Ideen explizit auf die Gartenstadt-Bewegung bezog, nahm er in einer entscheidenden Hinsicht eine konträre Position ein – Reichow setzte auf vererbbares privates Grundeigentum:

> «Wir wissen auch, daß das ewige Nomadentum des Großstädters, das ‹Von einer Wohnung in die andere Ziehen›, noch ebensosehr einer endgültigen Harmonie und Einheit des Lebens in der Großstadt im Wege steht. Aber wir können auch dem begegnen, indem wir die Erbmiete für Haus und Garten, womöglich mit Abzahlung und Erwerbsmöglichkeit, schaffen. Dann wird auch in der Großstadt wieder, wer den Baum pflanzt, mit Kind und Kindeskind die Früchte ernten.» (Ebd., S. 32)

Mit der parallelen Darstellung von Baum und Früchten, Kind und Kindeskindern, Eigenheim und Erbschaft in scheinbar «natürlichen» Kreisläufen naturalisiert Reichow privates Grundeigentum und stilisiert es zur wichtigsten Bedingung «endgültiger Harmonie». Seine vorangegangene Planung der Gartenstadt Hohnerkamp rühmte Reichow ausgerechnet dafür als «bahnbrechend», dass sie die erste durch große Wirtschaftsunternehmen frei finanzierte Großsiedlung der Bundesrepublik umsetzte (Stolzenburg 2002, S. 147). Diese Idee «endgültiger Harmonie» markiert einen entscheidenden Wendepunkt in der Geschichte des Einfamilienhauses in der Stadtlandschaft: War das Einfamilienhaus zuvor auch in kollektiven Eigentumsformen gedacht worden, wurde es hier zum *Eigen*heim.

Nicht nur die großen Linien der Argumentation knüpfte Reichow an Sphären der Biologie und Natur an. Auch im Entwurf arbeitete Reichow mit formalistischen Zitaten von Zellen, Blattadern oder kristallinen Formen. Damit versuchte Reichow seine Planungen, aber auch die grundlegenden von ihm vorgenommenen Idealisierungen des Landlebens, der Kleinstadt und der heteronormativen Kernfamilie, auf eine vorgeblich natürliche Ebene zu stellen.

Bemerkenswert ist, dass nicht nur der Begriff der organischen Planung in der Rezeption oft unkritisch aufgegriffen wurde und positiv konnotiert weiterverwendet wird. Auch in gegenwärtigen Diskursen zur Stadt werden immer wieder biologistische Begriffe angeführt, wenn etwa von Verkehrs*adern*, Bau*körpern* oder einer grünen *Lunge* im *Herzen* einer *pulsierenden* Metropole die Rede ist.[67] Diese Naturalisierungen sind insofern bedenklich, als dass sie dazu führen, bestimmte Formen der Stadt für gegeben zu nehmen und nicht weiter zu hinterfragen. Der Rekurs auf die Natur, so argumentiert die feministische Theoretikerin Rosi Braidotti (2022), sei eine (häufig patriarchale) Strategie, um hierarchische Setzungen zu verschleiern und sozial konstruierten Strukturen Legitimität zu verleihen (ebd., S. 70). In Bezug auf das von Reichow befürwortete Eigenheim ist diese Naturalisierung besonders wirksam. Diese Art des Wohnens wird vielfach als «natürlich» betrachtet, genau wie die damit verbundenen Konzepte von Sexualität, Familie und Eigentum.

Die gegliederte und aufgelockerte Stadt

Den städtebaulichen Ausgangspunkt der neuen Stadt bilden Infrastrukturen und landschaftliche Elemente. Der Plan Sennestadts (Abb. 29) zeigt die Gliederung der Stadt um drei Fernverkehrsachsen, die sich hier schneiden: die Autobahn 2 von Köln nach Hannover, die Bundesstraße 68 von Bielefeld nach Paderborn und eine Bundesbahn-Trasse. Dazu formen zwei landschaftliche Elemente «das von Natur aus gegebene grüne Kreuz» (Reichow 1968, S. 231) aus dem unter Naturschutz stehenden Bullerbach-Tal und einer quer dazu verlaufenden Kiesgrube, die im Zuge des Autobahnbaus ausgebaggert worden war. Entlang dieser Linien ist die Stadt in vier Wohnquartiere gegliedert, in denen sich verschiedene Gebäudetypologien mischen. Ein Luftbild (Abb. 35) zeigt die charakteristischen Reihen-Einfamilienhäuser, mit denen etwa ein Drittel des für Wohnbauten vorgesehenen Baulands der Sennestadt bebaut ist. Im Hintergrund stehen mehrgeschossige Zeilenbauten, mittig rechts der Kirche liegen Bungalows mit Flachdach und im Vordergrund frei stehende Einfamilienhäuser mit Satteldach. Zusätzlich ist «[f]ür die Industrie [...] ein großes Reservat ausgewiesen, das von den Wohngebieten wiederum durch einen Waldgürtel getrennt ist» (SW 08/1961, S. 75).

Sennestadt ist ein Musterbeispiel für eine Planung nach Prinzipien, wie sie in *Die gegliederte und aufgelockerte Stadt* von Johannes Göderitz, Roland Rainer und Hubert Hoffmann (1957) dargelegt werden. Der Titel wird als «Inbegriff des städtebaulichen Leitbildes des Wiederaufbaus im westlichen Deutschland» (Lampugnani, Frey und Perotti 2005, S. 79) und als «Grundlagenwerk zur Stadtplanung der fünfziger Jahre» (Durth 1992, S. 259) bezeichnet. Ein Ausgangspunkt ist die Strukturierung der Stadt durch landschaftliche Elemente, wobei der Begriff der Stadtlandschaft aufgegriffen wird:

> «Die charakteristischen Landschaftszüge, Höhen und Niederungen, Täler und Flußläufe, werden als natürliche Nichtbaugebiete den Verlauf der trennenden Grünzüge mitbestimmen. Dann geht die Landschaft nicht mehr im Häusermeer unter, sondern zieht

67 Zu biologistischen Argumentationen pathologisierender Großstadtkritik siehe Roskamm (2017a), insbesondere Kapitel 4.2.

Abb. 35: Wohngebäude in Sennestadt (1968): Einfamilienhäuser in gereihter Form (Mitte) und frei stehend im Vordergrund

sich in ihren bezeichnenden Linien durch das Stadtgebiet hindurch. [...] Aus der sterilen Wüste oder Steppe der Stadt wird dann eine lebensvolle ‹Stadtlandschaft›.» (Göderitz, Rainer und Hoffmann 1957, S. 24)

Das Buch wurde bereits in den Kriegsjahren verfasst und 1957 nach einer Überarbeitung publiziert (Durth und Gutschow 1988, S. 220).[68]

Unmittelbar nach Kriegsende wurde der Gedanke der Stadtlandschaft zunächst aus anderer Perspektive aufgegriffen. Hans Scharoun arbeitete als Leiter der Abteilung Bau- und Wohnungswesen beim Magistrat von Berlin im Rahmen des «Kollektivplans» an Vorschlägen für die Neustrukturierung des stark zerstörten Berlins. In seiner Eröffnungsrede zur Ausstellung *Berlin plant. Erster Bericht* fragte er: «Was bleibt, nachdem Bombenangriffe und Endkampf eine mechanische Auflockerung vollzogen, das Stadtgebiet aufrissen? Das, was bleibt, gibt uns die Möglichkeit, eine ‹Stadtlandschaft› daraus zu gestalten.» Diese «mechanische Auflockerung» ermöglichte für Scharoun den Umbau der Stadt zur «Stadtlandschaft», also «Unüberschaubares, Maßstabloses in übersehbare und maßvolle Teile aufzugliedern und diese Teile so zueinander zu ordnen, wie Wald, Wiese, Berg und See in einer schönen

68 Grundlagen der Publikation wurden im seit November 1943 bestehenden, Albert Speer unterstellten Arbeitsstab für den Wiederaufbau bombenzerstörter Städte ausgearbeitet (Durth 1992, S. 226). In dessen Auftrag arbeitete Göderitz noch im Januar 1945 an einem Thesenpapier, das die «Gliederung» und «Auflockerung» der Stadt zur zentralen Aufgabe des Wiederaufbaus erklärte (Roskamm 2011, S. 272f.).

Landschaft zusammenwirken» (Scharoun 2005 (1946), S. 40). Die Zielvorstellungen einer «aufgelockerten» und «gegliederten» Stadt sind hier bereits Grundlage der Planung. Wichtig ist, dass Scharoun der zeitgenössischen Großstadtkritik entschieden entgegentrat, etwa wenn er sich in einer Rede vor dem Bauwirtschaftsausschuss des Magistrats 1946 gegen die «Atomisierung der Großstadt» aussprach und von ihrer Strahlkraft schwärmte – nur sei sie ihrer «wahren Lösung noch gar nicht zugeführt» (Geist und Kürvers 1989, S. 217). Zu dieser «wahren Lösung» gehörte für Scharoun auch das Eigenheim, das er neben der Geschosswohnung als wesentlichen Teil der städtischen Bebauung begriff und das in der Ausstellung «sowohl in Gartensiedlungen am Stadtrand als auch in verdichteten Flachbauteppichen in der Innenstadt» (ebd.) vorgeschlagen wurde.

Die gegliederte und aufgelockerte Stadt war also schon lange «Inbegriff für ein neues städtebauliches Leitbild» (Reinborn 1996, S. 183), als das Buch 1957 erschien. Trotz Überarbeitung bereiteten Göderitz und seine Kollegen – analog zu Reichow in *Organische Stadtbaukunst* – ihren Ideen auf den ersten Seiten in derber Großstadtkritik den Weg, deren Duktus dem Enstehungskontext der ersten Fassung von 1944 entspricht. Für sie ist die Großstadt eine «Krankheit» (Göderitz, Rainer und Hoffmann 1957, S. 10) voller «entarteter Formen» (ebd., S. 29), deren «biologische[.] Nachteile [...] auszumerzen» (ebd., S. 23) seien. Auch für sie ist «[d]er fruchtbarste Gedanke des modernen abendländischen Städtebaues – der Gartenstadtgedanke» (ebd., S. 22). Und wie Reichow treten die Autoren im Gegensatz zu linken Verfechtern der Gartenstadt-Ideen für privates Grundeigentum ein. Dass auch in Reichows Publikation bereits von der «aufgelockerten, gegliederten Stadtlandschaft» (Reichow 1948, S. 64) die Rede ist, zeigt deutlich, wie beide Konzepte miteinander verwoben sind.[69]

Schon im Geleitwort der 1957 erschienenen Ausgabe von *Die gegliederte und aufgelockerte Stadt* wird auf die bereits erwähnte Arbeit Roland Rainers Bezug genommen und «auf die Vorzüge des Einfamilienhauses in der städtebaulich vorteilhaften Art des Reihenbaus»[70] hingewiesen. Auch *Die gegliederte und aufgelockerte Stadt* kommt zu diesem Ergebnis (vgl. Durth 1992, S. 265). Zwar sehen sie für ältere Menschen «möglichst ebenerdige Kleinstwohnungen» und für «Junggesellen und kinderlose Paare [...] kleine und mittlere Wohnungen in höheren Häusern» vor, doch für alle anderen ist das Einfamilienhaus die Wohnform der Wahl (Göderitz, Rainer und Hoffmann 1957, S. 30).

Es erscheint zuerst widersinnig, ein räumlich «aufgelockertes» Städtebaukonzept ausgerechnet durch eine Typologie umzusetzen, die sich im Gegensatz zur Geschosswohnung durch ein ausgesprochen unvorteilhaftes Verhältnis von Bodenverbrauch zu Wohnfläche auszeichnet. Auch sind die unpassierbaren Reihungen von Häusern, Hecken und Zäunen nicht unbedingt mit einem «aufgelockerten» Raumgefühl zu assoziieren. Doch tatsächlich führen die typologischen Studien der Verfasser zu dem überraschenden Ergebnis, dass nicht etwa eine punktuelle Erhöhung der Dichte durch «Vielwohnungshäuser» hinsichtlich der

---

69 Anfangs war sogar der Titel *Organischer Städtebau* vorgesehen. Da dieser Reichows Titel *Organische Stadtbaukunst* zu ähnlich war, entschied man sich für *Die gegliederte und aufgelockerte Stadt* (Lampugnani, Frey und Perotti 2005, S. 79).

70 Dieses Geleitwort verfasste der Präsident der Deutschen Akademie für Städtebau und Landesplanung Josef W. Hollatz (Göderitz, Rainer und Hoffmann 1957, S. 5).

Flächeneffizienz die städtebaulich geschickteste Lösung für die «gegliederte und aufgelockerte Stadt» darstelle, sondern das Einfamilien-Reihenhaus. Zum Beweis werden in einer axonometrischen Zeichnung (Abb. 36) in wissenschaftlich anmutender grafischer Präzision auf einem hundert Meter breiten Streifen je fünfzig Wohneinheiten vier verschiedener Typologien – Zeilenbau, frei stehendes Einfamilienhaus, Scheibenhochhaus und Reihenhaus – einander gegenübergestellt. Zwar brauchen die frei stehenden Einfamilienhäuser auf jeweils 1 000 Quadratmeter Grundstück den meisten Platz, was in der Zeichnung markant dargestellt wird, indem die letzte Parzelle nur angeschnitten geradewegs über den äußeren Rand der Buchseite hinausragt. Die Reihenhäuser sind jedoch genauso flächeneffizient dargestellt wie das Scheibenhochhaus. Den drei Autoren gelingt dieses Kunststück, indem sie einer jeden Geschosswohnung zusätzlich zur gemeinschaftlichen Grünfläche um das Gebäude kurzerhand einen privaten Schrebergarten zuordnen, woraus der gleiche Flächenverbrauch pro Wohneinheit resultiert wie für das Reihenhaus. Die Autoren argumentieren:

> «Die mit der Geschoßhäufung zusammenhängenden Flächengewinne sind viel kleiner, als allgemein angenommen wird. [...] Daraus folgt, daß gerade in Großstädten der Bau von Einfamilienhäusern keinen größeren Bedarf an Bodenfläche für Wohnbaugebiete erfordert.» (Ebd., S. 52)

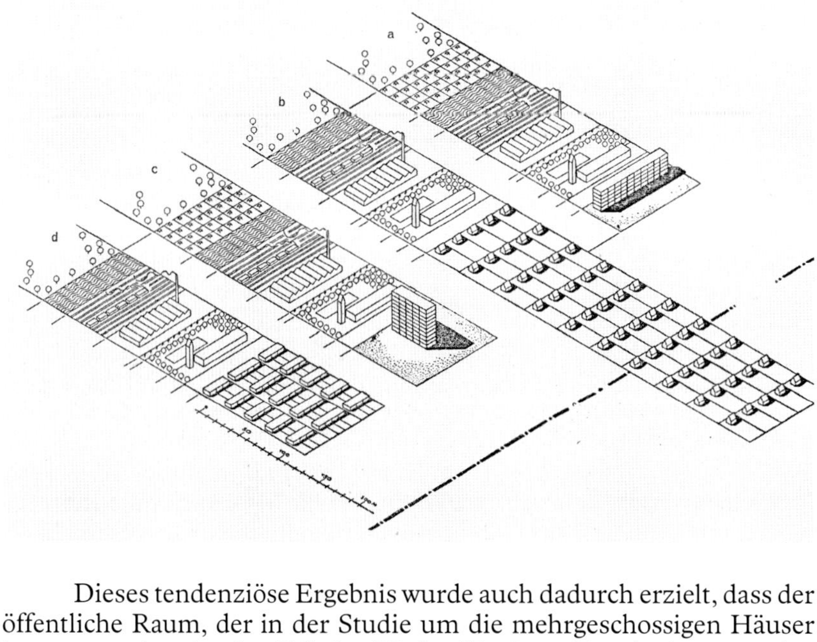

Abb. 36: Typologischer Vergleich des Flächenverbrauchs von Siedlungszeile (a), frei stehendem Einfamilienhaus (b), Scheibenhochhaus (c) und Einfamilien-Reihenhaus (d)

Dieses tendenziöse Ergebnis wurde auch dadurch erzielt, dass der öffentliche Raum, der in der Studie um die mehrgeschossigen Häuser herum angelegt ist, im Fall der Einfamilienhaus-Typologien ersatzlos wegfällt. Hier wird deutlich, dass diesem Verständnis von Stadt kein ausgeprägter Sinn für kollektive Öffentlichkeit zugrunde liegt. Für die Autoren geht es vielmehr darum, zu zeigen,

> «daß mit gereihten Einfamilienhäusern bei wirtschaftlicher Planung hohe Besiedlungsdichten erreicht werden, daß diese Bauweise also ein Weg ist, um auf wirtschaftliche Weise ein Maximum privater Abgeschlossenheit bei gleichzeitig deutlich fühlbarer Einordnung in die Gemeinschaft – und damit ein wesentliches Ziel heutigen Wohn- und Städtebaus – zu erreichen» (ebd., S. 73f.).

Hinter der vorgeblichen Objektivität einer wissenschaftlich dargestellten Studie, die das Einfamilien-Reihenhaus zum Garanten hoher Dichte macht, stehen allerdings andere Beweggründe.[71] So argumentieren Göderitz und seine Co-Autoren, «daß für Familien mit Kindern Einfamilienhäuser mit kleinen Wohngärten oder Wohnhöfen die beste Form sind, wobei das rein ebenerdige Haus unbestritten das Optimum darstellt» (Göderitz, Rainer und Hoffmann 1957, S. 30). Des Weiteren wird festgestellt, dass «[d]ie Kinderzahl der Ehen mit Bodenbesitz [...] in allen Ehegruppen größer als in den entsprechenden Ehegruppen ohne Bodenbesitz»[72] sei, woraus die Autoren «allgemeingültige unmittelbare Beziehungen zwischen Bodenbewirtschaftung und Kinderzahl» (ebd., S. 33) ableiteten. In der abschließenden Zusammenfassung heißt es dann: «Außer den baulichen Zerstörungen sind es ebensosehr die Schädigungen am Volkskörper infolge zweier Weltkriege, die wiedergutgemacht werden müssen.» Für einen «Ausgleich der schweren Verluste des Volkes» gelte es, einen «gesunden und leistungsfähigen Stadtkörper zu schaffen. Darum wurde auf die Vorzüge des Einfamilienhauses mit Garten besonders hingewiesen.» (Ebd., S. 91) Das Einfamilienhaus wird von den Autoren ganz unverblümt als biopolitisches Werkzeug zur Anhebung der Geburtenzahl dargestellt, um die demografischen Folgen des Krieges zu kitten.[73] Indem «Volkskörper» und «Stadtkörper» in biologistischer Argumentationsweise in Verbindung gebracht werden, schreiben Göderitz, Rainer und Hoffmann dem Einfamilienhaus eine neue, bevölkerungspolitische Bedeutung im Wiederaufbau zu.

Die autogerechte Stadt

Der Ford Taunus Transit kann die Kurve im dritten Gang nehmen (Abb. 37). In der gesamten Sennestadt gibt es keine Kreuzung, keine Straßenecke, einzig die auf der Fotografie dargestellten asymmetrisch geschwungenen Einmündungen, deren Radien auf die vorgesehene Geschwindigkeit abgestimmt sind. Auch der Wendekreis zwischen den Garagen der Reihenhäuser entspricht dem zweiten Gang. Indem der geringere Kurvenwinkel – hier als Rechtskurve – immer ins Stadtzentrum führt, soll beim Autofahren die Orientierung ohne Verkehrsschilder möglich sein. Im Dunkeln trägt dazu auch die Lichtfarbe der Straßenbeleuchtung bei. Das Stadtzentrum wird von weißblauem Neonlicht erhellt, die geschwungenen Hauptstraßen werden vom warmen Gelb der Natriumdampfleuchten beschienen und in den Wohnwegen stehen kleine Straßenlaternen, die schwächer rötlich leuchten (Sennestadtverein 1988, S. 35).[74]

71 Siehe auch Roskamm (2017b, S. 168f.).

72 Die Autoren beziehen sich auf eine nicht näher bezeichnete bayerische Familienstatistik von 1939, aus der dieses Zitat stammt (Göderitz, Rainer und Hoffmann 1957, S. 33).

73 Johanna Hartmann (2020, S. 344) bezeichnet in Bezug auf diese Textstelle «den Boden einer zum Haus gehörenden Erde als Konstruktions- und Stabilisierungsraum sowohl des wohnenden Individuums wie auch seiner Zugehörigkeit zu einer familialen und nationalen Gemeinschaft».

74 Ich danke Wolfgang Nürck vom Sennestadtarchiv für die freundliche Unterstützung.

Abb. 37: «Die Nebenstraßen fädeln sich in sanfter Kurve in die Hauptstraßen ein. Die Kurven können ohne Schalten durchfahren werden», SW 08/1961

Der Plan Sennestadts ist auf das Auto ausgerichtet. Zu ihrem Stadtplaner heißt es, Reichow sei «selbst ein enthusiastischer Autofahrer» (SW 08/1961, S. 72), der mit dem Titel seiner bekanntesten Publikation «ein epochales Motto» (Durth 1995, S. 174) prägte: *Die autogerechte Stadt* (1959) war Reichows städtebauliche Antwort auf den stark ansteigenden individuellen Autoverkehr der 1950er Jahre. Bevor dessen Hintergründe und Auswirkungen im Folgenden näher betrachtet werden, zunächst jedoch zum Werk selbst. In *Die autogerechte Stadt* übertrug Reichow sein biologistisches Verständnis der Stadt als nach dem Vorbild «natürlicher» Strukturen zu gestaltendem «Organismus» auf die Verkehrsplanung. Reichow präsentiert dazu in der Publikation allerhand Abbildungen, etwa von pflanzlichen Blattadern oder geologischen Formationen, deren Strukturen er formal auf seine Planungen überträgt und damit buchstäblich eine Naturalisierung des Pkw-Verkehrs vornimmt. In der direkten Gegenüberstellung von zwei Abbildungen, die Reichow in *Die autogerechte Stadt* an zwei verschiedenen Stellen zeigt, wird das deutlich (Abb. 38). Zuerst präsentiert Reichow die Zeichnung einer Lunge, die einem Anatomie-Lehrbuch entnommen sein könnte. Der rechte Lungenflügel ist vom Gewebe der Lungenbläschen befreit, die Venen und Arterien sind in feiner Verästelung dargestellt. Pfeile zeigen die Flussrichtung des Blutes. Eine folgende Abbildung zeigt das Straßenlayout der Sennestadt. Weiße Fahrbahnen auf schwarzem Grund sind mit kleinen, farbigen Kreisen versehen, die die Lichtfarbe der Straßenbeleuchtung repräsentieren. In der Anlage der Straßen wird klar, wie Reichow formale Aspekte des Organs in das «organische» Layout der Straßen überträgt. An die Adern der Lunge erinnern etwa die geschwungenen Straßenführungen, die feiner werdende Abstufung der Straßenbreiten und die spitzen Winkel der Einmündungen.

Um die nicht nach Maßgaben des Autoverkehrs angelegten und deshalb «total kranken Stadtkörper» (Reichow 1959, S. 5) einer umfassenden «Therapie» zu unterziehen, werden im Text Leitlinien für ein «autogerechte[s] Verkehrssystem mit allen städtebaulichen Konsequenzen» vorgestellt, das «dem Wesen des Menschen und des Autos gleichermaßen gerecht» werden soll (ebd., S. 5). Dabei entwirft Reichow nicht nur Kurvenradien und Beleuchtungsfarben für eine ganz auf die Erfordernisse des Autoverkehrs ausgerichtete Stadt. Reichow zielte auch darauf ab, in der «konsequenten Trennung der Fahr- und Fußwege» (ebd., S. 11) den nicht motorisierten Verkehr mitzudenken, und plante für Sennestadt drei separate Verkehrsnetze für Auto, Fahrrad und Fußgänger. Obwohl Reichow viele Aspekte der Planung ausgehend vom Autoverkehr betrachtete, wird das heute vorherrschende, oft undifferenzierte Verständnis des Schlagwortes «autogerechte Stadt» als Unterordnung aller Belange gegenüber dem Autoverkehr als Vereinfachung kritisiert.[75]

Als Beispiel einer «autogerechten» Stadt führte Reichow Sennestadt an, das zur Zeit der Veröffentlichung des Buches 1959 im Bau war. Für Reichow war diese Planung ein «Idealfall», da die gesamte Erschließung neu entworfen werden konnte, in «konsequenter, um nicht zu sagen dogmatischer Anwendung des organischen Systems» (ebd., S. 71). Ein Ziel der Planung Sennestadts war für ihn, «die Wohnbebauung [...] zu konzentrieren, um einer neuen Gemeinschaftsbildung und städtischen Lebensform willen, nicht zuletzt zur Vermeidung eines uferlosen Zerfließens der Stadt in die Landschaft» (ebd., S. 72). Hier zeigen sich grundsätzliche Widersprüche, die auch im *Organischen Städtebau* zutage treten und die letztlich schon in den Stadtlandschafts-Konzepten angelegt sind. Reichow argumentierte zwar einerseits dafür,

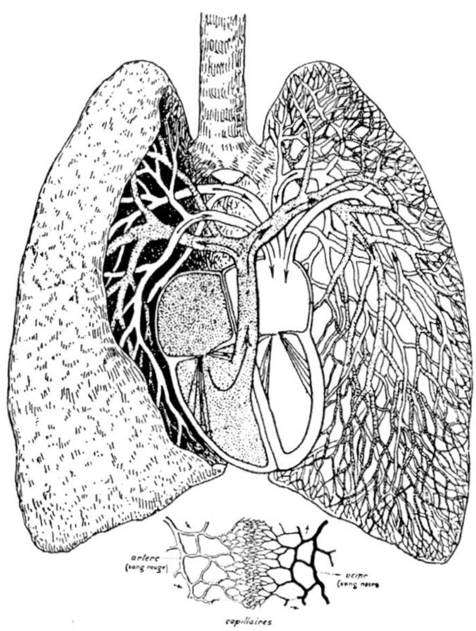

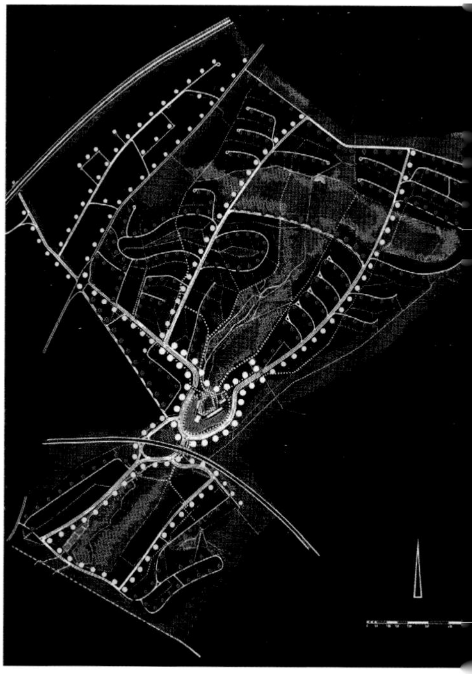

Abb. 38: Links: Herz-Lungen-Kreislauf als Vorbild, rechts: Verkehrswege und Straßenbeleuchtung Sennestadts. Hans Bernhard Reichow, 1959

75 So etwa bei Monika Reiher (2002, S. 31), Dietmar Reinborn (1996, S. 182) oder Gert Kähler (2012, S. 32f.). Zu Fußwegen in Sennestadt siehe Reichow (1959, S. 24).

die «Wohnbebauung [...] äußerst zu konzentrieren», sprach sich zugleich aber für das Einfamilienhaus als wesentlichen Teil einer «neuen [...] städtischen Lebensform» aus, die zuvorderst den Bedürfnissen des Autos folgt. Bekanntlich sind Eigenheim und Auto selbst die wirksamsten Faktoren dieses «uferlosen Zerfließens der Stadt in die Landschaft» (ebd., S. 72).

Reichows «autogerechte» Planungen deuten den großen Einfluss an, den der Verkehrswandel der Nachkriegszeit auf die Form der Stadt haben sollte. Bis dahin hatten private Pkws aufgrund von Autarkiepolitik und Rüstungswirtschaft im Deutschen Reich im Gegensatz zu anderen westeuropäischen Ländern kaum Verbreitung abseits sehr wohlhabender Schichten gefunden (Südbeck 1993, S. 171). So blieben etwa die Absatzzahlen des seit 1938 in Wolfsburg produzierten KdF-Wagens trotz des stark subventionierten Kaufpreises weit hinter den Erwartungen zurück, weil für viele der Unterhalt zu teuer war (Kopper 2010, S. 20). Doch im Laufe der 1950er Jahre änderte sich das: Die Zahl der Pkws nahm von 520 000 (1950) auf 4,1 Millionen (1960) um das Achtfache zu, das Auto wurde zum dominierenden Fortbewegungsmittel (ebd., S. 170). Die Anzahl der Berufspendler*innen verdoppelte sich in dieser Zeit und lag im Jahr 1961 bei 6,13 Millionen (ebd., S. 186). Die zunehmende Verbreitung privater Pkws im Laufe der 1950er Jahre korrelierte dabei mit steigenden Einkommen, die Reallöhne verdreifachten sich zwischen 1950 und 1970 (König 2008, S. 43). Auch zunehmendes Vertrauen in die längerfristige positive Einkommensentwicklung, der günstige Preis einiger Modelle (Abb. 39) sowie die zunehmende Popularität von Konsumentenkrediten waren ausschlaggebend (Kopper 2010, S. 19–26). Politisch wurde die Anschaffung eines Pkws seit Mitte der 1950er Jahre gefördert. Neben einer Senkung der Kfz-Steuer ist in stadtplanerischer Hinsicht besonders die Einführung der heute sogenannten Pendlerpauschale bedeutsam. Durch diese konnten seit 1955 auch Angestellte die Autofahrten zur Arbeit steuerlich als Werbungskosten mit üppigen 25 Pfennig pro Kilometer absetzen (ebd., S. 22). Auch der Bau einer Garage konnte von der Einkommensteuer abgesetzt werden.

Der zunehmende private Autoverkehr war das zentrale Element einer neuen Mobilität, die die räumliche Struktur des Lebensalltags tiefgreifend veränderte, indem sie «die bisherige Zuordnung von Wohn- und Arbeitsstätte stärker flexibilisierte. [...] War die Pendlerwanderung lange nur als Vorstufe für die Verlagerung des Wohnsitzes in den neuen Arbeitsort begriffen worden, beschrieb sie nun mehr und mehr eine neue Form intensivierter Stadt-Land-Verflechtung.» (Südbeck 1993, S. 186) Diese neue Mobilität war eine zentrale Bedingung für den Erfolg des Eigenheims. Sie machte nicht nur die «diffuse Siedlungsstruktur» (Reiher 2002, S. 103) der Vorstadt praktisch bewohnbar. Sie ermöglichte es auch, die bäuerliche oder adelige Kulturtradition des Hauses als transzendenten Besitzstand der Familie, der die einzelne Person als materielles und affektives Erbe überdauert (Bourdieu 2002, S. 50), in die Gegenwart veränderlicherer Lebensumstände zu transportieren.

In vielen bundesdeutschen Städten kippte im Laufe der 1950er Jahre das Verhältnis der Einwohnerzahl der inneren und äußeren Stadtbezirke zugunsten der Peripherie. Hunderttausende zogen an die sich laufend verschiebenden Ränder der Städte oder in die Umlandgemeinden, zumeist ohne den Arbeitsplatz im Stadtzentrum aufzugeben (Willeke und Heinemann 1989, S. 31). Bei der Auswahl des

Abb. 39: Werbeanzeige für den VW Käfer, SW 08/1969

a.W. inkl. MWST.
5.290 Mark.
Daß es das heute noch gibt.

neuen Wohnortes wurde deshalb nicht nur ein bezahlbares, sondern auch ein «verkehrsgünstig gelegenes Grundstück»[76] gesucht.

Wie Sabine Reiher (2002) in ihrer Dissertation zum Einfluss des Pkws auf die Stadtplanung herausstellt, wurden dabei Entfernungen von bis zu 50 Kilometern zum Arbeitsplatz in der Hoffnung akzeptiert, sie in 30 Minuten bequem (und ohne Stau) mit dem Pkw zurücklegen zu können. Dabei kam es zu einer Verschiebung der räumlichen Beziehungen, in der die Fahrtzeit entlang der Verkehrswege entscheidender wurde als die Distanz. Reiher beschreibt Netze neuer Fernstraßen, die die Zentren der alten Orte meiden und entlang derer günstiges Bauland mit Gewerbegebieten ausgewiesen wurde (ebd., S. 103), aufgefüllt durch eine «disperse Struktur» neuer Wohngebiete «mit preisgünstigen Grundstücken und ohne eigene Infrastruktur, aber in landschaftlich reizvoller Lage [...], die für die alltäglichen Wege oft nur für das Auto erreichbar sind» (ebd., S. 106).

Schon Anfang der 1960er Jahre wird in *Schöner Wohnen* geklagt: «In unseren Städten ist Bauland seit langem Mangelware.» (SW 06/1960, S. 7) Folglich sind es häufig diese Gebiete, in denen die in *Schöner Wohnen* abgebildeten neuen Eigenheime liegen – etwa das Haus des Architekten Eike Wispler in Maschen, einem Ort südlich von Hamburg, der als Schnittpunkt dreier Autobahnen vor allem aus den Verkehrsnachrichten bekannt ist. Der niedrige Baulandpreis war das entscheidende Kriterium für Wispler, um dort eines der günstigsten in *Schöner Wohnen* präsentierten Häuser zu planen:[77] Der kleine, sorgfältig gestaltete Bau wurde unter dem Titel «30 000 Mark: Kompaktes Haus mit hohem Raum» (SW 10/1964, S. 182) publiziert. Groß abgebildet ist eine Aufnahme, in der der Vater mit zwei Kindern in von Baumaschinen zerfurchter Landschaft spielt (Abb. 40). Vom Gebäude ist allerdings nicht viel zu sehen; im Zentrum des Bildes steht ein Unterstand, darunter glänzt ein frisch polierter VW Käfer.

Für den baulichen Kontext des Hauses, der sich bis in die Gegenwart um zahlreiche Eigenheime und ein Industriegebiet erweitert hat (Abb. 41), prägte Thomas Sieverts (2013) den Begriff der *Zwischenstadt* – laut Elisabeth Timm (2017, S. 49) «das natürliche Habitat des Einfamilienhauses». In der Charakterisierung als Form einer «verstädterten Landschaft oder der verlandschafteten Stadt» (Sieverts 2013, S. 7) wird zunächst der Begriff der Stadtlandschaft aufgegriffen. Diese Stadt bezieht sich nicht mehr auf die historischen Stadtkerne, längst sind «andere Anziehungspunkte [...] in der Peripherie entstanden» (ebd., S. 66). Sieverts beschreibt:

> «Das wenig zentrierte Feld der Zwischenstadt kann wie ein System gelesen werden, das die unterschiedlichsten Aktionsräume und Verbindungen zuläßt, oder, anders ausgedrückt, als eine ‹Speisekarte› für ein Leben, das sich Bewohner – vorausgesetzt, er hat die Mittel dazu – à la carte selbst zusammenstellen können. Er kann im Prinzip eine Vielzahl verschiedener spezialisierter Nutzungen und Orte mit einem schnellen technischen Verkehrsmittel in kurzer Zeit erreichen und verknüpfen. [...] Diese ‹Lesart› und dieses Benutzungsmuster setzen somit im heutigen

76 So heißt es in der im ersten Kapitel besprochenen Reportage «Das große Ziel: Ein kleines Haus» (SW 01/1960, S. 7). Viele Gebäudeporträts nennen die städtische Anbindung mit dem Pkw als entscheidendes Kriterium.

77 Für die Hintergrundinformationen danke ich Familie Wispler.

Abb. 40:
«30 000 Mark: Kompaktes Haus mit hohem Raum»,
SW 10/1964

Abb. 41:
Luftbild des Hauses Wispler (im Kreis) mit Umgebung im Jahr 2024

Kontext in Ermangelung ausreichend verfügbarer flächendeckender öffentlicher Verkehrsmittel im allgemeinen das Auto voraus. Die Zwischenstadt ist, als ‹System› gelesen und genutzt, damit in mehrfacher Hinsicht problematisch: als Umweltbelastung, als nicht realisierbar für die Hälfte der Bevölkerung, der kein Auto zur Verfügung steht, und als Zerstückelung von Lebensraum und Lebenszeit.» (Ebd., S. 87)

Die durch das Auto als Verkehrsmittel geprägte «engmaschige Durchdringung von Freiraum und Siedlung» (ebd., S. 66) verbindet Sieverts direkt mit dem Stadtlandschaftsbegriff. So schlägt er vor, man könne «den Freiraum der Stadtlandschaft als das Verbindende erkennen» (ebd., S. 66) und dieser Form der Stadt bei aller berechtigter Kritik mit einem möglichst vorurteilsfreien Blick begegnen, der in der Offenheit und netzartigen Struktur neue Qualitäten gegenüber der «alten Stadt» auszumachen vermag. Bis in die Gegenwart wird das Konzept der Stadtlandschaft aufgegriffen, hier aus einer pragmatischen Perspektive.

Legislative Fixierungen

Bei der Neuplanung Sennestadts hatte Hans Bernhard Reichow die ungewöhnliche Gelegenheit, seine zuvor theoretisch konzeptualisierten städtebaulichen Ideen im Maßstab einer gesamten Kleinstadt vom städtebaulichen Wettbewerbsentwurf bis zur architektonischen Ausarbeitung einzelner Gebäude zu realisieren. Diese städtebauliche Ausnahmeerscheinung ist zwar ein aufschlussreicher Forschungsgegenstand, die Praxis der Planung sieht jedoch anders aus. In aller Regel geht es um kleinteiligere Vorhaben, in denen Maßgaben der Lokalpolitik, der Verwaltung und des Immobilienmarktes eine größere Rolle spielen als profilierte städtebauliche Konzepte. Eine entsprechend große Bedeutung kommt legislativen Planungsinstrumenten zu, die die rechtliche Grundlage der Stadtplanung bilden. Zu Beginn der 1960er Jahre wurde das Instrumentarium des Planungsrechts grundlegend reformiert, wobei – wie im Folgenden deutlich wird – Elemente der oben umrissenen städtebaulichen Konzepte in diese Planungsgesetzgebung eingingen. Die herausgehobene Stellung des Eigenheims wurde so baurechtlich fixiert. Um die Hintergründe der rechtlichen Festlegung von baulicher Nutzung und Art der Bebauung klarzumachen, werden zunächst einige historische Bezüge des Planungsrechts zusammengefasst.[78]

Mit dem preußischen Wohnungsgesetz von 1918 wurde es ermöglicht, durch Bauordnungen das Maß der baulichen Ausnutzung zu regulieren. Ein in Bezug auf das Eigenheim bedeutsamer Regelungsvorschlag per Bauordnungen sieht vor, dass dort, «wo Fluchtlinien nicht festgestellt sind, nur offene Bauweise mit Gebäuden von nicht mehr als einem Obergeschoß über dem Erdgeschosse zulässig ist» (§ 4 Abs. 1 S. 1). Die «offene Bauweise» schreibt vor, dass Bauten einen gewissen Abstand zur Grundstücksgrenze (Bauwich) halten müssen. In Kombination mit der «Ausscheidung besonderer Ortsteile, Straßen und Plätze, in denen nur

78 Eine übersichtliche Zusammenfassung dieser Zusammenhänge bis zum Ende des NS-Staates gibt Nikolai Roskamm (2017a, S. 262–265), auf der dieser und die folgenden beiden Absätze aufbauen.

die Errichtung von Wohngebäuden [...] zugelassen ist» (§ 4 Abs. 1 S. 3), ist so die rechtliche Grundlage für eine Eigenheimsiedlung bereits geschaffen.

Ein Versuch der Vereinheitlichung des Bauordnungsrechts durch eine Musterbauordnung erfolgte 1919 mit der Einheitsbauordnung für die Städte (Roskamm 2017a, S. 262). Auch wenn Bauweise und Gebäudeabstand in § 8 offen gelassen werden, so wird angemerkt: «Das Baugebiet ist einzuteilen in Gebiete der geschlossenen und der offenen Bauweise. Es sind daher überall Vorschriften darüber aufzunehmen, ob und inwieweit im Baugebiet die geschlossene Bauweise zugelassen oder die offene Bauweise vorgeschrieben ist.»[79] Hier stehen beide Bauweisen noch gleichberechtigt nebeneinander, wenngleich in der Formulierung bereits eine Tendenz hin zur offenen Bauweise wahrnehmbar ist.

War die Ausgestaltung der Bauordnungen im preußischen Recht den Kommunen weitgehend überlassen worden, so wurde mit der nationalsozialistischen Gesetzgebung «die kommunale Selbstverwaltung faktisch abgeschafft» (ebd., S. 263). Durch das Gesetz über die Aufschließung von Wohnsiedlungsgebieten von 1933 erlangte der Staat weitgehende Kontrolle über die Bodennutzung (ebd., S. 263). Ein Erlass zum Siedlungsordnungsgesetz von 1934 wies explizit an, auf die «Auflockerung der Städte» aus Luftschutzgründen hinzuarbeiten (ebd., S. 264). Ihre Begeisterung für das Eigenheim übertrugen die Nationalsozialisten schließlich «direkt in Gesetzesform: Mit der Bauregelungsverordnung von 1936 wird es möglich, Baugebiete festzusetzen, die nur mit maximal eingeschossigen Wohnhäusern bebaut werden dürfen sowie Mindestgrößen von Baugrundstücken festzulegen» (Roskamm 2017b, S. 168). Ein Erlass zu diesem Gesetz bestimmt, grundsätzlich vor allem auf ein- und zweigeschossige Bauweisen hinzuarbeiten (Roskamm 2017a, S. 264).

Die Regierung der BRD brachte mit dem Bundesbaugesetz vom 23. Juni 1960 erstmals ein einheitliches Städtebaurecht zustande, das auf einen Streich (und fast 200 Seiten) ein Flickwerk von 67 Gesetzen, Verordnungen und Artikeln auf Bundes- und Länderebene ersetzte, die teils noch auf preußische Rechtssprechung zurückgingen. Dabei wurden die Instrumente des Flächennutzungsplans als «vorbereitender Bauleitplan» und des daraus zu entwickelnden Bebauungsplanes als «verbindlicher Bauleitplan» etabliert (§ 1 Abs. 2 BBauG), die «von den Gemeinden in eigener Verantwortung» aufgestellt werden (§ 2 Abs. 1 BBauG).

Ergänzt wurde das Bundesbaugesetz durch die Baunutzungsverordnung (BauNVO), die 1962 in Kraft trat. Diese gab den Bauleitplänen der Kommunen die Art der baulichen Nutzung in typisierten Bauflächen und Baugebieten vor, die nicht nur das Maß der baulichen Nutzung und der überbaubaren Grundstücksflächen, sondern auch die Bauweise vorschrieben (Grotefels 2018, S. 166). Die Art der baulichen Nutzung wird also von der Gemeinde festgelegt, und zwar entsprechend der in § 1 Abs. 2 der BauNVO charakterisierten Baugebiete (Kreuter-Kirchhof 2014, S. 116). Neben der sinnvollen Vereinheitlichung der Bauleitpläne der Kommunen regelte die Bundesregierung so auch die Arten der Bebauung, indem bestimmte Wohngebiete bundeseinheitlich typisiert wurden.

Hinsichtlich der in den Baugebieten vorgesehenen Nutzungen lassen sich Parallelen zu den zeitgleich vorherrschenden städtebaulichen Konzepten ziehen. Die auf modernistischen Stadtplanungsidealen

79 Siehe Einheitsbauordnung für die Städte (1919), Anlage zu § 8.

basierende Aufteilung der Stadt in Nutzungskategorien, insbesondere die Trennung des Wohnens von anderen Funktionen, war bis zum Ende der 1950er Jahre Konsens in der Planung (Flecken 1999, S. 30). Auch wenn zugleich etwa in Reichows mit dem Begriff der Lebenseinheit verbundenen Vorstellungen eine räumliche Nähe des Wohnens zu den Arbeitsstätten angestrebt wurde, ist die Gliederung der Stadt in klar abgegrenzte Funktionsbereiche für die hier dargestellten Konzepte charakteristisch. Auch die hierarchische Gliederung der Stadt in einzelne «Zellen», die bei Reichow als «Wohngebietsglieder» ausschließlich zum Wohnen bestimmt sind (ebd., S. 25), folgt letztlich diesem Prinzip.

In der auf den 1. März 1961 datierten Baugebietskarte Sennestadts ist der überwiegende Teil der Wohngebiete mit der Bezeichnung «reines Wohngebiet» versehen. In der BauNVO von 1962 findet sich dann die bundeseinheitliche Definition «reiner Wohngebiete»: Sie «dienen ausschließlich dem Wohnen» (§ 3 Abs. 1 BauNVO). Hier sind also ausschließlich Wohngebäude zulässig. In *Die gegliederte und aufgelockerte Stadt* bestehen die «Stadtzellen» aus je vier «Nachbarschaften».[80] Innerhalb dieser Nachbarschaften sehen Göderitz, Rainer und Hoffmann (1957) außer Wohngebäuden auch «Läden des täglichen Bedarfs» vor (ebd., S. 24f.). Die BauNVO formuliert ähnlich, in «reinen Wohngebieten» können «[a]usnahmsweise [...] Läden [...], die zur Deckung des täglichen Bedarfs für die Bewohner dienen, [...] zugelassen werden» (§ 3 Abs. 4 BauNVO). Die auf das Auto ausgerichtete Planung drückt sich ebenfalls in der BauNVO aus. Während sämtliche Einrichtungen für kulturelle oder soziale Zwecke unabhängig von Lärmemission oder Publikumsverkehr zwar in «allgemeinen Wohngebieten» (§ 4 BauNVO) erlaubt, in «reinen Wohngebieten» aber ausgeschlossen werden, sind «Stellplätze und Garagen [...] in allen Baugebieten zulässig» (§ 12 Abw. 1 BauNVO). Welche Gebäudetypologien die Verfasser*innen der BauNVO in den «reinen Wohngebieten» in erster Linie im Sinn hatten, geht aus dem Text hervor. Als einziger Hinweis zu den vorgesehenen Gebäudetypologien wird explizit ausgeführt, im Bebauungsplan könne «festgesetzt werden, daß [...] nur Wohngebäude mit nicht mehr als zwei Wohnungen zulässig sind» (§ 3 Abs. 4 BauNVO). Dieser Absatz zielt auf Einfamilienhäuser mit Einliegerwohnung ab. Offenbar folgte aus den Planungskonzepten der 1950er Jahre ein in der BauNVO definiertes Baugebiet, das eine vehemente Funktionstrennung zwischen dem Wohnen und anderen Nutzungen vorsieht und auf die Bebauung durch Einfamilienhäuser ausgelegt ist – und das bis heute vor allem für Einfamilienhaussiedlungen ausgewiesen wird.

80 Diese greifen den Maßstab der NSDAP-«Ortsgruppe» von bis zu 1 500 Wohnungen auf.

Haus und Technik

Sehen Sie, so sieht die Zukunft aus,
für jede Wohnung, jedes Haus.

– Werbeslogan der BASF (1968)

Sehen Sie, so sieht die Zukunft aus,
für jede Wohnung, jedes Haus.

Werbeslogan der BASF (1968)

Hoover und Kruppkessel, Ytong und Styropor, Diolen und Pegulan, Rostfrei und Resopal: Seit den 1950er Jahren hielten neue Gerätschaften und Baumaterialien Einzug in die Eigenheime. Die durch technische Entwicklungen und wirtschaftlichen Aufschwung neu verfügbaren Apparate und Materialien veränderten nicht nur das alltägliche Leben in den Häusern, sondern auch deren Architektur. Bei der folgenden Untersuchung technischer Aspekte des Wohnens und Bauens wird deutlich, wie eng diese mit den Choreografien des Alltags verzahnt sind. So auch im Haus des Architekten Christian Farenholtz in Hamburg, das den Ausgangspunkt meiner Betrachtung bildet. *Schöner Wohnen* stellte es im April 1961 unter dem Titel «Das ganze Haus um die offene Küche gebaut» vor (SW 04/1961, S. 12–17).

Im ersten Teil dieses Kapitels geht es um Gerätschaften mit architektonischer Wirkung. Neue Entwicklungen und Verfügbarkeiten in der Haustechnik ermöglichten erstmals einer breiten Bewohnerschaft die weitgehend automatisierte Kontrolle über Wärme, Wasser und Luft. Dieses neue Wohnklima stellte tradierte Grundrisskonfigurationen infrage. Auch die zunehmende Verbreitung allerlei elektrischer Haushaltsgeräte hatte im Kontext der herrschenden Rollenzuschreibungen architektonische Konsequenzen.

Der zweite Teil des Kapitels nimmt neue Baumaterialien in den Blick. Vielfältig bedruck- und beschichtbare Oberflächen veränderten die Materialität des Wohnens und machten «pflegeleicht» zur Oberflächenqualität der Stunde. Durch innovative Produktionsverfahren für Glas und Rahmenprofile wurden große Fenster bezahlbar, was im Spannungsfeld zwischen der Inszenierung modernistischer Wohnideale und Privatheit in dichter Siedlungsstruktur Fragen aufwarf. Nicht nur für die Konjunktur von Gardinengewebe waren Kunststoffe von entscheidender Bedeutung. Aufgeschäumt zu Dämmstoffen umhüllten sie die Gebäude und tragen seitdem zum charakteristischen Ausdruck vieler Bauten der Vorstadt bei.

Gerätschaften des Alltags

Auf der gegenüberliegenden Seite einer Straße im Hamburger Stadtteil Othmarschen liegt, etwas erhöht, ein flaches Gebäude aus rotem Backstein (Abb. 42). Niedrige Mauern fassen die üppigen Blumenbeete und den Kellerabgang. Vor dem Haus lehnen zwei sehr kleine Fahrräder und ein größeres Rad an einem schmalen, lang gestreckten Podest der Freitreppe, auf das vom Gehsteig drei betonierte Stufen führen. Von hier geht es über vier weitere Stufen mit schlankem, schwarzem Stahlgeländer zur Hauseingangstür.

Innen sieht es zunächst aus wie in vielen Eigenheimen dieser Zeit: ein enger Windfang, ein dunkler, kleiner Flur mit Garderobe, einige Zimmertüren. Doch hinter der schmalen, weißen Küchentür liegt eine Überraschung: Dem kleinen, funktional eingerichteten Raum scheint die gegenüberliegende Wand zu fehlen. Die Küche steht wie eine offene Kiste im hellen Wohn- und Esszimmer, durch dessen vollflächige Glasfassade zum Garten die Sonne auf einen hellen Essplatz scheint.

Abb. 42: Haus F. in Hamburg, SW 04/1961

Das ganze Haus um die offene Küche gebaut

Das Porträt des Hauses F. im April-Heft der *Schöner Wohnen* 1961 war in einer Hinsicht sensationell: Die zweizeilige Küche ist zum Wohnraum weit geöffnet und inmitten des Gemeinschaftsbereichs an die prominenteste Stelle des Grundrisses gerückt, den sie zugleich strukturiert und zu dessen räumlicher Großzügigkeit sie dadurch, dass sie sich umkreisen lässt, wesentlich beiträgt.

Der rechteckige Grundriss von 120 Quadratmeter Wohnfläche besteht vor allem aus einem großen Gemeinschaftsraum, der an die Süd- und Westfassade anschließt. Im Norden und Osten ist er von einer schmalen Raumschicht gesäumt, in der sich die Kinder- und ein Gästezimmer, das Schlafzimmer, die Bäder und der Eingangsbereich befinden. Die offene Küche gliedert den u-förmigen Gemeinschaftsraum in einen Arbeitsbereich, den Wohn-, Ess- und Spielbereich entlang der Gartenfassade sowie einen den Kinderzimmern zugeordneten «Spielflur». Dieser kann durch eine Schiebetür abgetrennt werden, die entlang der Mittelachse des Grundrisses aus der Wand der Küche gegen den Betonpfeiler in der Gartenfassade fährt. So lässt sich der «Spielflur» in einen privaten Bereich absondern, der die Schlafzimmer und das Bad miteinander verbindet (Abb. 43).

Architekt Christian Farenholtz, der das Haus für seine Familie plante, sah die Küche entgegen dem funktionalistischen Standard der Zeit nicht als zweckgebundenen, abgeschlossenen Raum. Er hatte Sympathien für die offene Wohnküche, die eher mit proletarischem oder bäuerlichem Wohnen assoziiert wurde und seinerzeit insbesondere im Eigenheimneubau ungewöhnlich war. Indem er mit der offenen Küche den Gemeinschaftsbereich räumlich gliederte, machte er sie zum wichtigsten Teil eines nach eigener Aussage «modernen», da offenen Wohngrundrisses.[81]

Farenholtz setzte das Konzept der ins Zentrum des Hauses gerückten Küche im Grundriss ebenso konsequent um wie im Detail. Die Materialität ihrer weißen Wand und Deckenflächen unterscheidet sie von den anderen Oberflächen des Innenraumes und lässt sie wie eine eingeschobene weiße Box wirken, der ein Teil der vorderen Wand abhandenkam. Das etwa fünfzehn Zentimeter breite Mauerstück, das den Herd fasst, scheint dabei stehen geblieben zu sein. Diese Assoziation wird auch durch den Höhenunterschied zwischen der niedrigeren

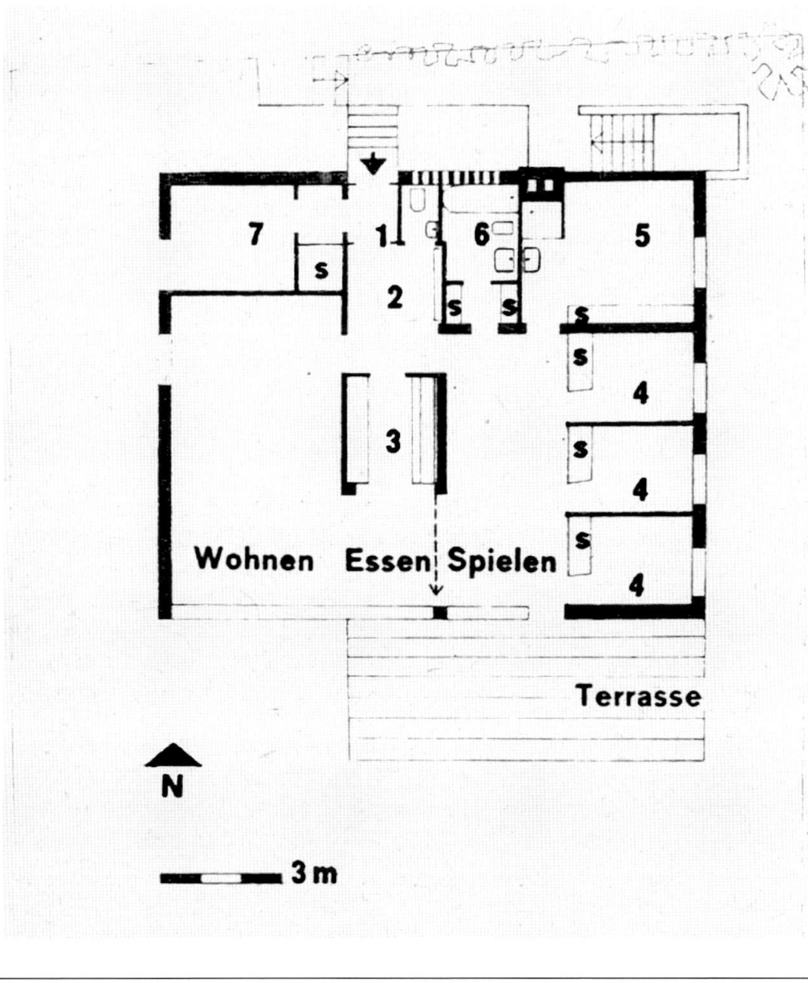

Abb. 43: Grundriss des Hauses F., SW 04/1961

81 Gespräch des Autors mit Christian Farenholtz, 03.12.2020, per Videocall.

weißen Küchendecke und der Holzverkleidung der Wohnraumdecke und den Materialwechsel des Fußbodens verstärkt.

Im Titel «Das ganze Haus um die offene Küche gebaut» und im Text der Reportage steht die Küche ebenfalls im Mittelpunkt. Hier heißt es: «In der Vorstellung der meisten Hausbauer allerdings muss die Küche, fein abgeschlossen vom Wohnraum, in einer Ecke des Hauses liegen. Man billigt allenfalls eine Durchreiche zum Eßplatz. Im Hause F. dagegen ist die Küche zum Angelpunkt des Hauses geworden. Sie ist zum Eßplatz hin offen [...]. Ihre Lage bestimmte wesentlich den außergewöhnlichen Grundriß.» (SW 04/1961, S. 13f.) Im Vergleich mit anderen Artikeln wird in ungewöhnlich engagiertem Stil argumentiert: «Die Hausfrau [...] kann sich von der Küche aus an den Gesprächen im Wohnraum beteiligen; sie kommt mit zwei Schritten vom Herd zum Eßplatz: sie braucht bei den vielen Wegen zwischen Wohnraum und Küche keine Tür zu öffnen. Jede Hausfrau kann ermessen, wieviel Arbeitszeit und Umstand diese unmittelbare Nachbarschaft erspart, wieviel sie aber auch zu einem gedeihlichen und gemütlichen Familienleben beiträgt. Aus diesen Gründen liegt die Küche hier im Zentrum des Hauses.» (Ebd, S. 13–14)

Diese Argumentation war Teil einer Debatte um den Wandel der räumlich geschlossenen funktionalen Küche für eine Person über die offenere Wohnküche bis zur Kochinsel, die wenig später auf den Plan trat. Der frei stehende Küchenblock bildete im Laufe der 1960er Jahre den vorläufigen Endpunkt eines architektonischen Transformationsprozesses, bei dem die Küche buchstäblich umgekrempelt wurde – von der *Küche als Raum* zur *Küche als Objekt* (Murphy 1999, S. 49).

Die architektonische Frage der offenen Küche ist eng mit der Bedeutung der häuslichen Arbeit im Wohnen verknüpft: Wird häusliche Arbeit als Bedingung des Wohnens eingebunden und offengelegt, oder bleibt sie vom Wohnen getrennt und verborgen? Sollte die Küche der abgeschlossene, alleinige Arbeitsort der «Hausfrau» bleiben, wie seit der Rationalisierung der 1920er Jahre häufig proklamiert wurde? Sollte sie wieder Teil eines gemeinschaftlichen Raumes werden und auch weitere Menschen in die Arbeit mit einbeziehen, wie in der traditionellen Wohnküche vieler proletarischer Haushalte bis zum frühen 20. Jahrhundert gewohnt? Zwar argumentierte *Schöner Wohnen* für eine Öffnung der Küche, verband allerdings eine räumlich fortschrittliche mit einer gesellschaftlich reaktionären Haltung. Die alleinige Verantwortung für den Weg «vom Herd zum Eßplatz» (ebd., S. 14) schrieb die Zeitschrift weiterhin der «Hausfrau» zu, die in der offenen Küche «am Kochherd stehen, aber zugleich [...] die vier Kinder, zwischen zwei und sieben Jahre alt, beaufsichtigen» (ebd., S. 13) könne. *Schöner Wohnen* verband den vermeintlichen Bruch mit bestehenden räumlichen Konventionen in patriarchaler Logik sofort mit der Addition von Küchen- und Care-Arbeit. Die Debatte um das räumliche Verhältnis der Küche zum Wohn- oder Esszimmer in *Schöner Wohnen* ist eine architektonische Stellvertreter-Debatte, bei der es vor allem um Verhältnisse häuslicher Arbeit und gegenderter Rollenbilder auf dem Feld bürgerlichen Wohnens geht. Dabei trat ein Gerät auf den Plan, dem in der Argumentation der *Schöner Wohnen* für die offene Küche wiederholt besondere Bedeutung zugeschrieben wird.

Kontrolle über Klima und Komfort

Eine Küchenszene in der Homestory im Haus F. wirkt besonders gründlich inszeniert (Abb. 44): Im Zentrum des Bildes zeichnet sich vor dem hellen Vorhang des Esszimmerfensters der runde, schwarze Topfdeckel deutlich ab. Das Kind hat ihn gerade demonstrativ gelüftet, wobei eine üppige Dampfwolke aus dem Topf entweicht. Die Perspektive der Kamera zeigt deutlich die dunkle Öffnung des großen Wrasenabzuges über dem Herd, in deren Richtung die Schwaden aufsteigen. Aus der Öffnung hängt die Schnur eines Zugschalters für den elektrischen Ventilator heraus, der oben in der Haube sitzt.

Der Wrasenabzug im Haus F. ist kein kompaktes Industrieprodukt. Er besteht aus einer voluminösen schwarzen Blechkiste, die auf einem weißen Rahmen ruht. Sie ist genauso tief wie die Arbeitsfläche

Abb. 44: Küchentechnik in Aktion, SW 04/1961

und doppelt so breit wie der Herd, über dem sie angebracht ist. In ihrer Form und Größe erinnert sie eher an den Abzug eines Kamins als an die schlanken Dunstabzugshauben, die in den folgenden Jahren in die Küchen Einzug halten sollten. Als Bedingung für offene Küchen wird häufig «besseres ‹Küchenklima›» durch «Einsatz moderner Küchentechnik» (SW 04/1961, S. 13) angeführt. In der offenen Küche im Haus F. kommt diese bereits zum Einsatz, in Gestalt des «gut funktionierenden Wrasenabzug[s], der mit einem elektrischen Ventilator versehen ist. Alle Kochdünste werden sofort abgezogen; sie dringen weder in die übrige Küche noch in den Wohnraum ein» (SW 04/1961, S. 14). Auch Architekt Farenholtz sah den entscheidenden technischen Faktor zur Platzierung der fensterlosen, offenen Küche im Zentrum des Hauses im «Miefquirl», der die Küchenabluft über das Dach ableitete.[82]

Wie die in den Wohnraum geschobene, geöffnete Küche erscheint die Dunstabzugshaube im Haus F. als Momentaufnahme eines Transformationsprozessea. Bereits seit den 1920er Jahren kamen in Europa in großbürgerlichen Haushalten elektrische Ventilatoren in der Küche zum Einsatz, die entweder direkt ins Fenster oder in der Wand vor einem Lüftungsrohr eingebaut wurden. Diese Ventilatoren wurden in den 1960er Jahren als Massenprodukt aus Kunststoff für sechzig DM hergestellt (SW 02/1962, S. 51) und in *Schöner Wohnen* als erfolgreiche Lösung für die offene Küche vorgestellt (SW 06/1960, S. 10). Ventilatoren wurden auch mit voluminösen Absaugtrichtern zu ersten Dunstabzugshauben kombiniert. Wie im Haus F. verbaut, kosteten sie in dieser Zeit stolze 500 DM (SW 02/1962, S. 51) und wirkten im Gegensatz zu den später populären schlanken Geräten, die sich in den Oberschrank der Einbauküche integrieren lassen, ziemlich gewaltig. Diese Einbaugeräte – Ende der 1930er Jahre von der US-amerikanischen Firma Vent-a-Hood unter dem Namen *magic lung* zuerst vermarktet – waren hoch technisierte Apparate, die in ihrer regelbaren Saugleistung von bis zu 300 Kubikmeter Luft in der Stunde und besonders ausgebildeten Ansaugöffnungen in ihrer Leistung und Effizienz Ventilatorhauben bei Weitem übertrafen und dabei viel leiser waren (Maul 1962, S. 14). Der Einbau dieser Anlagen war weit günstiger, da sie auch als Umluft-Systeme erhältlich waren, für die kein Lüftungsschacht erforderlich war. Im Laufe der 1960er Jahre setzten sich die Hightech-Einbaugeräte mit Filtersystem und «Flutlicht», wie es in einer Werbeanzeige der Firma Gaggenau von 1963 heißt, durch (Abb. 45).

Die Dunstabzugshaube lässt sich als Alltagsgerät im Kontext einer Architekturbewegung der 1950er und 1960er Jahre sehen, die der Architekturhistoriker Laurent Stalder (2010) als «architecture of air» (ebd., S. 85) bezeichnet. Alison und Peter Smithson ersetzten in ihrem House of the Future (1956) die Tür durch einen Luft-Vorhang und das Handtuch durch einen Lufttrockner (ebd., S. 86). Haus-Rucker-Co entwarfen das Gelbe Herz (1968), ein pulsierendes, ballonartiges Nest für zwei mit einer Schleuse aus Luftringen. Yves Klein und Claude Parent befreiten durch die Einrichtung von Luftbetten und Luftdächern in ihrer Cité Climatisée (1961) das Wohnen von sämtlichen Hüllen. Stalder konstatiert eine konzeptuelle Verschiebung im Sinne modernistischer Bedürfnisse nach Offenheit und Transparenz, die Luft «in celebration of the destruction of the wall» (ebd., S. 87) zu einem räumlich wirksamen Akteur werden ließ.

82 Gespräch des Autors mit Christian Farenholtz, 03.12.2020, per Videocall.

Abb. 45: «Kochen ohne Gerüche ...». Dunstabzug der Firma Gaggenau, SW 11/1963

Die Kollision zweier Sphären, die sich im Haus F. vollzieht, wird auch in der Lichtsituation deutlich. Die indirekte Beleuchtung des Wohnbereichs bringt die rötlich braune, ruhige Maserung der Brasilkiefer-Verkleidung zum Leuchten, während die Leuchtstoffröhre der Küche kühl die weiße Decke anstrahlt. Im Zuge der Rationalisierung der Küche war diese als «laborähnlicher Arbeitsplatz für die Hausfrau» (Burckhardt 2003, S. 3) stilisiert worden. Für diesen Arbeitsraum wurde in der zeitgenössischen Küchenforschung «aus Gründen der Gleichmäßigkeit der Beleuchtung eine großflächige Lichtquelle (Leuchtstofflampe)» empfohlen, besonders «die Type ‹weiß› [...], weil ihr Licht der Küche eine besonders hygienisch-saubere Wirkung verleiht» (Gehrke-Marten 1962, S. 29–30). Die erst seit 1940 erhältlichen Leuchtstoffröhren erhellten bislang vor allem Büros, Produktionshallen und Werkstätten. Die Welt der abwaschbaren Oberflächen, der Neonröhren, des Edelstahls, der elektrischen Gerätschaften war bislang in der «Arbeitsküche» räumlich separiert und zusammengehalten worden (Hanisch und Widrich 1999, S. 24). Im Haus F. wirkt es jetzt, als sei aus dieser nun eine Wand herausgebrochen, als prallten die gemütliche Wohnwelt und die in Materialität und Ausstattung hoch technisierte Arbeitswelt unvermittelt aufeinander.

Diese Konfrontation folgt architektonischen Zielen, die bereits in den Diskursen der Avantgarde der 1920er Jahre formuliert wurden. Sigfried Giedion etwa setzte 1929 die Worte «Licht», «Luft» und «Oeffnung» mehrfach in eine weit geöffnete Fensterwand auf dem Umschlagbild seines Büchleins *Befreites Wohnen* und machte klar: «Es gibt keine isolierten Angelegenheiten mehr. Die Dinge durchdringen sich.» (Giedion 1929, S. 7) Als eine Bedingung dieser neuen räumlichen Freiheiten führte Giedion die technische Beherrschung des Klimas an, durch eine Heizung oder «einen zirkulierenden Luftstrom» (ebd., S. 8) innerhalb der Gebäudehülle. Seit dem frühen 20. Jahrhundert waren Zentralheizungen vor allem in gehobenen bürgerlichen Wohnhäusern verbreitet und wurden meist mit Kohle befeuert (Burckhardt 2003, S. 4). «Solange der Villenbewohner Hauspersonal hatte – Gärtner, Chauffeur, Dienstmädchen –, bedeutete das Anmachen, Nachfüllen, Entaschen usw. für ihn keine Komforteinbuße.» (Hake 1980, S. 98) Neu verfügbare günstigere Anlagen mit wartungsfreien Umwälzpumpen und automatisierter

Steuerung in den 1950er Jahren ließen diesen Komfort fortan der breiten Masse zuteilwerden. Im Neubau schnellte der Anteil an zentral beheizten Wohnungen von nur elf Prozent im Jahr 1955 auf bereits 83 Prozent im Jahr 1967 empor. Aufgrund des geringen Ölpreises und des vollautomatischen Betriebs löste die Ölfeuerung die Kohlefeuerung in diesen Jahren weitgehend ab (Soller, Munkelt und Angles 1998, S. 10). In *Schöner Wohnen* zeugt neben der Tatsache, dass fast alle Gebäude mit Ölzentralheizungen ausgestattet sind, vor allem die Vielzahl von Werbeanzeigen der Heizungshersteller davon, dass insbesondere im Eigenheim die zentrale Heizungs- und Warmwasser-Anlage in dieser Zeit zum Standard wurde. Eine Anzeige der Firma Krupp (Abb. 46) zeigt vor warmrotem Hintergrund ein duschendes Kind und abspülende Hände. Darunter sind

Abb. 46: «Mit KRUPP-KESSEL bestimmen Sie das Klima in Ihrem Haus», SW 08/1968

größer und aus naher Perspektive eine ernst in die Ferne schauende junge Frau im Profil und dahinter ein junger Mann in Anzug abgebildet, der ihr vertraulich zugewandt etwas gönnerhaft zulächelt. Eine Schreibschrift macht dazu die Verbindung gegenderter Rollenbilder und haustechnischer Entwicklungen augenscheinlich: «Ihrer Frau zuliebe ... Krupp-Kessel für Heizung und Warmwasser, ... damit sie es leichter hat! [...] Mit KRUPP-KESSEL bestimmen Sie das Klima in Ihrem Haus.» (SW 08/1968, S. 121) So wendet sich der Werbetext an den «Hausherren», der mit seiner Investition in einen Krupp-Kessel in patriarchaler Großzügigkeit die häusliche Arbeit erleichtert, ein warmes, komfortables Heim stellt und sich zugleich als Herrscher über das Klima in seinem Haus verstehen darf.

Die klimatechnischen Veränderungen hatten räumliche Konsequenzen, zum Beispiel hinsichtlich der Küche: Da der mit Holz oder Kohle gefeuerte Küchenherd traditioneller Wohnküchen zugleich auch als Wärmequelle diente, war in vielen Altbauten die Nutzung der Küche als Wohn- und Essraum naheliegend. Wie Lotte Tiedemann 1956 beschreibt, war die Wohnküche «bei den gegenwärtig üblichen Heizungsarten die billigste Wohnform, da gegebenenfalls eine Heizquelle – der Küchenherd – zum Kochen und Wärmen benutzt werden kann. [... So] würde erst ein grundsätzlicher Wandel unserer Heizungsarten die Wohnküche aussterben lassen.» (Tiedemann 1956, S. 33) Dieser Wandel erfolgte in den 1960er Jahren tatsächlich, allerdings folgten andere räumliche Konsequenzen, als von Lotte Tiedemann vorausgesehen. Der kontinuierliche Wärmestrom durch eine Vielzahl individuell regelbarer Radiatoren und Fußbodenheizungen führte – wohlgemerkt bei steigendem Wohlstand und günstigem Ölpreis – dazu, nicht mehr nur einzelne Zimmer zu beheizen, deren Türen man tunlichst geschlossen hielt, sondern großzügige und zueinander offene Räume behaglich zu temperieren.

Haushalt und Geräte

Die Eigenheime waren in *Schöner Wohnen* in einen stetigen Strom von Berichten über und Anzeigen für Haushaltsgeräte eingebettet (Abb. 47). Der Weg in die Eigenheime war das vorrangige Ziel dieser Geräte; hier gab es eine Vielzahl von wiederkehrenden Arbeiten in Haus und Garten zu erledigen, den Platz, die Geräte unterzubringen, und eine Klientel, die die finanziellen Mittel hatte, sie zu bezahlen, und sich durch diese zugleich als progressiv darstellen konnte (Eberhard 2011, S. 66).

Die großzügigen, offenen, hellen Räume brachten neue Anforderungen in Sachen Sauberkeit, denn «bei viel Sonnenlicht sieht man natürlich auch den Schmutz besser» (Noell 2014, S. 10). Die «Période du Vacuum-cleaning»[83] begann jetzt auch für die breite Mittelschicht, denn ein Handstaubsauger ließ sich Anfang der 1960er Jahre schon für hundert DM bekommen (SW 09/1962, S. 126). An diesem Apparat werden wechselseitige Abhängigkeiten von Architektur, häuslicher Arbeit und technischen Gerätschaften deutlich: Architektonische Elemente, die zuvor eher in Haushalten mit üppiger finanzieller und dementsprechend

Abb. 47 (nächste Doppelseite): Das ganze Spektrum der Haushaltsgeräte, SW 10/1971

83 Matthias Noell (2014, S. 10) zitiert mit dieser Bezeichnung Amédée Ozenfant: *Mémoires 1886–1962*, hg. v. Katia Granoff, Paris 1968, S. 103. Ozenfant bezieht sich auf die Zeit von 1918 bis 1925 (ebd., S. 258).

Haushaltsgeräte

FARBIG WIE NOCH NIE

Zwei von drei Hausfrauen wirken in weißen Küchen: weiße Wände, weiße Wandschränke, weiße Haushaltsgeräte – obwohl die Psychologen längst herausgefunden haben, daß Farbe die Arbeitsfreude beflügelt. Eine sonnengelbe Kaffeemühle ist nicht nur einer der vielgerühmten kleinen Helfer, sondern zugleich Dekor für die Küche. Eine Kochplatte, deren Gehäuse rot oder blau emailliert ist, scheint nicht für eine Arbeit, sondern für eine heitere Beschäftigung geschaffen. Der große Bodenstaubsauger sieht mit einem farbigen Kunststoffgehäuse wie ein leicht bewegliches Spielzeug aus. Wer ungern bügelt, erledigt diese Arbeit souverän mit einem Eisen in Königsblau. Einzelheiten und Preise Seite 346

personeller Ausstattung zum Einsatz kamen, wurden jetzt in Häusern verbaut, in denen es keine Hausangestellten zum Putzen, Ausklopfen und Staubwischen gab. Das war nur praktikabel, da technische Gerätschaften wie der Staubsauger diese Arbeit erleichterten. Die Fähigkeiten der Haushaltsgeräte riefen auch neue architektonische Erscheinungen hervor. So wäre zum Beispiel der Einbau von verklebten Teppichbodenbelägen wie des vollflächig im Wohnbereich des Hauses F. verlegten Sisal-Bouclés ohne Teppichsauger undenkbar, schließlich ließen sich die Krümel unter dem Esstisch schwerlich per Hand aus den fix verklebten Bouclé-Schlaufen pulen.

Die technischen Grundlagen vieler Apparate waren bereits lange vor dem Geräte-Boom der 1960er Jahre gegeben, der sich in den Produktpräsentationen der *Schöner Wohnen* nachvollziehen lässt. Doch wie Meyer und Schulze (1990) herausstellen, erfolgte deren Entwicklung in ganz unterschiedlichem Tempo: Waschmaschinen hielten erst im Laufe der 1960er Jahre allmählich Einzug in die Wohnungen, bis Ende der 1970er Jahre verfügten nur 80 Prozent der Haushalte über einen Wasch-Vollautomaten. Dabei waren die Prinzipien der elektrischen Wärmeerzeugung und des motorischen Antriebs schon im 19. Jahrhundert klar und Waschmaschinen seit den 1920er Jahren marktreif. Auch Elektro- und Gasherde waren bereits seit Jahrzehnten entwickelt, während im Laufe der 1950er Jahre immer noch eine große Zahl mühsam zu betreibender Kohleöfen die Töpfe in bundesdeutschen Küchen erhitzten. Bei der Unterhaltungselektronik dagegen erfolgte die Verbreitung sprunghaft, Radiogeräte fanden in den 1930er Jahren und Fernsehgeräte in den 1950er Jahren binnen weniger Jahre nach ihrer Marktreife millionenfachen Absatz. Weshalb hatten Mitte der 1960er Jahre etwa zwei Drittel der Haushalte ein Fernsehgerät, aber nur die Hälfte eine Waschmaschine? Ein Grund für diesen Verlauf technischer Innovation liegt für die Autorinnen in patriarchalen Marktstrukturen, die einen höheren Absatz von Unterhaltungselektronik versprach. Schließlich verfügte der «Hausherr» in den meisten Haushalten über Geld und Entscheidungsmacht – und damit zuerst über ein Fernsehgerät (ebd., S. 104–108).

Auffällig ist, dass in *Schöner Wohnen* Elektronik und Werkzeuge häufig von Männern benutzt werden, während sich das technische Angebot für Frauen weitgehend in Küchengeräten erschöpft. Alexandra Staub (2016) sieht darin eine Veränderung im Verhältnis zu vorherigen Darstellungen von Gender und Technik, die mit der patriarchale Familienmodelle stärkenden Wohnungsbaugesetzgebung einhergeht:

> «Wo die Hochmoderne Frauen mit Bobs neben stark motorisierten Autos abbildete, verschoben sich diese Bilder in der Nachkriegszeit zu stylisch gekleideten Frauen, die sich an den Annehmlichkeiten einer elektrifizierten Küche erfreuten. Der Fokus auf häuslicher Mechanisierung als Symbol einer ‹modernisierten› Frau erlaubte es den Gesetzgebenden, sozialem Wandel auszuweichen und Schritte hin zu einer sozialen Ermächtigung der Frauen zu vermeiden.» (Ebd., S. 179)

Die allgegenwärtige Reklame für Haushaltsgeräte, deren Vorstellung auch wesentlicher Teil des redaktionellen Inhalts war, suggerierte, dass diese Apparate die häusliche Arbeit ohne weiteres Zutun völlig allein verrichten würden. So heißt es zum Teppichklopfen in einer Anzeige für ein Gerät zur Teppichreinigung: «Hoover fand einen neuen Weg, der den Hausfrauen diese mühevolle Arbeit abnimmt. Hoover klopft, bürstet und saugt Ihre Teppiche in einem einzigen Arbeitsgang, auf einem elastischen Luftpolster, schnell, schonend und gründlich» (SW 05/1961, S. 5). Die scheinbare Effizienzsteigerung durch «Zeitersparnisse» in der häuslichen Arbeit ist das zentrale Werbeversprechen der unzähligen technischen Geräte, die in der Zeit des beginnenden Wirtschaftswunders in allen erdenklichen Farben und Formen die Haushalte fluteten.

Die Werbeversprechen der «Zeitersparnis» erfüllten sich nicht. «Hausarbeit läßt sich wie Gummi dehnen», argumentiert die feministische Autorin und Aktivistin Betty Friedan (1966, S. 157). Die neuen Apparate trugen dazu bei, indem sie neue Arbeit erzeugten, «weil ihr bloßes Dasein ihren Einsatz erfordert: in der Tiefkühltruhe müssen grüne Bohnen eingefroren werden, und die raffinierten Mixer-Rezepte mit Kastanienpüree, Kresse und Mandeln kosten mehr Zeit, als bloß ein Kotelett in die Pfanne zu hauen» (ebd., S. 158). Meyer und Schulze (1990) stellen für die bundesdeutschen Nachkriegshaushalte einen weiteren Zusammenhang heraus: Der «zunehmende Maschinenpark» ermöglichte zwar, «daß die Hausfrau diese Arbeiten allein [...] bewältigt». Doch auf diese Weise «führte die Technisierung zu einer zunehmenden Festschreibung der Hausarbeit auf Frauen und einer Festigung der traditionellen Arbeitsteilung der Familie» (Meyer und Schulze 1992, S. 123).

Zugleich dehnten sich auch die Häuser wie Gummi. Mit zunehmender Technisierung der Haushalte verdoppelte sich die Wohnfläche der Einfamilienhäuser beinahe; hatte sie Mitte der 1950er Jahre noch bei 65 Quadratmetern gelegen, mussten Mitte der 1970er Jahre 115 Quadratmeter versorgt werden (von Roncador 2006, S. 62). Für «die perfekte Bodenpflege im Handumdrehen» empfahl dazu eine Reklame das Pflegemittel Glänzer Edelwachs: «Ihr Boden erscheint Ihnen nur noch halb so gross.» (SW 03/1967, S. 223)

Das mit technischen Hilfsmitteln und Pflegeprodukten gesteigerte maximale Arbeitspensum der «Hausfrau» wurde als limitierende Rahmenbedingung in den Entwurf der Eigenheime mit einbezogen. Vielfach wurde das «leicht zu bewirtschaftende Haus» (SW 11/1961 S. 3) thematisiert: Unter dem Titel: «Ein Haus, das wenig Arbeit macht», wird ein 120 Quadratmeter großes Exemplar gezeigt: «Das Haus ist von der Hausfrau bequem zu bewirtschaften: Es hat keine Treppen im Wohn- und Schlafbereich.» (SW 12/1961, S. 12) Ein anderes von 150 Quadratmetern ist gerade «klein genug, damit man es ohne fremde Hilfe bewirtschaften kann» (SW 02/1963, S. 79).

Ein weiteres Haus misst neunzig Quadratmeter, es «sollte der Hausfrau keine unnötigen Arbeiten machen, denn sie wollte es ohne Hilfe bewirtschaften. Keine überflüssigen Räume also, gut ausgenutzte und leicht zu bedienende Küche – das war, kurz ausgedrückt, das Bauprogramm» (SW 12/1960, S. 17). Später titelt die Zeitschrift: «In diesem Haus braucht die Hausfrau keine fremde Hilfe», schließlich «baute ein junges Architekten-Ehepaar ihr Haus so, daß die Hausfrau es ganz allein bewirtschaften kann» (SW 05/1961, S. 3). An anderer Stelle wird als Entwurfskriterium herausgestellt, dass ein Haus «so leicht zu bewirtschaften ist, daß der Hausfrau genug Zeit bleibt, die Kinder zu betreuen» (SW 10/1962, S. 82). Das wachsende Arsenal an Haushaltsgerätschaften und das Gesellschaftsbild jener Zeit griffen ineinander und wirkten sich auf Materialität und Größe der Bauten ebenso aus wie auf räumliche Entwurfsentscheidungen.

Die Materialität der eigenen vier Wände

Die Kinder sind bereits im Bett. Die Jacobsen-Stühle, auf denen sie mittags beim Essen saßen, sind vor dem Cembalo aufgestapelt. Der Esstisch ist abgeräumt, die weißen Fronten der Küche strahlen im Hintergrund. Herr und Frau F. sitzen einander im Wohnbereich gegenüber, sie hat ein illustriertes Buch auf den Knien, er hat sich eine Zigarette angezündet und schaut mit in die Abbildungen. Er hat einen Aschenbecher auf dem Beistelltisch bei der Hand und trägt eine bequeme Strickjacke, sie einen feinen Wollpullover. Während die Othmarschener Umgebung vom Dunkel verschluckt wird, scheint es, als blicke man in einen Schaukasten auf ein häusliches Leben im Inneren, das zugleich Weltläufigkeit und Gemütlichkeit ausstrahlt (Abb. 48).

Abb. 48: Der abendliche Blick durch die Gartenfassade des Hauses F., SW 04/1961

Großes Glas

Der abendliche Blick durch die Gartenfassade war der Redaktion offenbar so wichtig, dass ein zweiter Fotograf abends erneut nach Othmarschen fuhr, um die Aufnahme für das Titelbild der Reportage zu machen. Indem eine Außenaufnahme zu einer Innenraumdarstellung wird, schöpft die Perspektive die visuelle Kraft der großflächigen Glasfront voll aus. Die Art der fotografischen Inszenierung erinnert an Julius Shulmans ikonische – und ebenfalls etwas voyeuristisch wirkende – Nachtaufnahme von Pierre Koenigs Case Study House #22 nahe Los Angeles, das im gleichen Jahr wie Haus F. fertiggestellt wurde. Die Fotografie, in der

Shulman das «Wohnen als Schaustück» (Nicolai 2019, S. 153) ins Bild setzte, wurde 1960 zuerst publiziert und gehört zu den meistreproduzierten Architekturfotografien. Auch andere modernistische Klassiker wie Philip Johnsons Glass House wurden in nächtlicher Außenperspektive mit atmosphärisch erleuchtetem Interieur abgebildet, als gelte es, dem kühlen Image dieser Bauten archaische Gemütlichkeit entgegenzusetzen (vgl. Köhler 2004, S. 42). Diese Perspektive wurde in den folgenden *Schöner Wohnen*-Ausgaben häufig eingesetzt. Sie etablierte eine Architekturfotografie, die weniger das Haus als das Leben darin abbildet und die so das Häusliche mit der Glasfassade, die diesen Einblick ermöglichte, verband.[84]

Nicht nur die Glasfassaden öffentlicher Gebäude halfen in der jungen Bundesrepublik bei der «Inszenierung der gutgekleideten Besucher im erleuchteten Foyer», die das «Konzept einer sich weltoffen gebenden Gesellschaft» (Noell 2014, S. 7) unterstreichen sollte. Auch die großformatigen Fensterscheiben vieler der in *Schöner Wohnen* porträtierten Eigenheime dieser Jahre waren Teil der Inszenierung des modern eingerichteten Wohnens und passten zum Wertesystem der bürgerlichen Nachkriegsgesellschaft. Was der Architekturhistoriker Anthony Vidler zur «Wohnmaschine» formulierte, gilt für die private gläserne Architektur der Nachkriegszeit in besonderem Maße: «[I]hre Wände verbergen keine Geheimnisse; sie ist der Inbegriff gesellschaftlicher Sittlichkeit.» (Vidler 2002, S. 269) Doch weshalb traten Glasfassaden erst in den 1960er Jahren in so großer Zahl auch in einfacheren Architekturen in Erscheinung?

Großformatige Glasscheiben kamen in den 1920er und 1930er Jahren in Wohnhäusern vor allem dort zum Einsatz, wo Baukosten eine untergeordnete Rolle spielten. Das seit Beginn des 20. Jahrhunderts im Ziehverfahren hergestellte günstige Flachglas für Fensterscheiben «ist nur in kleineren maßen herstellbar, ist uneben und wellig und enthält blasen» (Gropius 1926, S. 162). Für bis zu sechs Meter lange Tafeln in verzerrungsfreier Qualität wurde Glas zu Kristallspiegelglas geschliffen und poliert. Ein ausgesprochen kostspieliges Verfahren, das für die «vollendete exaktheit und klarheit des edlen glasbaustoffes» (ebd., S. 162) nötig war, die Walter Gropius und seine Zeitgenossen begeisterte: Dieser schwärmte in seinem Text «glasbau» von «bauten mit im lichte glitzernden prismenwänden und -decken oder mit großen nahtlosen spiegelglasscheiben» (ebd., S. 162), die er als «epochemachend» bezeichnete (ebd., S. 162). Die entscheidende Veränderung brachte ab 1960 sogenanntes Floatglas, das glühend auf einem Bad flüssigen Metalls schwimmend dessen plane Oberfläche annahm, sodass großformatige und spiegelglatte Fenstergläser kostengünstig hergestellt und in alltäglichen Architekturen verbaut werden konnten (Stark und Wicht 2012, S. 136). Zugleich vervielfachte sich der Umsatz der Glasindustrie von 495 Millionen DM 1950 auf 3,25 Milliarden DM 1967 (H. Möller 2001, S. 13).

Auch Fensterrahmen sollten noch günstiger werden. In den 1960er Jahren kamen die ersten Kunststofffenster auf den Markt und dominierten bereits zwanzig Jahre später die Fensterproduktion (Klos 2014, S. 255). Lange brachten große Glasflächen neben ihrem

84 Die Fotografie Shulmans erschien zuerst am 17. Juli 1960 auf dem Cover des *L.A. Examiner*. Kurz zuvor brachte die auch in der BRD rezipierte *arts&architecture* (05/1960) eine ähnliche Aufnahme Shulmans. In *Schöner Wohnen* wurde diese Art der Darstellung dann häufiger verwendet.

Preis ein weiteres Problem mit: Die Einfachverglasungen boten kaum Wärmedämmung, was bei niedrigen Außentemperaturen für die Behaglichkeit im Raum nachteilig war, zu Bauschäden durch Kondenswasserbildung und hohen Energiekosten führte. Auch diesbezüglich führte eine neue technische Entwicklung zu einer alltagstauglichen Lösung. Das Mehrscheiben-Isolierglas, bei dem zunächst zwei durch eine isolierende Luftschicht getrennte Glasscheiben am Rand verbunden wurden, war in Deutschland bereits in den 1930er Jahren patentiert worden, fand aber erst in der Nachkriegszeit weithin Verbreitung (Stark und Wicht 2012, S. 137). Das US-amerikanische Isolierglassystem Thermopane, bei dem zwei Glasplatten mit Bleiprofilen randverlötet wurden, wurde ab 1952 in der BRD in Lizenz produziert und bald zum Synonym für Isolierglas. Wie das randverklebte System Cudo (Kunzendorfer Doppelglas) und das günstigere Gado, bei dem die Ränder zweier Flachglasscheiben – wie in einer Werbeanzeige präsentiert – miteinander verschmolzen wurden (Abb. 49), kamen diese Gläser zuerst in Bürogebäuden und im großmaßstäblichen Wohnungsbau zum Einsatz (Dorsemagen 2004, S. 141). Mit sinkenden Preisen und gezielten Werbekampagnen auch in *Schöner Wohnen* eroberten die Isoliergläser zunehmend den Eigenheimmarkt und verhalfen großen Glasflächen in diesen Architekturen zur Alltagsreife.

Selbst in privilegierter Park-Lage waren die großen Glasflächen der Moderne der 1920er Jahre nicht allen geheuer. Edith Farnsworth, Hausherrin des gleichnamigen ikonischen Hauses, klagte angeblich über den Bau: Er sei unbewohnbar, da «durchsichtig wie ein Röntgenbild» (Schock 2002, S. 15). Mit den eng bebauten Eigenheimsiedlungen der Nachkriegszeit waren die weiten Öffnungen nur bedingt kompatibel. Das zeigt sich auch am Haus F., das in Richtung der Straße nur eine Reihe winziger, schießschartenartiger Fenster aufweist. Die Straßenfassade ist hier die geschlossene Rückseite, die Carola Ebert (2019, S. 275) in ihrer Untersuchung bundesdeutscher Bungalows als typische janusköpfige Disposition der medial zumeist offen und transparent dargestellten Bauten beschreibt.

An den großzügigen Fenstern zum Garten sind Vorhänge angebracht, die sich gar nicht vollständig aus der Öffnung herausschieben lassen. Wenngleich im Text der Reportage betont wird, dass die Gartenseite des Hauses an eine Weidefläche grenzt, die als Landschaftsschutzgebiet auch gegen zukünftige nachbarschaftliche Blicke von Süden her schützt, so gibt es unmittelbar benachbarte Bauten im Osten und Westen der Parzelle. Die *Curtain Wall* aus Glas bedurfte also wirklicher Vorhänge, die den nächtlichen Einblick zur Ausnahme machten. Tatsächlich sind die meisten der in *Schöner Wohnen* porträtierten Häuser mit großen Glasflächen weniger offen, als sie sich auf den Abbildungen geben. «Filterung und Abschirmung sind stetige Begleiter der immer größer werdenden Glasflächen der Architektur des 20. und 21. Jahrhunderts» (Noell 2014, S. 9). Besonders die Öffnungen der Eigenheime sind «hochgradig abgeschirmt und bleiben einem privaten Umfeld vorbehalten» (Ebert 2016, S. 228), denn sie liegen nicht wie ihre viel publizierten architektonischen Vorbilder in einem weitläufigen Park vor Blicken verborgen. Ihre Parzellen sind zumeist gerade so groß, wie es das knappe Budget erlaubte, und die Augen der Nachbarn dementsprechend nah.

Sichtschutzsysteme sind in unterschiedlichen architektonischen Kontexten seit Jahrhunderten erprobt. Jalousien haben ihren architekturgeschichtlichen Ausgangspunkt bereits in den Muschrabîya,

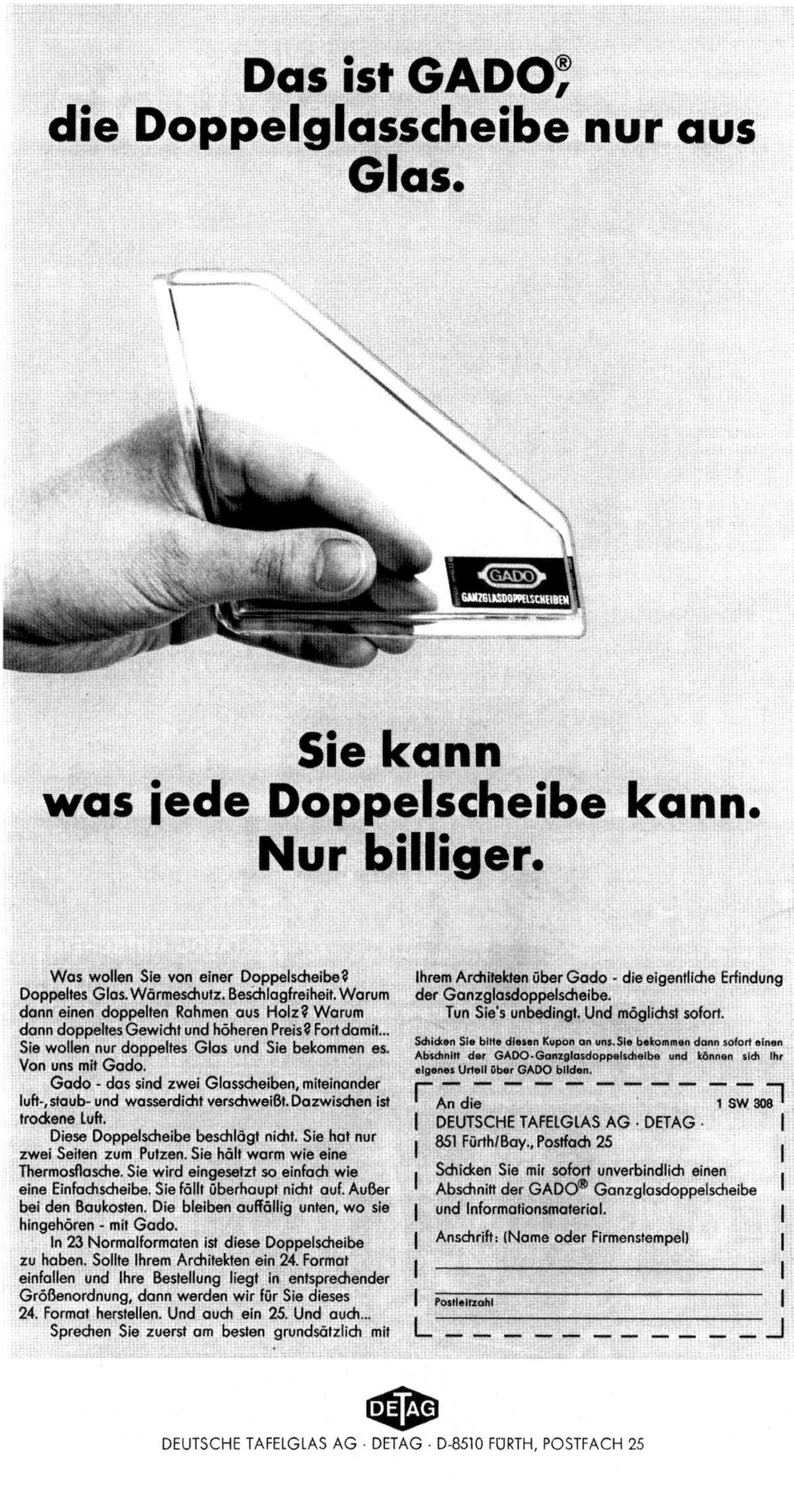

Abb. 49: «Gado – die eigentliche Erfindung der Ganzglasdoppelscheibe», SW 09/1967

geschnitzten Holzgittern an den Fenstern spätosmanischer Paläste, wo sie nicht nur für Sonnenschutz und Belüftung sorgten, sondern auch dafür, dass aus den privaten Gemächern zwar hinausgeblickt, von außen aber nicht hineingeschaut werden konnte. Die Mechanik der Jalousie, durch die sich die Lamellen in ihrer Neigung verstellen und hochraffen lassen, ist in Europa seit Mitte des 18. Jahrhunderts belegt. Mit zunehmender technischer Ausreifung wurde sie häufiger in bürgerlichen Privathäusern installiert. In den 1930er Jahren war der technoide Chic neu entwickelter Aluminiumjalousien ein populäres architektonisches Element, so etwa im Crystal House, das George Fred Keck und Leland Atwood für die Ausstellung *A Century of Progress* 1934 in Chicago planten. Aber erst als im Laufe der 1960er Jahre Massenfabrikation und der Einsatz von Kunststoffelementen die Jalousien kompakter, leichter und vor allem günstiger machte, fanden sie den Weg in das alltägliche Wohnen (Köhler 2009, S. 64–65).

Auch andere Sichtschutzsysteme wurden in den 1950er und 1960er Jahren technisch weiterentwickelt. Vertikale Lamellenvorhänge, semitransparente Synthetikvorhänge und die von *Schöner Wohnen* zum Erfolg gebrachten Raffstoren aus plissiertem Stoff eroberten den Markt (Kremerskothen 2018). Vorhänge und Gardinen hatten eine weitere Funktion, denn die gläsernen Fassaden wurden nicht nur von ihren Kritikern als «ungemütlich» beschrieben. Adolf Behne, früher Verfechter der «Glasarchitektur», sah darin sogar ihre Qualität: «Die Glasarchitektur hebt den geistlosen Beharrungszustand der qualligen Gemütlichkeit, in der alle Werte stumpf und matt werden, auf und setzt an ihre Stelle den Zustand eines hellen Bewußtseins, einer kühnen Aktivität und eines Schaffens immer neuer, immer schönerer Werte.» (Behne 1919, S. 67f.) Dass viele Menschen anders dachten, offenbart die Werbung für Vorhangstoffe und Gardinen, die beachtliche Teile der Anzeigenspalten in *Schöner Wohnen* füllte. So heißt es hier (Abb. 50): «Gardinen aus ‹Diolen› sind bei höchster Reißfestigkeit und Sonnenbeständigkeit besonders feinfädig und transparent. Sie filtern das Licht und machen den Raum behaglich.» Die Abbildung zeigt eine Wohnzimmereinrichtung mit Polstergarnitur in einer vollständig mit bodentiefen Fenstern versehenen Raumecke. Draußen im Hintergrund sind schemenhaft weitere Gebäude zu sehen. Die Fenster sind gleich dreifach mit Sonnen- und Sichtschutz versehen: Außen sind horizontale Lamellen der Jalousien erkennbar, innen sind die beworbenen transluzenten Diolen-Gardinen zugezogen und am Rand der Fensteröffnung hängen noch zusätzlich blickdichte Vorhänge mit grünem Pflanzenpattern auf gelbem Grund parat. Deutlich wird hier in Bild und Text, wie durch Vorhänge die Glasfassaden der Wohnhäuser dieser Zeit mit einer wohnlichen inneren Hülle ausgekleidet wurden. Bemüht schien man in der Redaktion darum, das Element des Vorhangs von seiner biederen Konnotation zu befreien und in modernistische Gestaltungskonzepte zu integrieren. So heißt es in *Schöner Wohnen*: «Der Vorhang der modernen Wohnung soll eigentlich auch als Fläche wirken, uni sein, also nur eine Struktur haben.» (SW 11/1960, S. 41) Wo die Sichtschutzsysteme nicht als technisch wirkende Jalousie oder abstrakte Stofffläche in das architektonische Bild passten, versuchten die zu einem kompakten Paket zusammenraffbaren Storen und die leise in verborgenen Schienensystemen laufenden Gardinen förmlich, sich selbst unsichtbar zu machen. Möglichst praktisch, robust und pflegeleicht hervorgleitend vermittelten sie im Konflikt zwischen gläserner Weltoffenheit und direkter Nachbarschaft, zwischen modernistischem Ausdruck und gemütlichem Eindruck und machten die Glasfassade mit dem westdeutschen Eigenheimalltag kompatibel.

Abb. 50: «Gardinen aus ‹Diolen›: Waschen – aufhängen – fertig!», SW 08/1962

Abwaschbare Architektur

Das Wohnzimmer im Haus F. ist ein mit Bedacht gestalteter Raum. Die holzgetäfelte Decke, das ziegelrote Sichtmauerwerk, die in Leinen und Leder gebundenen Buchrücken, der braune Spannteppich aus Sisal-Bouclé und die dunklen Hölzer des Cembalos und des Arbeitstisches hüllen den Raum in eine warme Atmosphäre (Abb. 51). Die Küche lässt sich dagegen mit den Attributen glatt und abwaschbar beschreiben (Abb. 52). Die Wände sind mit weißen, quadratischen Kacheln gefliest, die Arbeitsfläche besteht aus einer weiß beschichteten Resopalplatte, deren Kanten mit schwarzen Kunststoffumleimern gefasst sind. Auch die

Abb. 51:
Das Wohn- und Arbeitszimmer im Haus F., SW 04/1961

Fronten der Einbauküche sind aus weiß beschichtetem Holzwerkstoff hergestellt. Die Griffe der Schranktüren sind mit kreisförmigen Blechen hinterlegt und ebenso wie die Spüle und der darüber angebrachte kleine Boiler aus Edelstahl gefertigt. Der Boden ist mit den gleichen Klinkerplatten belegt wie der Hausflur und das Bad. Bemerkenswert ist, dass die Küche dabei keinesfalls so clean gestaltet ist, dass sie wie ein Fremdkörper wirkt. Ganz im Gegenteil scheint es, als solle durch die runden Formen der Schranktüren, der Griffe und des AEG-Kühlschranks technoide Kantigkeit vermieden werden.

Die Arbeitskraft einer Person als Faktor für die räumliche Größe und materielle Gestaltung des Hauses machte das Attribut *pflegeleicht* zur entscheidenden Materialeigenschaft der Stunde. *Pflege* ist dabei ein

Abb. 52: Die Küche im Haus F., SW 04/1961

Abb. 53: «Da kann man toben, tollen und auch mal mit dem Tomahawk auf den Tisch schlagen – Resopal ist stärker!», SW 06/1970

euphemistischer Ausdruck für Putzen, bei dem ein Aspekt der Werterhaltung mitschwingt. Die im Wort suggerierte Leichtigkeit trifft den gleichen Tenor wie das «elastische Luftpolster» im oben zitierten Werbetext. Die erfolgreichen Bodenbeläge dieser Zeit punkteten besonders mit ihrer «Pflegeleichtigkeit» und waren häufig aus Kunststoffen hergestellt. Acrylfasern wie Dralon, das der Chemiekonzern Bayer 1954 auf den Markt brachte, oder Polyesterfasern wie Diolen, das die Glanzstoff AG seit 1951 produzierte, wurden auch zu Teppichen verarbeitet. Die Kunststofffasern waren verhältnismäßig günstig; der Quadratmeter Kunststoffteppich kostete ohne Einbau circa dreißig DM – nur ein Drittel eines Markenteppichs aus Wolle (SW 09/1961, S. 73). In stärker beanspruchten Räumen setzten sich PVC-Beläge wie das seit 1950 hergestellte Pegulan durch. Inklusive Verlegearbeit kostete Pegulan mit dreizehn DM knapp die Hälfte des Kunststoffteppichs und war Anfang der 1960er Jahre der verbreitetste PVC-Fußbodenbelag.[85] Bemerkenswert ist, dass die Pegulan-Werbeanzeigen «unverwüstlich und anspruchslos» als wesentliche Eigenschaften eines «modernen» Bodenbelags anführten.

Die neuen Kunststofffasern wurden auch zu günstigen Gardinen verarbeitet. Diese liefen in verdeckten Kunststoffschienen mit Zugsystemen, aus denen sich die gesamte Gardine angeblich mit zwei Handgriffen ausklinken, samt waschbarer Kunststoffgleiter und eingewebter Bleischnur im unteren Saum waschen und nass wieder aufhängen ließ. So heißt es im Text der zuvor schon beschriebenen Anzeige: «Gardinen aus ‹Diolen›: Waschen – aufhängen – fertig!» (Abb. 50); die Produktanzeigen versprachen unzerstörbare Gardinen, die sich quasi von selbst pflegten.

85 Siehe *boden wand und decke* 03/1958, S. 225; siehe auch SW 09/1966, S. 251.

Wie kein anderes Produkt steht Resopal für die «pflegeleichten» Oberflächen der Nachkriegszeit und avancierte vom Markennamen zum Gattungsbegriff für Schichtstoffplatten, die aus mehreren mit Kunstharz imprägnierten Papierlagen gepresst wurden. Unter dem namensgebenden farblosen Harz (lat. *resina pallida*) konnten beliebig gestaltete Dekorpapiere eingelegt werden (Lattermann 2006, S. 11f.). Dieses Herstellungsverfahren kam bereits in den 1930er Jahren zum Einsatz, aber erst jetzt wurde das «Plastik-Material von Wert und Dauer»[86] zu einem der «dominierenden Produkte des Innenausbaus der Nachkriegszeit» (van Aaken 2014, S. 11). Es kam als Oberfläche von Sparkassentresen, Einbauküchen und Wohnzimmermobiliar gleichermaßen zum Einsatz und gilt längst als Kultprodukt dieser Zeit. Wie der Pegulan-Bodenbelag verknüpfte auch Resopal in der Produktwerbung den Begriff der Moderne mit Robustheit im Alltag. So wird in einer Werbeanzeige (Abb. 53) eine komplette Kinderzimmereinrichtung samt Rutsche aus zeitgemäß gestalteten Resopalmöbeln in markantem Rot präsentiert, während das dazugehörige Personal – eine junge Frau und zwei Kinder – passend zum Wanddekor in blütenweißem Dress posieren. Die Szene wirkt weniger wild als der Text, der verspricht: «Da kann man toben, tollen und auch mal mit dem Tomahawk auf den Tisch schlagen – Resopal ist stärker! Kein Wunder: es ist eben ein modernes Material – für moderne Menschen.» (SW 06/1970, S. 154)

Neben dem praktischen Aspekt hatte der Erfolg des Werkstoffes Resopal und seiner Konsorten[87] eine weitere architektonische Implikation. Durch die Möglichkeit, alle erdenklichen Prints als Dekorfolie einzulegen und beliebige Strukturen einzuprägen, ließen sich günstigere Replikate vieler Materialien herstellen. Ob die Innenwandverkleidung in Palisanderdekor, die Badezimmervertäfelung in Kacheloptik oder eine marmorierte Küchenarbeitsplatte – Kunstharz und bedrucktes Papier, das mit dreidimensionaler Oberflächenprägung gepresst und auf günstige Trägermaterialien aufgebracht wurde, konnte fast alle Materialwünsche abbilden. Für die einen war das Verrat am Material, für die anderen eröffneten sich so ganz neue Wege der Gestaltung. Besonders denjenigen, die kein echtes Palisanderholz bezahlen konnten, ermöglichte «[p]flegeleichter Kunststoff in dekorativer Holztönung [...] Luxus-Atmosphäre, die erschwinglich ist» (SW 02/1972, S. 129), wie es ein Werbetext der Marley-Werke auf den Punkt brachte.

Das Wärmedämmverbundsystem

Zu bezahlbarer Behaglichkeit größerer, offenerer Grundrisse trug neben der zunehmend technisierten Wärmeerzeugung und der Verfügbarkeit bezahlbarer Isolierverglasungen auch das allmählich in Erscheinung tretende Thema Wärmedämmung bei, dessen bis heute bedeutsamste Materialien im Laufe der 1960er Jahre den Markt eroberten. Vor dem Hintergrund der günstigen Erdölpreise der 1950er Jahre wurde vielerorts an Kunststoffen geforscht. Der Badischen Anilin- & Sodafabrik (BASF) gelang es durch einen Zufall im Labor, Styrol mit Petroläther zu einer porigen Substanz aufzuschäumen, die 1952 als *Styropor* paten-

86 Werbespruch der H. Römmler AG von 1955, siehe Schneider und Flagge (2006, S. 59).
87 Schichtstoffplatten wurden auch unter den Markennamen Hornitex, Wirutex, Hamapal, Bekapol, Formica, Lagopal usf. vertrieben.

tiert wurde (Störi 1979, S. 17). Das Interesse war zunächst mäßig, aus Styropor wurden Weihnachtsbaumglöckchen und Rettungsringe hergestellt. Erst durch massive Werbekampagnen in Handwerkszeitschriften und PR-Spektakel wie «Styropor-Sonderschauen», die in aufblasbaren Traglufthallen veranstaltet wurden, gelang es, das Vertrauen der Baubranche in den zu 98 Prozent aus Luft bestehenden Stoff zu gewinnen (ebd., S. 50–51). In *Schöner Wohnen* warb die BASF seit Anfang der 1960er Jahre und verknüpfte das Attribut «modern» auch mit diesem neuen Material: «Vollwärmeschutz ist kein Luxus mehr: [...] mit STYROPOR baut und wohnt man modern.» (SW 09/1963, S. 54)

Besonders erfolgreich war die Styroporhäuschen-Kampagne, für die auch in *Schöner Wohnen* geworben wurde (Abb. 54). Ein großformatiges Foto zeigt eine Masse kleiner Klischee-Eigenheime aus Styropor im Scheinwerferlicht, darunter prangt der Slogan: «Sehen Sie, so sieht die Zukunft aus für jede Wohnung, jedes Haus». Was auch wie eine Drohung klingt, sollte potenzielle Bauherr*innen animieren, per Rücksendecoupon kostenfrei eines dieser Häuser zu bestellen, um an der Styropor-Zukunft teilzuhaben. Um die isolierende Wirkung des neuen

Abb. 54: «Sehen Sie, so sieht die Zukunft aus, für jede Wohnung, jedes Haus», SW 09/1968

Baustoffs zu erproben, wurde durch ein kleines Bild zum «Handtest» animiert: So konnte die neuartige Substanz begutachtet und hautnah erlebt werden, wie die in das eigens dafür bemessene Häuschen hineingelegte Hand allmählich wärmer wurde.

Um alle Zweifel auszuräumen und das Produkt endgültig in der Baubranche zu platzieren, wurde Ernst Neufert beauftragt, ein *Styropor-Handbuch* zu verfassen, das 1964 in Polythermfolie der BASF kaschiert als Mischung aus bauphysikalischem Konstruktionshandbuch und Werbebroschüre erschien. Styropor wurde in vielen Detaillösungen als Material dargestellt, «das durch eine bisher unbekannte Fülle von Vorteilen zur Verwendung als Dämmstoff im Hochbau prädestiniert ist» (Neufert 1964, S. 103). Doch obwohl es in der Darstellung Neuferts sämtliche bisher bekannte Baumaterialien in puncto Wärmedämmwert übertraf, bedurfte es einer weiteren Erfindung, die Styropor als Baustoff zum Durchbruch verhalf.

Am 18. Dezember 1959 meldete der achtzehnjährige Malergeselle Erwin Horbach ein Patent an. In diesem Dokument heißt es: «Die Erfindung bezieht sich auf Bauplatten [...] aus [...] Schaumkunststoff, gepressten Fasern od. dgl. und ist dadurch gekennzeichnet, dass sie mit einer oder mehreren sich über die ganze Platte erstreckenden Schichten aus einem wetterbeständigen, elastischen Material vorzugsweise aus Glasfasergespinst oder -gewebe verbunden ist, die ihrerseits eine Putz- oder Farbschicht tragen.» (Horbach 1959) Diese Kombination aus Styropor und einer harten, rissfest armierten Verputzschicht – heute gemeinhin als *Wärmedämmverbundsystem* bezeichnet – sollte das Äußere vieler alltäglicher Architekturen der nächsten Jahrzehnte prägen. Besonders die Ölpreiskrise 1973 leistete dem Thema Wärmedämmung wegen steigender Energiekosten wohl mehr Vorschub als die ebenfalls in dieser Zeit an Bedeutung gewinnende Umweltbewegung. So wurden verputzte Styroporplatten zur typischen Fassade vieler Eigenheime. Um thermisch bedingter Rissbildung vorzubeugen, wurden sie zumeist weiß angestrichen und verhalfen der fugenlosen Fassadenästhetik der «weißen Moderne» zu einem fragwürdigen Revival.

Gegenderte Räume

Architecture is a performative technique: it produces the subject that it claims to shelter.

– *Paul Preciado (2017)*

Architecture is a performative technique: it produces the subject that it claims to shelter.

– Paul Preciado (2017)

Ein patriarchales Ehe- und Familienideal bildet das strukturelle Fundament des Eigenheims. Wie in diesem letzten Kapitel herausgestellt wird, sind patriarchale Machtstrukturen nicht nur eine Grundlage für den Erfolg dieser Wohnform, sie haben sich auch in die Architektur der Eigenheime eingeschrieben. Im Gegenzug trug die Konfiguration der Räume dazu bei, diese strukturellen Machtgefüge zu festigen und fortzuschreiben. Dabei wurden Rollen wie die des «Hausherren» und der «Hausfrau» architektonisch (re)produziert, die auch zum Standardvokabular der erfolgreichsten Wohnzeitschrift jener Zeit gehörten.

Zweierlei Arbeit ist mit diesen Häusern verknüpft: Nämlich Reproduktionsarbeit, die Hannah Arendt (1998 (1960), S. 101) unter dem Begriff *labour* als «von der Notdurft des Körpers erzwungen[e]» Arbeit von der als *work* bezeichneten Produktionsarbeit unterscheidet, durch die etwas hergestellt wird, das «gebraucht und nicht verbraucht» wird (ebd., S. 161). Die Arbeit, die nötig war, um das alltägliche Ehe- und Familienleben im Eigenheim durch Backen, Bügeln, Falten, Fegen, Füttern, Gärtnern, Kochen, Nähen, Pflegen, Putzen, Rechnen, Saugen, Schälen, Schneiden, Stillen, Stopfen, Trocknen, Trösten, Waschen, Wecken, Wischen, Wringen etc. zu reproduzieren, nahm kein Ende, denn sie begann für die «Hausfrau» jeden Tag von vorn. Männer beteiligten sich an diesen Aufgaben kaum. Ihnen war die Rolle des «Patriarchen als Lohnsklaven» zugeschrieben (Even 1976, S. 151), dessen Autorität darauf beruhte, in der Regel alleine über das Einkommen der Familie zu verfügen. Werktags verließ er das Eigenheim, um auf oft weiten Arbeitswegen zur Stätte der Erwerbsarbeit zu gelangen und dort den Unterhalt der Familie und laufender Kredite zu erwirtschaften.

Beim folgenden Versuch, diese Wirkungszusammenhänge herauszuarbeiten, mache ich das Eigenheim der Familie D. im badischen Eggenstein-Leopoldshafen zum Ausgangspunkt der Beobachtung, an dem die Wechselwirkungen zwischen vergeschlechtlichten Rollenbildern und Eigenheimarchitektur deutlich werden. Im ersten Teil des Kapitels wird die städtebauliche Entwicklung des Ortes Eggenstein in der Nachkriegszeit mit den Themen Segregation und Mobilität konfrontiert, um strukturelle Fundamente der Vorstadt zu untersuchen. Im zweiten Teil des Kapitels wird das Haus D. vorgestellt und analysiert. Die Betrachtung zoomt von der Struktur des Gebäudes über die Ausformulierung der einzelnen Räume bis ins architektonische Detail immer tiefer in die Wirkungszusammenhänge, die zwischen vergeschlechtlichten Rollenzuschreibungen der 1950er und 1960er Jahre und den Eigenheimarchitekturen dieser Zeit bestehen.

Strukturelle Fundamente

Straßenzug um Straßenzug legen sich seit den 1950er Jahren neue Eigenheime um den Ort Eggenstein bei Karlsruhe (Abb. 55). Als die Zugezogenen gemeinsam mit den alten Eggensteiner*innen 1965 ein Jubiläum der Gemeinde feiern, blickt die Festschrift in einer Mischung aus Stolz und Unbehagen auf den in 1 200 Jahren Ortsgeschichte beispiellosen Zuwachs: «Einige Jahre nach dem Zweiten Weltkrieg entwickelte sich das Dorf unerwartet schnell. Zur Steuerung der Wohnungsnot [...] wurde 1949/1950 das Gewann ‹Wetterkreuz› zur Bebauung erschlossen. Wenige Jahre später wurde nördlich des Spöcker Weges und östlich der Bundesstraße weiteres Gelände zur Bebauung freigegeben und eine ganze Reihe weiterer Straßenzüge entstanden. Im Jubiläumsjahr stehen wieder 86 Bauplätze zur Verfügung und weiteres Baugelände befindet sich bereits in der Planung.» (Wack 1965, S. 41)

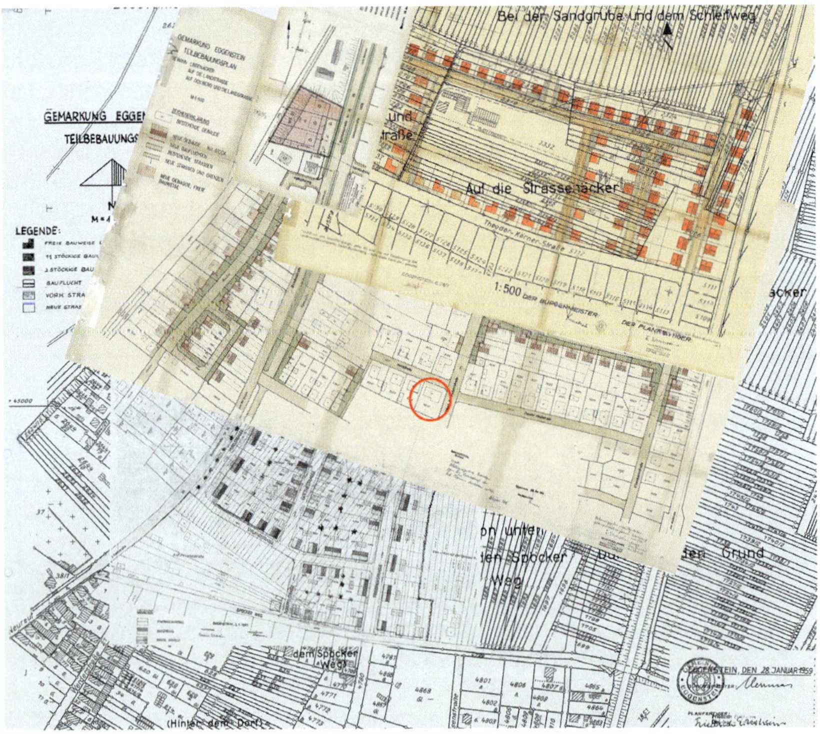

Abb. 55: Bebauungspläne der nördlichen Erweiterung Eggensteins in den 1950er und 1960er Jahren

Hypersegregation

Die auf den Feldern und Wiesen am Ortsrand Eggensteins neu ausgewiesenen Flächen waren ausnahmslos für Eigenheime vorgesehen. Das Haus der Familie D., das im Januar-Heft 1962 unter dem Titel «Wir hatten vier Dutzend Wünsche für unser Haus» vorgestellt wurde, gehörte zu den ersten dieser Neubauten (SW 01/1962, S. 50). Es wurde 1960 auf dem Gewann «Linsenäcker» in der neu angelegten Kantstraße nördlich des Spöckers Weges geplant und ist Teil einer sukzessive erweiterten Eigenheimbebauung, die die Einwohnerzahl Eggensteins von gut 3 000 in der unmittelbaren Nachkriegszeit auf über 4 500 Mitte der

1960er Jahre ansteigen ließ (Wack 1965, S. 41). Ein Grund für diese Entwicklung war die Lage des Dorfs am Rand der Stadt Karlsruhe, an die es durch die Bundesstraße 36 und später auch durch eine S-Bahn-Linie direkt angebunden war.[88]

Im Lead des Artikels werden die Bewohner*innen des Hauses kurz vorgestellt. Die vier Dutzend Wünsche stammen von Herrn D., Betriebsleiter in einer Forschungsanstalt, und Frau D., Zahnärztin mit Praxis im Haus. Da Herr und Frau D. in Einfamilienhäusern aufgewachsen sind, brächten sie «einige Übung für diese Form des Wohnens mit» (ebd.), weshalb sie für den Architekten Josef Peter Treitz[89] eine Liste mit 47 Wünschen aufgestellt hätten – doch dazu später mehr.

In zweifacher Hinsicht ist der Artikel eine Ausnahme: Das Haus ist eines der wenigen zu jener Zeit in *Schöner Wohnen* publizierten Beispiele der räumlichen Verbindung von Wohnen und Erwerbsarbeit und Frau D. ist eine von wenigen berufstätigen Frauen, die als Bewohner*innen eines Eigenheims vorgestellt werden. Die Trennung von Wohnung und Erwerbsarbeit bildet eine Grundfeste der Wohnform Eigenheim. Diese Dichotomie ist bereits in ihren historischen Vorbildern angelegt, schließlich war das Ideal der antiken Villa – auf dessen vorbildhafte Rolle für die räumliche Organisation der häuslichen Arbeit noch eingegangen wird – als «Ort der Musse» (Tönnesmann 2011, S. 27) vor den Toren der Stadt als Gegenbild zum städtischen Erwerbsleben konzipiert. Seit den 1920er Jahren wurde diese Trennung auf städtebaulicher Ebene durch modernistische Tendenzen funktionaler Segregation neu begründet, die zum Beispiel in der 1933 durch den vierten CIAM beschlossenen Charta von Athen Ausdruck fand. Auch wenn deren Ziele in ihrer Radikalität nicht realisierbar waren (Frampton 2004, S. 230), prägte die Doktrin der Funktionstrennung viele Stadtplanungen der Nachkriegszeit. Bis in die Gegenwart werden in Eggenstein Eigenheim-Baugebiete als «reine Wohngebiete» ausgewiesen.[90]

Die Konsequenzen dieser Entmischung sind in mehrfacher Hinsicht fatal: Offensichtlich sind die Folgen auf ökologischer Ebene durch das hohe Maß an Pkw-Verkehr, die Zersiedelung und die Flächenversiegelung. Doch neben der funktionalen Entmischung ging mit der Planung ganzer Siedlungen, die wie in Eggenstein ausschließlich für Eigenheime vorgesehen waren, vielerorts auch eine andere Ebene der Entmischung einher.

Hinter akkurat gestutzten Hecken und stabilen Zäunen sonderte sich in den neuen Wohngebieten das bürgerliche Milieu der Häuslebauer*innen – vorwiegend «jüngere, gut verdienende Ehepaare mit Kindern» (Häußermann und Siebel 1996, S. 236) – von jenen ab, die sich diese privilegierte Wohnform nicht leisten konnten oder die nicht in das idyllische Bild der Vorstadt passten. Die städtebauliche Planung «reiner» Eigenheim-Wohngebiete führt zu sozialen Ausgrenzungen, die Paul B.

88 Siehe Teilbebauungspläne Linsenäcker, Durch den Grund, 28.01.1959, sowie Linsenäcker, Auf die Landstraße und Auf den Berg und die Landstraße, 19.01.1965. Bau- und Liegenschaftsamt der Gemeinde Eggenstein-Leopoldshafen, Inventar-Nr. E3, E4. Siehe auch Pläne zum Bauantrag Wohnhaus Dr. D., Oktober 1959. Archiv der Baustatik der Gemeinde Eggenstein-Leopoldshafen, Inventar-Nr. E/A 2522f.

89 Josef Peter Treitz wurde in Kapitel 1 als Teil der *Schöner Wohnen*-Redaktion vorgestellt.

90 Siehe Teilbebauungsplan Auf dem Berg und die Landstraße, 15.01.1969, oder Bebauungsplan Quellengraben vom 06.05.2002, Bau- und Liegenschaftsamt der Gemeinde Eggenstein-Leopoldshafen.

Preciado (2018) als *Hypersegregation* bezeichnet, da sie entlang verschiedener Linien der Diskriminierung wirken.

Die Eigenheimsiedlungen der Vorstadt fördern klassistische Segregation, denn nur wer ein Eigenheim bezahlen kann, kann hier wohnen. Wenn alle, die es sich leisten können, aus dem städtischen Wohnblock in die Vororte ziehen, bleiben jene zurück, die sich eine andere Wohnform nicht leisten können. Durch intersektionale Diskriminierungen geht damit oft auch eine rassistische Segregation einher. Zwar sind diese Mechanismen im bundesdeutschen Kontext weniger diskutiert worden als in Bezug auf die US-amerikanische Vorstadt der 1950er und 1960er Jahre. Doch auch *Schöner Wohnen* zeigt im Eigenheim «das austauschbare Abziehbild einer heteronormativ formierten *weißen* Kleinfamilie als Verkörperung des bürgerlichen Idylls» (Umbach 2022, S. 65). Die bedeutsame Rolle derjenigen Arbeiter*innen etwa, die vermittelt durch die Anwerbeabkommen im Baugewerbe am Bau der Eigenheime arbeiteten, wird in einem Nebensatz einer Äußerung des Bauministers Paul Lücke deutlich: «Überall in unserem Land stehen Baukräne, Symbole des Aufbaues, Symbole der Zukunft. Wohnungen entstehen, rund eine Million Gastarbeiter helfen uns dabei und – hier komme ich zu einem wesentlichen Punkt – Eigenheime, Familienheime werden gebaut.» (Born 1965, S. 15) In den Eigenheim-Inszenierungen der *Schöner Wohnen* wurden diese nie gezeigt – weder als Arbeiter*innen noch als Bewohner*innen passten sie zum Klischee der bürgerlichen, weißen Welt der Vorstadt. Und auch eine sexistische Segregation findet hier statt, denn in Bezug auf vergeschlechtlichte Rollenbilder und Familienideale bot die aufs Eigenheim ausgerichtete Stadtplanung keinen Raum für Lebensentwürfe, die vom Bild der heteronormativen Kernfamilie abweichen. Preciado beschreibt diese Zusammenhänge für den US-amerikanischen Kontext wie folgt:

> «White men drove their automobiles to work on brand-new highways, while white women and children remained shut away in the suburbs. Inside the single-family heterosexual home, white women became fulltime, unpaid workers at the service of consumption and heterosexual (re-)production, while white male bodies were constructed as workers, communicators, and sperm producers. At the same time, private ownership of a single family suburban home was a privilege that only middleclass white heterosexual families could afford, making up the suburban landscape of race, gender, and sexual segregation.» (Preciado 2018)

Die US-amerikanische Architektin Dolores Hayden beschreibt in ihrem Essay «What Would a Non-Sexist City Be Like? Speculations on Housing, Urban Design, and Human Work» (1980) die Folgen der *Zoning Laws* US-amerikanischer Eigenheimsiedlungen im Zusammenhang mit vergeschlechtlichten Rollenzuschreibungen. Die Devise «A woman's place is in the home» ist für Hayden das grundlegende und selten hinterfragte Entwurfsprinzip der männerdominierten US-amerikanischen Architektur und Stadtplanung (Hayden 1980, S. 170). Deren Konsequenzen arbeitet Hayden auch in Bezug auf das Alltagsleben jener Frauen heraus, die Erwerbsarbeit nachgehen, um den Traum vom Eigenheim zu finanzieren, oder alleinerziehend sind.

> «How does a conventional home serve the employed woman and her family? Badly. Whether it is in a suburban, exurban, or inner-city neighborhood, whether it is a split-level ranch house, a modern masterpiece of concrete and glass, or an old brick tenement,

> the house or apartment is almost invariably organized around the same set of spaces: kitchen, dining room, living room, bedrooms, garage or parking area. These spaces require someone to undertake private cooking, cleaning, child care, and usually private transportation if adults and children are to exist within it. Because of residential zoning practices, the typical dwelling will usually be physically removed from any shared community space – no commercial or communal day-care facilities, or laundry facilities, for example, are likely to be part of the dwelling's spatial domain.» (Ebd., S. 174)

Was Hayden für den US-amerikanischen Kontext beschreibt, lässt sich weitgehend auf die bundesdeutsche Situation übertragen. In den 1950er Jahren wurde die Verteilung der Rollen innerhalb der heteronormativen Kernfamilien im Zuge der Familienrechtsreform im Juli 1958 gesetzlich geregelt: «Die Frau führt den Haushalt in eigener Verantwortung. Sie ist berechtigt, erwerbstätig zu sein, so weit dies mit ihren Pflichten in Ehe und Familie vereinbar ist.» Dieser § 1356 BGB schrieb den Frauen die rechtliche Verpflichtung zur Führung des Haushaltes zu und ordnete eine Erwerbstätigkeit klar den «Pflichten in Ehe und Familie» unter. Diese vergeschlechtlichten Rollenzuschreibungen des «traditionalen Ernährermodells» (Peuckert 2019, S. 366) der 1950er Jahre blieb de jure bis zum Inkrafttreten des 1. Eherechtsreformgesetzes 1977 bestehen und bildete auch für die männerdominierte architektonische und städtebauliche Planung der bundesdeutschen Eigenheime jener Zeit eine implizite Planungsgrundlage.[91] Einrichtungen der Betreuung oder Pflege, Restaurants oder Waschsalons: Die Zonierung «reiner» Wohngebiete für Eigenheime schließt, wie in Kapitel 3 beschrieben, mit jeglicher Form sozialer, kultureller oder gesundheitlicher Infrastruktur ausgerechnet jene Einrichtungen aus, die alltägliche Haus- und Care-Arbeit kollektiver und einfacher machen könnten. Unter diesen Umständen ein derart geplantes Wohngebiet mit Leben zu füllen, ist ein Vollzeitjob für eine Person in jedem einzelnen der Häuser. Folglich ist der Erfolg des Eigenheims ohne die dieser Planung zugrunde liegende Rolle der «Hausfrau» undenkbar.

Das Haus D. ist ein fragwürdiges Beispiel für die «Vereinbarkeit von Familie und Beruf». Zwar hat Frau D. ihre Praxis im Haus, doch ist sie so laut Reportage doppelt tätig, nämlich «untertags sozusagen ständig zwischen Praxis- und Wohnteil des Hauses unterwegs und in beiden vollauf beschäftigt» (SW 01/1962, S. 51). Dass die Kombination aus vergeschlechtlichten Rollenbildern, Berufstätigkeit und Eigenheim nach wie vor problematisch ist, zeigte eine merkwürdige Entdeckung im Rahmen einer Befragung durch das Bundesamt für Bauwesen und Raumordnung im Jahr 2006. Die Befragten in Umlandkreisen gaben an, weitaus *weniger* Schwierigkeiten bei der Vereinbarkeit von Beruf und Betreuungsaufgaben von Kindern oder pflegebedürftigen Angehörigen zu haben als die Befragten in Städten. Da zugleich festgestellt wurde, dass Betreuungseinrichtungen wie Kindergärten oder Tagespflege dort deutlich schlechter zu erreichen sind, erschien dieser Zusammenhang zunächst widersinnig. Zur Lösung des Rätsels führte die Betrachtung der Erwerbstätigenquote, die im suburbanen Raum insbesondere bei Frauen weitaus

91 Diese Rollenzuschreibung wurde durch die Einführung eines «Hausfrauenfreibetrages» auch steuerlich gefördert (Statistisches Bundesamt 1960, S. 708).

geringer ist als in der Stadt: «Scheinbar wird das Vereinbarkeitsproblem im städtischen Umland vor allem dadurch ‹gelöst›, dass ein Elternteil die Erwerbstätigkeit (vorübergehend) aufgibt.» So kam das BBSR zu dem Schluss: «Nirgendwo sonst praktizieren Paare so häufig die traditionelle Rollenverteilung wie im suburbanen Umland.» (BBSR 2006, S. 8)

Die «Vereinbarkeit von Familie und Beruf» ist in vielen Eigenheimgebieten im Umland also auch in unserer Zeit so aussichtslos, dass in heteronormativen Kernfamilienkonstellationen vor dem Hintergrund fortbestehender Lohnungleichheiten meist die Frau zu Hause bleibt.[92] Bis heute (Abb. 56) (re)produziert die sexistische Stadtplanung «reiner» Wohngebiete so das Rollenbild der «Hausfrau». Ein entscheidender Aspekt ist dabei auch in Bezug auf Geschlechterrollen das Thema Mobilität, das der folgende Abschnitt in den Blick nimmt.

Abb. 56: Luftbild von Eggenstein, 2014

Wer fährt?

Bevor das Haus der Familie D. näher betrachtet wird, geht es um einen Wunsch, der unter den vier Dutzend Wünschen für das Haus fehlt: der Wunsch nach einer Garage. Dass eine Garage zum Eigenheim dazugehört, verstand sich von selbst. Die Planung von Stellplätzen war bereits seit 1939 in der Reichsgaragenordnung rechtlich vorgeschrieben. Garagen waren nach Einkommensteuergesetz «ohne Rücksicht auf ihre tatsächliche Nutzung als Wohnzwecken dienend zu behandeln» (EStG § 7b Abs. 6). Ihre Erstellungskosten konnten anteilig von der Einkommensteuer abgesetzt werden.

92 Das Bundesministerium für Familie, Senioren, Frauen und Jugend weist für das Jahr 2023 einen «Gender Pay Gap» von 18 Prozent aus. Siehe https://www.bmfsfj.de/bmfsfj/themen/gleichstellung/frauenund-arbeitswelt/lohngerechtigkeit, zuletzt abgerufen am 02.01.2025.

Das Auto war unverzichtbarer Teil des Lebens im Eigenheim und in *Schöner Wohnen* allgegenwärtig. Zahllose Neuwagen wurden stolz vors Haus gefahren, um sie in der Zeitschrift ins Bild zu setzen, und zahllose Modelle glänzten dort neben den Eigenheimen in Werbeanzeigen (Abb. 57). Das «Problem aller Hausbesitzer: Wohin mit dem Auto?» (SW 12/1961, S. 104), wurde in der Zeitschrift in jeder erdenklichen Hinsicht behandelt.

Seit etwa 1950 war «in der Bundesrepublik Deutschland mit wachsendem Wohlstand eine starke Motorisierung breiter Bevölkerungsschichten» (Westphal 1976, S. 163) zu beobachten. Die Zahl der Pkws

Abb. 57: Anzeige für den Opel Kapitän mit Automatikgetriebe: «nur noch Gas geben und bremsen, nichts weiter», SW 04/1961

stieg rapide: in der Zeit von 1954 bis 1973 von etwa 1,5 Millionen auf siebzehn Millionen, was einem Zuwachs um mehr als das Elffache entspricht (ebd., S. 167). Diese Zunahme steht in direktem Zusammenhang mit dem Eigenheim-Boom dieser Jahre; die individuelle Mobilität mit dem Auto ist die Grundlage der auf das Eigenheim ausgerichteten Stadtplanung.

Die Rollenverteilung der D.s, die im Text der Reportage beschrieben wird, war mit unterschiedlichen alltäglichen Wegen verbunden. Herr D. fuhr morgens zur Arbeit in eine Forschungsanstalt und kam am späten Nachmittag zurück. Das Haus der Familie D. hat, wie fast alle Eigenheime, die in *Schöner Wohnen* porträtiert werden, nur eine Garage. Neben ihrer Arbeit als Zahnärztin war Frau D. auch für die Führung des Haushaltes und die Betreuung der Kinder verantwortlich. An den dazugehörigen Wegen, etwa um einzukaufen, die Kinder in den Kindergarten oder zu ihren Freizeitaktivitäten zu bringen, leisteten Frauen den überwiegenden Anteil. Die Anzahl und Distanz dieser Service- und Begleitwege nahm im Laufe der Zeit stetig zu – zum einen, da mit steigendem Wohlstand die Ansprüche an die eigene Lebensgestaltung und die der Kinder stiegen, zum anderen führte die zunehmende Entmischung der Siedlungsstrukturen zu weiteren Wegen (Krause 1999, S. 73).

Die genderdifferenzierte Betrachtung der Alltagsmobilität in der BRD war offenbar lange nicht von größerem Interesse. Die erste nach Geschlecht differenzierende Untersuchung, die *Kontinuierliche Erhebung zum Verkehrsverhalten* (KONTIV), erfolgte erst 1976. Aus der KONTIV ging hervor, dass 1976 bei zwei Dritteln aller Haushalte mit drei oder mehr Personen – zu diesen gehören die meisten Eigenheimhaushalte – ein eigenes Auto vor dem Haus stand, bei einem Fünftel gar mehrere. Zu dieser Zeit besaßen 59 Prozent aller Männer einen Führerschein und über die Hälfte sogar einen eigenen Wagen, während nur ein Drittel der Frauen eine Fahrerlaubnis und nur zwölf Prozent ein eigenes Auto hatten. Dieses Verhältnis zeigt sich auch in der Nutzung der Verkehrsmittel: Nur achtzehn Prozent der Frauen gaben an, immerhin einzelne Wege mit dem Auto zurückzulegen, während etwa die Hälfte der Männer die meisten Wege mit dem Pkw fuhr. Jedes Auto der BRD unternahm dabei im Schnitt 2,75 Fahrten pro Tag, bei denen es mit 1,34 Personen besetzt umherfuhr – viele rollten also denkbar häufig mit ihren männlichen Besitzern von der Garage zu deren Arbeit und zurück in die Garage. Die Rollenverteilung in den Haushalten spiegelt sich unmittelbar in den Verkehrsdaten wider: Die Anteile der Nutzung unterschiedlicher Verkehrsmittel mit dem Ziel der Versorgung stimmt mit deren Gewichtung im Alltag der befragten Frauen überein. Die Versorgungswege legten diese in den 1950er und 1960er Jahren überwiegend zu Fuß oder mit dem Fahrrad zurück. Die Nutzung eines Autos für diese Wege nahm erst in den 1970er Jahren zu, als mehr Haushalte über einen Zweitwagen verfügten (Fack 1999, S. 44).

Wie bereits gezeigt wurde, war der Erfolg der Wohnform Eigenheim durch die zunehmende Automobilisierung der Gesellschaft im Laufe der 1950er und 1960er Jahre bedingt. Deutlich wird hier, dass strukturelle Diskriminierung in Verbindung mit Fragen der Mobilität dort besonders nachteilige Konsequenzen hat, wo man ohne Auto nicht weit kommt.

Geplante Rollen

Der von Blumen und Bäumen gerahmte Blick über den Gartenzaun fällt auf ein frei stehendes Eigenheim mit Satteldach, das in einem menschenleeren Garten in der Mittagssonne steht. Die Vorhänge in allen Fenstern sind geschlossen, ihre Farben bilden einen Kontrast zur grauen Fassade. Im Gegensatz zum überbordenden Blumenbeet im Vordergrund wirkt der Garten mit seinem akkurat gestutzten Rasen karg. Die Szene ist menschenleer, das Haus scheint sich im Mittagsschlaf vor Einblicken zu schützen. Nur der am linken Bildrand angeschnittene Rand eines roten Sonnenschirmes und der große graue Sandkasten lassen darauf schließen, dass – und durch wen – der Garten genutzt wird (Abb. 58).

Abb. 58: Haus D., Blick auf die Südfassade, SW 01/1962

Vier Dutzend Wünsche

Das Haus der Familie D. ist aus einfachen Materialien konstruiert. Grau verputztes Mauerwerk trägt ein sanft geneigtes Dach, das mit Asbestzement-Wellplatten gedeckt ist. Eine Regenrinne mit senkrechtem Fallrohr und weiß lackiertes Holz an Ortgang und Traufe bilden die Dachabschlüsse, auch das Holz der Fensterrahmen ist weiß lackiert. Es scheint, als verleihe die sorgfältige Fügung einfacher Elemente diesem Haus einen zurückhaltenden, aber zugleich würdevollen Ausdruck. Die Südfassade ist durch die raumhohen Fenster des Hochparterres und der Terrasse, die durch auffällig breite horizontale Profile gegliedert sind, zum Garten geöffnet. Im Gegensatz zu diesen großzügigen Öffnungen wirken die direkt über Terrain liegenden Fenster des Souterrains eher knapp bemessen. Die Ordnung der Öffnungen folgt offenbar innenräumlichen Bedürfnissen. Damit bildet diese Fassade einen Gegensatz zu den beiden streng gegliederten und eher geschlossenen Straßenfassaden des Eckgrundstücks: Die lange Nordfassade verfügt nur über die schmalen Fenster von Küche und Bad sowie das mit Ornamentglas versehene Haustürelement, in der Fläche der östlichen Giebelfassade wirkt das kleine Fenster des Schlafzimmers nicht gerade einladend.

In seiner Kubatur entspricht das Haus auf den ersten Blick dem Klischeebild eines Eigenheims mit Satteldach. Bei näherer Betrachtung der in dem Artikel präsentierten axonometrischen Darstellung (Abb. 59) wird allerdings deutlich, wie sensibel der zweiteilige Baukörper mit L-förmigem Grundriss auf die städtebauliche Situation reagiert, indem er den Garten gegen beide Straßenseiten des Eckgrundstücks räumlich zu fassen versucht und so einen geschützten Außenraum vor dem zurückversetzten, niedrigeren Wohnbereich schafft. Während der vordere Teil des Gebäudes von einem Souterrain etwa eineinhalb Meter über den Rasen gehoben wird, öffnet sich der hintere Teil ebenerdig zum Garten. Die beiden zweigeschossigen, in etwa gleich großen Volumen bilden im Grundriss zwei ineinandergeschobene Rechtecke, in deren Schnittfläche die Treppe liegt. Die beiden Teile sind vertikal um ein Halbgeschoss gegeneinander versetzt, sodass sich vier getrennte Ebenen für Wohn- und Schlafbereich, Keller und eine Zahnarztpraxis ergeben, die durch je einen kurzen Treppenlauf miteinander verbunden sind.

Die Grundrisse wirken sorgfältig strukturiert (Abb. 60). Oben im Schlafbereich sind zwei Kinderzimmer nach Süden zum Garten orientiert, das größere Schlafzimmer ist nach Osten ausgerichtet und hat direkten Zugang zum Bad. Ein sparsamer Flur verbindet die Räume und ein Reduit miteinander. Ein halbes Geschoss darunter sind WC, Garderobe, Besenschrank und Abstellkammer zu einem kompakten Kern zusammengefasst. Die Küche und das über die gesamte Tiefe des Hauses verlaufende Ess- und Wohnzimmer sind nur durch ein Schrankmöbel getrennt, das sich von beiden Seiten zu einer Durchreiche öffnen lässt. Dieser Wohnbereich lässt sich mit dem «Herrenzimmer» durch eine Faltwand verbinden.

Die Entstehungsgeschichte des Hauses D. wird so erzählt: «Die Bauherren präsentierten dem Architekten eine Liste von 47 Wünschen, die dieser alle erfüllte». Und in der Tat ist die Liste der 47 Wünsche «so aufschlußreich, daß sie hier veröffentlicht sei» (Abb. 61). Schließlich kann sie in Gegenüberstellung mit dem architektonischen Ergebnis helfen, einige Fragen zu beantworten: Wer hatte welche Wünsche an das Haus? Wie wurden in Widerspruch stehende Wünsche gegeneinander gewichtet? Und auch, wenn die Einleitung des Artikels diese Antwort schon vorwegzunehmen scheint: Wurden tatsächlich alle Wünsche erfüllt?

Die D.s hatten pragmatische Vorstellungen von ihrem neuen Eigenheim. Über ein Drittel der 47 Wünsche zielt auf die Funktionalität des Hauses in Hinblick auf häusliche Arbeit ab. Dabei steht vor allem die Organisation der Wege und Funktionen im Vordergrund: Dreizehn Wünsche betreffen funktionale Zusammenhänge des Programms. Ein weiteres wichtiges Thema sind technische Features des Hauses in zehn Wünschen. Sieben Wünsche beziehen sich auf die Gestaltung des Außenbereichs. Drei Wünsche betreffen die Zahnarztpraxis von Frau D., sie zielen darauf ab, das Nebeneinander von Beruf, Hausarbeit und Kinderbetreuung räumlich zu organisieren. Drei weitere Wünsche adressieren das Herrenzimmer, vor allem dessen Abgrenzung vom Rest der Wohnung. Nur die drei verbleibenden Wünsche stellen Ansprüche an die architektonische Erscheinung des Hauses – in vager Form, wie Wunsch Nummer 13: «Weiträumiger Gesamteindruck (also keine engen Flure und Treppen)». Dabei ist in dieser Liste kaum eine Struktur erkennbar, die zwischen den einzelnen Zielen der Wünsche unterscheidet oder diese

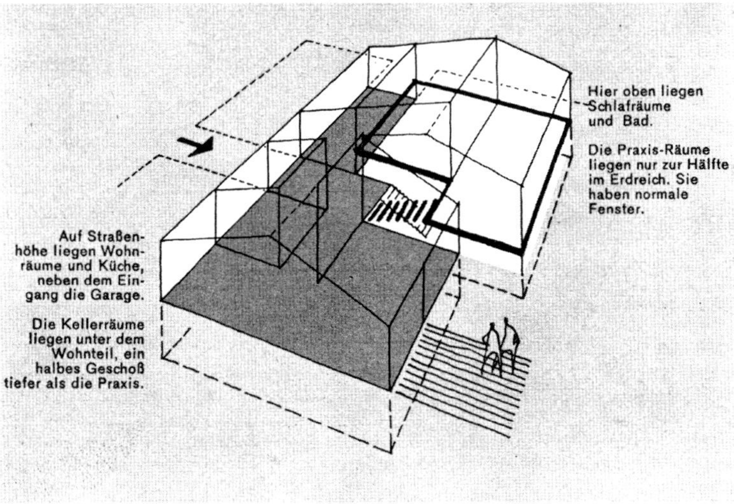

Abb. 59: Axonometrie der Funktionsbereiche in Haus D., SW 01/1962

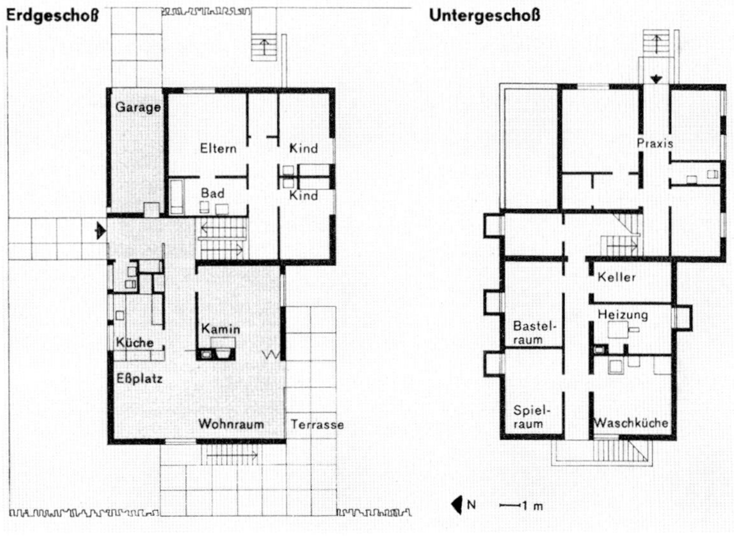

Abb. 60: Grundrisse des Wohn- und Schlafbereichs (links) sowie der Praxis und des Kellers (rechts), SW 01/1962

1. Klare Trennung zwischen Wohn-, Schlaf- und Praxisteil
2. Separater Eingang zur Praxis mit Glasabschluß zur Wohnung
3. Kurzer Weg Küche–Haustür
4. Kurzer Weg Küche–Schlafteil
5. Kurzer Weg Küche–Sprechzimmer
6. Kurzer Weg Küche–Vorratskeller
7. Zugang von der Wohnung zum Sprechzimmer nicht nur über den Gang, den auch die Patienten benutzen, damit die Hausfrau nicht von den Patienten angesprochen werden kann.
8. Heller, trockener und beheizbarer Keller mit Räumen zum Basteln und für die Modelleisenbahn
9. Beheizte Waschküche mit Dusche und Tageslicht in der Bügelecke
10. Unmittelbarer Zugang vom Garten zur Waschküche mit der Möglichkeit, sich nach der Gartenarbeit in der Waschküche zu duschen
11. Direkter Zugang von der Garage zum Windfang
12. Großer Windfang mit Garderobe und Toilette
13. Weiträumiger Gesamteindruck (also keine engen Flure und Treppen)
14. Möglichst wenige aber bequeme Treppen
15. Möglichst große Fensterflächen
16. Großes Fenster-Tür-Element, das Wohnzimmer, Terrasse und Garten ineinander übergehen läßt
17. Wohn-Eßraum vom Herrenzimmer durch Faltwand getrennt
18. Offener Kamin im Herrenzimmer
19. Vom Flur aus getrennte Zugänge zum Herren- und zum Wohn-Eßzimmer
20. Möglichst separate Mädchenzimmer
21. Kurze Arbeitswege in der Küche, damit die Hausfrau entlastet wird
22. Speisekammer von der Küche aus zugänglich
23. Zwischen Küche und Eßplatz von beiden Seiten zu öffnender Wandschrank mit großer Durchreiche
24. Schrank für Besen und Staubsauger im Flur des Wohnteils
25. Vorratskeller mit Regalwänden rechts und links eines Mittelganges
26. Begehbare Kammer für Kleider, Koffer und Schuhe im Schlafteil
27. Schlafzimmer für Bettenlänge von 220 Zentimetern
28. Bad von Flur und Elternschlafzimmer zugänglich
29. Einbauschränke, Waschecke und Tafeltür in jedem Kinderzimmer
30. Balkon zum Lüften von Bettzeug und Kleidern
31. Leicht hochziehbare und lichtdurchlässige Rolläden
32. Thermopane-Scheiben
33. Parkettboden im Wohnteil
34. Keine Türschwellen
35. Projektionswand für Diapositive und Filme im Wohnteil
36. Vollautomatische Warmwasser-Zentralheizung (Öl) mit Warmwasser-Boiler
37. Am Praxis-Eingang: Gegensprechanlage
38. Zentrale Schließanlage mit verschiedenen Gruppenschlössern (zum Beispiel für Kinder: Gartentor und Kellereingang)
39. Sprechzimmertür, Glasabschluß der Praxis und Außenseiten der Haustüren ohne Klinken
40. Kipptor für Garage
41. Spielplatz mit Sandkiste (drei mal vier Meter) im Garten, außerdem große Wiese und kleiner Nutzgarten
42. Befestigte Terrasse
43. Befestigter Abstellplatz für ein bis zwei Autos innerhalb des Zaunes
44. Zugang zu Garage, Praxis- und Haustür unmittelbar von der Straße, ohne dazwischenliegende Gartentür
45. Abgeschlossener Garten mit eigener Zufahrt
46. Gut zugänglicher Platz für Mülltonnen
47. Gut zugänglicher Trockenplatz im Freien

Abb. 61: Wunschliste der «Vier Dutzend Wünsche», SW 01/1962

gewichtet – der weiträumige Gesamteindruck unter Wunsch Nummer 13 ist ein ebenso wichtiges architektonisches Bedürfnis wie der Raum für die Modelleisenbahn unter Nummer 8.

Die Behauptung, die Planung habe «nachweislich alle Wünsche seiner Bewohner erfüllt» (SW 01/1962, S. 51), muss kritisch hinterfragt werden – nicht jeder der 47 Wünsche wurde gleichermaßen konsequent in die Tat umgesetzt. Beim Abgleich der Wünsche mit dem präsentierten Plan- und Bildmaterial fällt zu den Wünschen 3, 4, 5 und 6 auf, dass die Platzierung der Küchentür versetzt zur Tür des Herrenzimmers die Forderung nach möglichst kurzen Wegen zur Haupterschließung des Hauses nicht erfüllt – dafür verfügt das Herrenzimmer über diesen privilegierten, unmittelbaren Zugang zu Eingangstür, Garage und Treppenhaus. Wunsch Nummer 9 fordert «Tageslicht in der Bügelecke». Diese liegt in der Waschküche im Kellergeschoss, die lediglich mit einem Fenster zum Kellerabgang versehen ist. Der Wunsch nach einem Arbeitsplatz mit Tageslicht wurde zwar formal erfüllt, allerdings nicht besonders ernst genommen. Treitz' architektonisches Konzept der halbgeschossigen Verschiebung im Schnitt scheint gemäß Wunsch 14 «[m]öglichst wenige aber bequeme Treppen» zu ergeben, muss doch bei jedem Geschosswechsel nur ein halbes Geschoss überwunden werden. Bald dürfte aber klar geworden sein, dass das Haus anstelle von zwei nun vier Etagen hat, die ständig die Nutzung einer Treppe erfordern. So liegen auf den alltäglichen Wegen viel mehr Stufen, als eine Zweigeschossigkeit oder mehrere Lebensbereiche auf einem Level zur Folge hätten. Treitz' Konzept entspricht Wunsch 1 nach einer klaren Trennung der Funktionsbereiche, während Wunsch 14 übergangen wird. Ein «Balkon zum Lüften von Bettzeug und Kleidern» (Wunsch 30) fehlt dem Haus. Trotz des pragmatisch argumentierten Zwecks ist das für Frau D., die als einzige Bewohnerin des Hauses nicht über einen eigenen Privatraum verfügt, ein Wunsch mit besonderer Relevanz. Er hätte den privaten Bereich des Hauses, der jetzt durchweg als «Schlafteil» bezeichnet wird, zu einem Raum mit Aufenthaltsqualität verändern können.

Es gehört zum Prozess des Bauens, dass in der Erarbeitung eines Entwurfes nicht alle Wünsche der Auftraggeber*innen umgesetzt werden können. Gerade die Abwägung der einzelnen, sich zum Teil widersprechenden Bedürfnisse unterschiedlicher Akteure im Kontext baurechtlicher, ökonomischer und weiterer Rahmenbedingungen ist die wesentliche Herausforderung des Entwurfsprozesses. Im Rahmen der kontextuellen Bedingungen liegt die Gewichtung dieser Bedürfnisse in der Hand der Architekt*in. Das ist der Punkt, an dem strukturelle Diskriminierungen – bewusst oder unbewusst – im Entwurfsprozess wirksam werden und sich so in die gebaute Realität einschreiben. Dass im Haus der 47 Wünsche alle acht Wünsche, die nicht baulich umgesetzt wurden, durch Bezüge zu häuslicher Arbeit im Rahmen der stereotypen Rollenbilder jener Zeit als die «Hausfrau» betreffende Wünsche lesbar sind, zeigt diese Wirkmacht deutlich. Die Frage, wer in der Familie D. welche Wünsche geäußert hat und wessen Wünsche möglicherweise nicht auf der Liste landeten, beantwortet die Reportage nicht. Fast jedes der zwischen 1960 und 1975 in *Schöner Wohnen* vorgestellten Eigenheime, nämlich 265 von 271 vorgestellten Häusern mit nachvollziehbarer Bewohner*innen-Konstellation, wurde für bestehende oder künftige heteronormative Kernfamilien aus Vater, Mutter und Kindern geplant. Unter den vorgestellten Frauen stellt Frau D., die als Zahnärztin selbst einen gut bezahlten Beruf ausübt, eine Ausnahme dar. In dieser Zeit machte das Einkommen des Mannes in der BRD etwa neunzig Prozent der Haushaltseinkünfte eines durchschnittlichen Vier-Personen-Haushaltes aus, jenes der «Ehefrau» etwa zwei Prozent (Statistisches Bundesamt 1960, S. 732). Diese Zahlen verdeutlichen, wer in aller Regel in der Position war, für die Finanzierung des Eigenheims aufzukommen – und so auch das letzte Wort über die Wünsche im Entwurfsprozess hatte. Die Unterschrift zum Bauantrag setzte jedenfalls Manfred D. unter Treitz' Pläne, der in den Unterlagen des Bauantrags als alleiniger Bauherr angeführt ist. Die D.s erhielten am 12. Januar 1960 die Baugenehmigung, noch im gleichen Monat begannen die Bauarbeiten, bereits im Oktober stand das Haus.[93]

Mit der Liste der Wünsche ist auch eine Vorstellung des zukünftigen Alltags der Familie D. festgehalten. Dessen Choreografie ungleicher Rollen wird durch die Linien des Plans verräumlicht. Sie bestimmen die Anordnung der Wände, Türen, Fenster und Treppen, die den bewohnten Raum zuerst zerschneiden, um ihn dann selektiv wieder in Verbindung zu setzen. Sie strukturieren so die sozialen Beziehungen und das alltägliche Leben seiner Bewohner*innen räumlich (Evans 1997, S. 56).

Die Kontrolle über Blicke und Bewegungen der Subjekte betrachtet der Architekt und Autor George Wagner (1996) als inhärente Funktionen von Architektur und Stadtplanung, die mit architektonischen Projektionen sexueller Fantasien und patriarchaler Dominanz einhergeht. Das stellt Wagner in seiner Analyse von Daniel Burnhams Plan of Chicago (1909) und Victor Gruens Fort-Worth-Plan aus den 1950er Jahren sowie von architektonischen Entwürfen für den *Playboy* heraus. Als in den 1950er und 1960er Jahren die «Ideologien der europäischen Moderne verdaut, konsumiert und domestiziert wurden»,[94] wird für Wagner das Einfamilienhaus der Vorstadt zum Treibhaus domestizierter maskuliner Vorherrschaft und Kontrolle (ebd., S. 185).

In «The Architecture of Sex: Three Case Studies Beyond the Panopticon» verbindet Preciado (2018) Foucaults Konzept biopolitischer Macht mit Konstruktionen sexueller und vergeschlechtlichter Identität. Ausgehend von Positionen Judith Butlers, Eve Kosofsky Sedgwicks und Teresa de Lauretis' betrachtet Preciado Gender als nicht essenziell, sondern performativ konstruiert. Durch die Macht, Bewegungen und Begegnungen von Körpern zu begünstigen oder zu verhindern, wirkt Architektur in der Argumentation Preciados als performative Technik, die mit dazu beiträgt, die Subjekte zu produzieren, die sie zu behausen vorgibt. Wie Alexa Baumgartner (2020) in Bezug auf Preciados Position treffend formuliert, «widerspricht er der Vorstellung der meisten Architekt*innen, die glauben, ihre Entwürfe für bereits definierte Identitäten auszuarbeiten» (ebd., S. 216). Preciado (2018) zufolge tritt das Einfamilienhaus also nicht als Architektur für die ohnehin bestehende heteronormative Kernfamilie auf den Plan, sondern trägt durch die Gestaltung von visuellen und räumlichen Beziehungen, durch die Anordnung von Körpern im Raum selbst mit zur Konstruktion der Subjekte bei.

---

93 Siehe Baubeschreibung und Planmaterial des Bauantrags sowie Baubescheid vom 12. Januar 1960, Baustatistik der Gemeinde Eggenstein, Lgb. Nr. 5007, sowie SW 01/1962, S. 55.

94 Übersetzt durch den Autor, im Original heißt es: «[…] as the ideologies of European modernism were digested, consumed, and domesticated […]» (Wagner 1996, S. 184).

Ausgehend von diesen Positionen lässt sich festhalten: Die Architektur der Eigenheime (re)produziert die Identität ihrer Bewohner*innen mit. Das wird auch in der medialen Repräsentation in *Schöner Wohnen* deutlich. Was wären all die -frauen und -herren, die Heft für Heft in Erscheinung treten, ohne ihr Haus?

Reibungslose Häuser

Zunächst zur räumlichen Struktur des Hauses D., dessen grundlegendes Entwurfskonzept dem ersten Wunsch nach einer klaren Trennung der Funktionsbereiche folgt: Schlafen, Wohnen, Praxis und Keller sind jeweils auf ein separates Geschoss verteilt. Weitere Wünsche messen kurzen Wegen zwischen diesen Funktionsbereichen eine besondere Bedeutung zu. Die Tätigkeiten und Bewegungen der einzelnen Personen sollen gemäß den ihnen im Haushalt zugeschriebenen Rollen offenbar so strukturiert werden, dass der häusliche Alltag möglichst reibungslos abläuft. Ein hauptsächliches Augenmerk scheint dabei auf der Verhinderung von vermeintlichen Störungen der Akteure untereinander zu liegen. So ist der «Schlafteil» vom «Wohnteil» derart getrennt, dass zugleich laut gewohnt und ruhig geschlafen werden kann. Die Praxis ist dergestalt organisiert, dass die Patient*innen nicht mit dem Haushalt in Berührung kommen und Frau D. in ihrer Rolle als «Hausfrau» nicht den Patient*innen begegnet. Auch die Räume der häuslichen Arbeit sind so platziert, dass deren Emissionen möglichst wenig stören. Die Küche ist bei Bedarf komplett geschlossen, sodass keine Geräusche und Gerüche in das Ess- oder Wohnzimmer dringen. Die Waschküche ist im Keller untergebracht, von dort dringt kein Laut des Waschens, Schleuderns und Mangelns in das Wohnzimmer. Das Wohnen scheint vor allen Einschränkungen, Beunruhigungen und Überraschungen, die nicht ins Bild passen, bewahrt werden zu müssen. Was ist das für ein Verständnis entstörten Wohnens, das dieser Organisation zugrundeliegt?

Einen Ansatzpunkt gibt Robin Evans (1997) in seinem Essay «Figures, Doors and Passages» von 1978, der die historische Entwicklung der architektonischen Organisation körperlicher Bewegungen in privaten Wohnhäusern untersucht. Evans beschreibt, wie vor der Renaissance in vielen Grundrissen kaum zwischen Verkehrsfläche und Wohnfläche differenziert wurde. Die Räume waren einfach mit möglichst vielen Türen untereinander verbunden. In der Folge begegneten sich die Menschen in diesen Durchgangszimmern in allen erdenklichen Situationen. Mit dem 17. Jahrhundert begann sich der Korridor in englischen Wohnhäusern durchzusetzen. Er diente vor allem der Entflechtung der Wege und hatte zum Ziel, die Dienerschaft des Hauses von den Bedienten zu separieren und sie unsichtbar zu machen. Noch heute spricht man von «dienenden» Räumen, in denen Funktionen unauffällig untergebracht werden. Diese Entflechtung wurde laut Evans in der englischen Arts-and-Crafts-Bewegung perfektioniert und kanonisiert und im modernistischen Funktionalismus zu einer Trennung der Funktionsbereiche auf allen architektonischen Maßstabsebenen weiterentwickelt.[95] Damit geht für Evans eine zunehmende architektonische Kontrolle und Vermeidung körperlicher Begegnungen einher, die bis heute weitgehend unverändert

95 Siehe Evans (1997, S. 77, 80, 84). Zur Architekturgeschichte des Korridors siehe Trüby (2018), der in seiner Arbeit auf Evans Bezug nimmt (ebd., S. 21–24).

besteht (Evans 1997, S. 79). Lucius Burckhardt (2003) vollzieht diese Entwicklung als «Entfaltung» des Wohnens nach, derzufolge «jeder Wohnzweck und jeder Bewohner seinen eigenen Wohnraum benötigt» (ebd., S. 2).

Ein aufschlussreiches Beispiel, auf das Evans nur knapp Bezug nimmt, ist eine Studie Alexander Kleins. Klein legte in den 1920er Jahren zahlreiche Grundrissstudien zum Verhältnis von Funktionalität und Wirtschaftlichkeit im Wohnungsbau vor, die im internationalen Architekturdiskurs vielfach aufgegriffen und sogar in Tageszeitungen besprochen wurden (Warhaftig 1989, S. 1042). Seine Studie mit dem vielsagenden Titel «Functional House for Frictionless Living» (Klein 1927a+b) zeigt exemplarisch, wie ein Architekt unter der Fahne der «Funktionalisierung» des Wohnens familiale Rollen zur Grundlage für den architektonischen Entwurf gemacht hat. Für ein «reibungsloses Leben» wird in dieser Arbeit, mit der Klein eine Methodik vorgeblich objektiver Grundrissanalyse etablierte, dem Geschossgrundriss eines Bestandsgebäudes ein Vorschlag Kleins gegenübergestellt. Kleins Entwurf einer Wohnung besteht aus einem Wohnraum mit angegliedertem Essbereich, einem Schlafzimmer und einem Kinderzimmer sowie Küche und Bad samt Möblierung. In einem zweiten, darunter abgebildeten Layer zeigt Klein für beide Wohnungen die von ihm imaginierten alltäglichen «Verkehrswege» der Bewohner*innen im Plan (Abb. 62).

Diese Bewegungsabläufe sind in unterschiedlichen Linientypen dargestellt, die nicht weiter erläutert werden. In der Bestandswohnung ist ein munteres Durcheinander aller möglicher Linien und Wege eingezeichnet. In Kleins Idealwohnung ist die Situation übersichtlicher: Die strichierte Linie hat ihren als rundes Linienende markierten Ausgangspunkt am Herd, von dem aus sie zu verschiedenen anderen Punkten in der Küche und durch eine Durchreiche hinüber zum Esstisch verläuft. Ein weiterer Teil der strichierten Linie pendelt zwischen Schlaf- und Kinderzimmer. Erst als die strichpunktierte Linie, die ihren runden

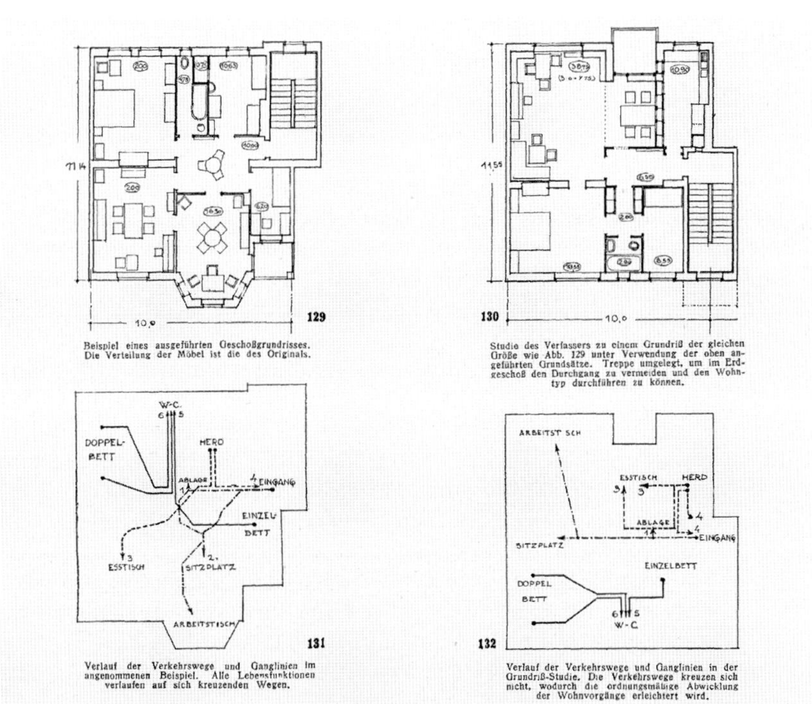

Abb. 62: Grundrissstudien für das «reibungslose Leben». Architekt: Alexander Klein, 1927

Ausgangspunkt außerhalb der Wohnung hat, die Wohnungstür erreicht, öffnet die strichierte Linie dieser die Tür, wobei sie die Schwelle nicht überschreitet. Die strichpunktierte Linie läuft zunächst zur Hutablage, weiter zu einer Sitzecke im Wohnzimmer und zu einem Schreibtisch am Fenster. Während die strichpunktierte Linie die Küche meidet, dringt die strichierte Linie nie in das Gebiet des Wohn- und Arbeitszimmers vor. Niemals kreuzen sich ihre Wege. Der einzige Berührungspunkt der beiden Linien ist die Hutablage, wo die strichpunktierte Linie die strichierte Linie streift. Selbst die schwarzen, nächtlichen Linien verlaufen, von den anderen Bereichen der Wohnung durch einen kurzen, engen Schrankflur säuberlich separiert, berührungslos vom Bad auf unterschiedliche Seiten des Betts und enden dort an den jeweiligen Nachttischen.

Zum negativen Beispiel konstatiert Klein: «Alle Lebensfunktionen verlaufen auf sich kreuzenden Wegen.» (Klein 1927b, S. 1367) Im positiven Beispiel sind dagegen alle Wege wie in einem Straßenbahnplan säuberlich entworren – wenn alle Bewohner*innen den geplanten Alltagsabläufen folgen, kann es keine unvorhergesehenen Begegnungen geben. Oder, wie Klein ernsthaft vermerkt: «Die Verkehrswege kreuzen sich nicht, wodurch die ordnungsgemäße Abwicklung der Wohnvorgänge erleichtert wird.» (Klein 1927b, S. 1367) Evans begründet «Klein's terror of bodies in collision» (Evans 1997, S. 86): «The justification for Klein's plan was the metaphor hidden in its title, which implied that all accidental encounters caused friction and therefore threatened the smooth running of the domestic machine» (ebd., S. 85).

Anhand der Bewegungsprofile wird deutlich, welches Bild des häuslichen Lebens Klein in seiner Vorstellung «ordnungsgemäßer Wohnvorgänge» imaginierte und seinem Entwurf zugrunde legte. Bemerkenswert ist, dass Klein es offenbar nicht für notwendig erachtete, auszuführen, wer sich in seiner Vorstellung entlang dieser Linien bewegen sollte. Die implizit zugrunde liegende gegenderte Alltagschoreografie ist für Klein so selbstverständlich, dass sie keiner Erläuterung bedarf.

Die Steigerung der Effizienz häuslicher Arbeitsabläufe durch die Optimierung von Einrichtungs- und Grundrisslösungen hat im historischen Kontext der 1920er Jahre eine weitere Dimension. In der Folge des Ersten Weltkriegs verzeichneten feministische Bewegungen Erfolge, als Frauen in Abwesenheit der Männer andere Rollen und Räume besetzen konnten und mussten. Wie die Architekturhistorikerin Susan R. Henderson (1996) herausstellt, stiegen die Zahlen der Studentinnen und berufstätigen Frauen stark an, während die Geburtenrate sank. Ein neues, modernistisch-idealisiertes Frauenbild veränderte das gesellschaftliche Leben:

> «Though in her many incarnations she was not an overtly political being, in her style – the short hair and the ‹unfeminine› lines of her dress – and in her social behavior – working, often single, with no interest in a large family and little enthusiasm for homemaking – the New Woman embodied an independence and a modernity that was an anathema to the many self-appointed conservators of the home. Socialists and conservatives alike believed that she represented a force for change that would destroy the family, and with it the moral fabric of the country, leading the working classes down a path to revolution that would end in Germany's economic and spiritual ruin.» (Ebd., S. 222)

Die Reaktion auf diese Bewegung bezeichnet Henderson als «female redomestication» des Frauenbildes der *New Woman* (ebd., S. 223). Als Entsprechung der Arbeitsplätze männlich gegenderter Brotverdiener außer Haus wurde im Haus eine ebenso professionelle Arbeitsumgebung etabliert, in der mit wissenschaftlichem Anspruch die Arbeitsabläufe optimiert wurden (ebd., S. 223). Kleins Studien ordnen sich neben vielen anderen Optimierungsversuchen in diesen Kontext ein, die insbesondere auf die Küche als Zentrum häuslicher Arbeit abzielten.[96] In der Nachkriegszeit des Zweiten Weltkriegs lässt sich eine Wiederholung dieser Bewegung ausmachen. Die traditionelle bürgerliche Trennung der Sphären, in der das häusliche, private Interieur als «weiblicher» und das politische, öffentliche Außen als «männlicher» Raum separiert wurden, war durch die Kriegserlebnisse, Gefangenschaften, Verletzungen und Tode vieler Männer neuerlich erschüttert worden (Staub 2017, S. 83). Im Hinblick darauf sieht Preciado (2018) im Eigenheim eine architektonische Grundvoraussetzung zur Redefinition von Männlichkeit, Weiblichkeit und Heterosexualität und zur Wiederherstellung der tradierten Gendersphären.

Die «Rationalisierung» des Haushaltes wurde insbesondere für die Planung bundesdeutscher Eigenheime in *Schöner Wohnen* zum entscheidenden Kriterium erklärt. Das betraf vor allem die Inneneinrichtung, wobei besonders häufig die Einrichtung der Küche thematisiert wurde. Der Artikel «1 000 Schritte weniger» (SW 07/1964, S. 36–37) schließt dabei direkt an die Analysemethoden der 1920er Jahre an (Abb. 63). Er beschreibt den Umbau einer bestehenden zu einer «praktischen» Küche und stellt die in Alt und Neu notwendigen Wege gegenüber. Unterhalb einer Fotomontage der Ansicht der Küche mit der geisterhaften Multiplikation einer klischeehaften «Hausfrau» werden deren Schritte in Klein'scher Manier in Grundrissen abgebildet – grafisch

1000 Schritte weniger

läuft die Hausfrau pro Woche in ihrer Küche: Sie hat umgebaut. Wir zeigen, wie man durch kürzere Wege viel Zeit und Kraft sparen kann.

VORHER
Herd und Spüle zu weit auseinander

»Meine Küche ist eine Rennbahn«, klagte die Hausfrau vor dem Umbau. Sie hatte recht. Ein Raum von 4,50 Meter Länge und nur 2,30 Meter Breite wirkt ohnehin schon wie ein langer Schlauch. Dieser optische Eindruck wurde durch die alte Einrichtung der Küche noch unterstrichen. Eine Längswand war zwar durchgehend möbliert. Auf dieser Seite des Raumes befanden sich auch rechts vom Fenster zwei Spülbecken. Rechts und links davon schlossen sich ausreichend Abstell- und gut belichtete Arbeitsflächen an. Aber der Herd stand entgegengesetzt von der Spüle völlig isoliert. Der Weg von der Spüle zum Herd führte jedesmal quer durch die ganze Küche. Außerdem fehlte am Herd Abstellmöglichkeit, und die Hausfrau mußte sich ständig umdrehen, um den Herd von der Arbeitsfläche her beobachten zu können. Die Küchenarbeit war ermüdend und zeitraubend. Auf der nächsten Seite zeigen wir, wie aus der Rennbahn eine praktische Küche wird, in der sich die Hausfrau nicht mehr müde laufen muß.

36

NACHHER
Spüle und Herd beisammen an einer Wand

Die Raumbreite von 2,30 Meter erlaubt eine U-förmige Einrichtung. Zwischen zwei gegenüberliegenden Schrankreihen bietet ein 1,10 Meter breiter Gang noch ausreichend Bewegungsfreiheit. Der Elektroherd muß mit Spültisch und Arbeitsfläche verbunden werden. Die günstigste Reihenfolge ist von rechts nach links: Herd, Arbeitsfläche, Spüle. Die Spüle wird deshalb auf die andere Seite des Fensters verlegt. Dadurch ergibt sich jetzt ein wesentlich kleinerer Arbeitsbereich, der vor dem großen Fenster mit dem Herd beginnt. Arbeitsfläche und Spüle schließen an. Dann folgt eine zweite Tischfläche für viel Platz beanspruchende Arbeiten vor dem Fenster an der Stirnwand. An der Innenwand sind Schränke für Geschirr und Vorräte angeordnet. Die Wege im Arbeitsteil sind kurz. Rechts vom Herd bleibt sogar noch Platz für einen Ausziehtisch. Während die Kinder dort frühstücken, kann die Hausfrau unbehindert weiterarbeiten. Auf den nächsten Seiten Fotos von technischen Details in dieser Küche.

37

Abb. 63: «1 000 Schritte weniger» mit grafischer Darstellung der Wege im Grundriss, SW 07/1964

96 Siehe dazu Henderson (1996), die diesen Zusammenhang in Bezug auf das *Neue Frankfurt* und die Frankfurter Küche Margarete Schütte-Lihotzkys von 1926 weiter ausführt.

aufbereitet als Fußspuren der High Heels im Plan.[97] Auch die Architektur der Häuser selbst war Gegenstand der wiederbelebten Rationalisierungsbestrebungen. Wie im letzten Kapitel hinsichtlich der Technisierung des Haushaltes beschrieben, wurde ein angeblich geringer Bewirtschaftungsaufwand zu einem Entwurfskriterium, das *Schöner Wohnen* in Verbindung mit dem Begriff des Modernen als besondere architektonische Qualität vermittelte.

Die Bewohnerinnen der Eigenheime treten in *Schöner Wohnen* dem Gesellschaftsbild jener Zeit entsprechend in mehreren Rollen auf: Neben der «Hausfrau» geben sie auch die liebevolle Mutter, die gewissenhafte Erzieherin, die repräsentative Begleiterin ihres Gatten und die sexy Geliebte. In dieser Modernisierung des Frauenbildes ist eine Addition von Weiblichkeitsanforderungen nachvollziehbar (Debus 2012), die im großbürgerlichen Leben des späten 19. Jahrhunderts noch auf mehrere Personen verteilt waren. Zwar wurde in der Zeitschrift proklamiert, in dieser Überfrachtung praktische Hilfestellung geben zu wollen, der Katalog an Anforderungen stand dabei jedoch nie infrage. Stattdessen überführte *Schöner Wohnen* mit dem Aufgreifen «funktionalistischer» und «rationeller» Planungsmethoden nicht nur Postulate der Avantgarde der 1920er Jahre in Eigenheime der bundesdeutschen Nachkriegszeit. Die Zeitschrift arbeitete zugleich auch an der architektonischen Konstruktion des damit verbundenen Rollenbilds der professionalisierten und (re)domestizierten «Hausfrau». Diese strukturellen Grundlagen prägen auch die architektonische Umsetzung der vier Dutzend Wünsche, wie der folgende Blick auf die Ausgestaltung einzelner Räume im Haus der Familie D. zeigt.

Hinter glatten Fronten

Das Haus der Familie D. hat vier Stockwerke, die durch eine halbgeschossige vertikale Verschiebung gegeneinander versetzt sind. Allein die obere Ebene ist nicht von außen zugänglich. In der den Straßen zugewandten Ecke liegt das Schlafzimmer Herrn und Frau D.s vor den gen Garten ausgerichteten Kinderzimmern. Während vom Schlafzimmer der Eltern nur ein kleines Fenster auf die Straße geht, sind die Zimmer der Kinder durch große, bodentiefe Fenster weit zum Garten hin geöffnet. Mit den großzügigen Öffnungen nach Süden sind sie die hellsten Räume im Haus. Eine Wand jedes Kinderzimmers ist mit aufwendigen Schrankeinbauten und eigenen Waschtischen ausgestattet. Zu dieser Möbelwand sind beide Kinderzimmer spiegelsymmetrisch geschnitten. Dieser private Bereich ist durch neun Stufen klar von den öffentlicheren Bewegungsflächen des darunterliegenden Erdgeschosses getrennt.

Das Erdgeschoss ist das eigentliche Hauptgeschoss des Hauses. Seine Grundfläche bildet ein Quadrat, das in vier etwa gleich große Bereiche unterteilt ist, nämlich erstens einen Zugangs- und Funktionsbereich, zweitens das «Herrenzimmer» und drittens und viertens die zusammenhängenden Wohn- und Essbereiche. Den Haupteingang des Hauses bildet das mit Ornamentglas gefüllte Eingangstür- und Fensterelement zur Seite der Kantstraße, das den dahinterliegenden Eingangsflur zwar belichtet, aber vor Einblicken schützt. Von diesem führt links eine Tür in die Garage, die sich verkehrsgünstig zur größeren Straße

97 Den Hinweis auf diese Darstellung verdanke ich Rosanna Umbach (2022, S. 354–361).

öffnet. Geradeaus gelangt man an WC und Garderobe vorbei durch ein raumhoch verglastes Fenster-Tür-Element in den überhohen Treppenhausflur, dessen räumliche Großzügigkeit mit seiner wichtigen Rolle im Alltag korrespondiert – von dort geht es ein Halbgeschoss aufwärts zu den Schlaf- und Kinderzimmern, treppab zum Praxisteil und weiter treppab zum Keller des Hauses (Abb. 64).

Nach rechts führt der Flur weiter in den «Wohnteil» des Hauses, eine Tür am Ende des Flures rechts führt in die Küche, die Tür geradeaus öffnet sich zum Wohn- und Esszimmer, die Tür gleich links führt in ein Zimmer, das im Plan als «Herrenzimmer» bezeichnet ist. Diese Räume lassen sich durch eine Faltwand zwischen «Herrenzimmer» und Wohnbereich und dem beidseitig aufklappbaren Schrank zwischen Küche und Essbereich zu einem zusammenhängenden Raumgefüge verbinden und bei Bedarf räumlich wieder voneinander trennen. Im Text wird die Möglichkeit, das «Herrenzimmer» dem «ausdrücklichen Wunsch des Bauherren» (SW 01/1962, S. 53) Nummer 17 zufolge vom Rest des Familienlebens abzuschotten, dreifach erwähnt und ihr so eine besondere Bedeutung zugemessen. Auch architektonisch hat das «Herrenzimmer» eine besonders privilegierte Stellung: Es liegt an zentraler Stelle im Grundriss und nimmt etwa ein Viertel der Fläche des Erdgeschosses ein. Es hat den kürzesten Weg zum Treppenhaus, zur Haustür und zur Garage. Den Blick in den Garten eröffnet ein großes Südfenster. Dieses ist allerdings nicht wie die danebenliegenden Fenster der Terrasse bodentief ausgeführt, sondern ganz im Gegenteil mit hoher

Abb. 64: Der Eingangsbereich des Hauses, SW 01/1962

Brüstung und davor platziertem Blumenbeet so arrangiert, das es bei viel Ausblick wenig Einblick erlaubt. Nicht auf die Seite des Wohn- und Esszimmers, sondern auf jene des «Herrenzimmers» öffnet sich der Kamin.

Die Küche würde in ihrem «funktionalen» Zuschnitt dreimal in das «Herrenzimmer» passen. Sie ist im Plan als Teil eines Tetris-Spiels räumlich effizient ineinander verschachtelter Funktionsräume lesbar, dessen weitere Bestandteile das WC, die Garderobe, ein Installationsschrank, der Besenschrank sowie die Speisekammer bilden. Küche und WC sind gen Norden zur Straßenseite orientiert, ihre Fenster mit hoher Brüstung versehen. So liegt hier, räumlich und funktional auf geringen Platzverbrauch getrimmt, die Infrastruktur komprimiert zusammen. Die Gerätschaften zum Reinigen des Hauses sind im Flur in einer Besenkammer verstaut. Ebenso kann von der Küche aus sämtliches Geschirr im Wandschrank und der Vorrat in der Speisekammer zwischen Besenschrank und WC untergebracht werden.

Auf dem Weg abwärts durchs Haus liegen dann die Praxisräume Frau Doktor D.s unter dem «Schlafteil» etwa eineinhalb Meter *sous terrain*. Der Korridor ist einerseits durch das innere Treppenhaus zugänglich und stößt andererseits an die Ostfassade des Hauses, wo er durch einen separaten Zugang für die Patient*innen erschlossen ist. Die Praxis besteht im Wesentlichen aus einem kleinen Wartezimmer und dem Sprechzimmer auf der gegenüberliegenden Seite des Korridors, an das sich rückwärtig zwei Nebenräume anschließen, durch die Frau Doktor D. gemäß Wunsch 7 zwischen Wohnung und Sprechzimmer verkehren kann, ohne am Wartezimmer vorbeigehen zu müssen.

Komplett im Erdreich liegt der Keller, dessen Grundriss dem gleichen Schema folgt. Ein zentraler Korridor verbindet das Treppenhaus und den Kelleraufgang und erschließt zunächst den Vorratskeller, dann den Bastelraum, den Heizungsraum sowie ein mit «Spielraum» beschriftetes Zimmer gegenüber der Waschküche.

Die Ausformulierung der einzelnen Räume schreibt den verschiedenen Bereichen des Hauses unterschiedliche Bedeutungen zu. So verräumlichen die Kinderzimmer auch architektonisch die konstitutive Stellung der Kinder im Leben der idealen Kleinfamilie, indem der Nachwuchs spiegelsymmetrisch in den hellsten Zimmern aufwachsen kann. Im pragmatisch ausgeführten Zimmer der Eltern passt neben das extralange Bett (Wunsch 27) rechts und links knapp ein Nachttisch, es ist «für einen geordneten Vollzug der ehelichen Sexualität angeordnet» (Pollak 2015, S. 40).

Im Erdgeschoss zeigt das «Herrenzimmer» die Stellung des patriarchalen Haushaltsvorstands und Ernährers auch architektonisch (Abb. 65). Es kontrolliert durch seine zentrale Lage Eingangsbereich, Küche, Wohnraum und Garten und kann so im «Besitz des Zentrums des Panoramatischen» als «exklusiver Ort eines idealen Subjektes» (Nierhaus 2002a, S. 132) gelesen werden. Dabei steht es baulich durch seine mögliche Abschottung zugleich auch in Distanz zu den Geschehnissen des Haushaltes und Familienlebens. Eine architektonische Geste von besonderer Bedeutung ist dabei die Platzierung des offenen Kamins in diesem Zimmer: Als Ort der häuslichen Gemeinschaft, als Quelle der wohnlichen Wärme und als mythologischer Sitz der Hausgeister ist die Herdstelle ein besonders bedeutungsgeladener Teil des Wohnhauses (Selle 1993, S. 91). Obwohl die Feuerstelle von ihrer Funktion des Kochens gelöst ist und sie sich ihren Kamin mit dem Zug der ölgefeuerten Heizungsanlage teilt, bleibt ihre Bedeutung als «Ursprung aller körperlichen, sozialen und symbolischen Wärme» (ebd., S. 92) bestehen. Diese

Abb. 65: Kamin im Herrenzimmer, SW 01/1962

Abb. 66: Die Rückseite des Kamins im Wohn- und Esszimmer, SW 01/1962

Stellung wird architektonisch dadurch herausgestellt, dass der Kamin als einziges Element in rohem roten Ziegelmauerwerk ausgeführt ist – einem Material, dem durch seinen Brand im Herstellungsprozess Wärme eingeschrieben ist und dessen Ziegelrot diese auch farblich ausstrahlt. Die Kontrolle über das Feuer geht vom «Herrenzimmer» aus; der Zugang zu seinem Schein ist vom patriarchalen Wohlwollen abhängig. Mit der Wärme des Kamins strahlt auch die Macht der Kontrolle in das Wohn- und Esszimmer, das er durch seine massige Dimension von circa 200 auf 75 Zentimeter Grundfläche mit ganzer Breitseite in Besitz nimmt (Abb. 66).

Im Gegensatz zu dieser baulichen Repräsentation des *pater familias* folgt der architektonische Umgang mit der durch die «Hausfrau» zu leistenden häuslichen Arbeit einem anderen Ziel: dem Verschleiern und Verstecken. Im Haus D. sind – wie in vielen Häusern dieser Zeit – sämtliche Utensilien dieser Arbeit sorgsam verstaut. Die Einbauküche, derzeit das «Ideal, nach dem jeder Haushalt zu streben hatte» (Leicht-Eckhardt 1999, S. 196), zielt darauf ab, sämtliches Arbeitsgerät hinter glatten Fronten verschwinden zu lassen (Abb. 67).

Das Prinzip der glatten Fronten lässt sich auf die Maßstabsebene des Hauses übertragen. Während die übrigen Zimmertüren in dunklem Holz materialisiert sind, sind die Türen der Speisekammer und des Besenschranks – ebenso wie die der Einbauküche – weiß lackiert und so im geschlossenen Zustand Teil jener Oberfläche, die den bewohnten Raum umschließt und hinter der die Gerätschaften der häuslichen Arbeit im idealen Bild des alltäglichen Wohnens verborgen bleiben. Der Effekt: Wenn alle Türen der als Infrastrukturblock zusammengelegten Räume geschlossen sind, wirkt dieses Konglomerat an Funktionen wie ein einziger Wandschrank, dessen verschachtelte Funktionen hinter hellen Türen mit zarten Metallgriffen gänzlich unbeteiligt am Leben in den hohen, weiten, offenen Wohnräumen scheinen (Abb. 68).

Abb. 67 (nächste Doppelseite): Studioaufnahme einer Einbauküche: Utensilien häuslicher Arbeit, hinter glatten Fronten verborgen, SW 07/1962

Hinsichtlich der Zahnarztpraxis der Frau Doktor D. ist bemerkenswert, dass diejenigen der 47 Wünsche, die die Praxis betreffen, einzig darauf abzielen, die Gleichzeitigkeit von häuslicher Arbeit und Tätigkeit als Zahnärztin vereinbar zu machen. Wunsch 7 lautet: «Zugang von der Wohnung zum Sprechzimmer nicht nur über den Gang, den auch die Patienten benutzen, damit die Hausfrau nicht von den Patienten angesprochen werden kann.» So führt ein Shortcut vom Sprechzimmer durch einen Nebenraum, in dem Frau D. ihren Kittel ablegen

Wieviel Gerät faßt die Küche für vier Personen?

Abb. 68: Die Schrankwand der Küche, SW 01/1962

kann, direkt zum Treppenlauf des Hauses. Durch das halbgeschossig versetzte Split-Level liegen die Praxisräume zwischen Wohnbereich und Keller. Eine halbe Treppe hinab führt ein kurzer Weg zu Waschküche und Spielzimmer. Eine halbe Treppe hinauf zu Abstellkammer und Küche, eine weitere halbe Treppe hinauf zum Bad und zu den Kinderzimmern. All jene der «Hausfrau» zugeschriebenen Räume sind architektonisch so organisiert, dass Frau D. auch während ihrer Arbeitszeit nie weiter als einige Schritte von dieser Rolle entfernt ist, die ihren Patient*innen zugleich verborgen bleibt.

Auch wenn es der Text der Reportage positiv sieht, wenn es heißt: «Die Praxis-Räume liegen nur zur Hälfte im Erdreich» (SW 01/1962, S. 54), ist diese Setzung als architektonische Geste der Abwertung lesbar. Das zeigt besonders der Vergleich zu den (wenigen) anderen *Schöner Wohnen*-Beispielen der Unterbringung von Arbeitsräumen in Eigenheimen. Bei diesen handelt es sich ausnahmslos um Wohnhäuser, die Architekten für sich selbst und ihre Familie geplant und in denen sie auch ihre Büros in hellen und repräsentativen Räumen untergebracht haben.

Die Waschküche ist dem Wunsch nach «Tageslicht in der Bügelecke» zum Trotz im Keller platziert. Im Grundriss fällt die Beschriftung des unmittelbar gegenüberliegenden Zimmers als «Spielraum» auf. Die Anordnung der Türöffnungen vis-à-vis ist die architektonische «Lösung» für eine Rollenanforderung, die simultan zur Arbeit in der Waschküche die Betreuung der Kinder vorsieht. Sie zeigt auch, dass die Waschküche nach der Küche wohl der wichtigste und meistbenutzte Raum häuslicher Arbeit war, in der mehr Zeit zugebracht wurde als in überirdischen Räumen mit mehr Aufenthaltsqualität. Fraglich ist also: Weshalb liegt die Waschküche eigentlich im Keller?

Unsichtbare Arbeit

Wer in Eggenstein über den Gartenzaun das Haus der Familie D. betrachtet, denkt nicht zuerst an Vicenza. Doch für Andrea Palladio, der dort mit der Villa Capra «La Rotonda» eines der meistbesprochenen Bauwerke der Renaissance entwarf, war das Verstecken der häuslichen Arbeit förmlich gottgegebener Entwurfsgrundsatz:

> «Denn wie auch im menschlichen Körper einige edle und schöne Teile und einige eher unedle und häßliche anzutreffen sind, [...] ohne die die ersteren nicht sein könnten, so müssen auch in den Bauwerken neben einigen ansehnlichen und ehrenvollen auch einige weniger elegante Gebäudeteile vorhanden sein [...]. Aber Gott hat die Teile, die am schönsten sind, an jene Stellen gesetzt, auf die der Blick zuerst fällt, die weniger ehrenvollen Teile aber an versteckte Orte. Und so ordnen auch wir beim Bauen die hauptsächlichen und ansehnlichsten Gebäudeteile offen und die weniger schönen an den unseren Augen am verborgensten liegenden Stellen an [...]. Deshalb lobe ich es, daß an der tiefsten Stelle eines Gebäudes, die ich immer etwas unter die Erde lege, nämlich die Keller, Holzmagazine, die Vorratskammern, die Küchen, die Stuben, die Waschküchen, die Öfen und dergleichen mehr, was zum täglichen Gebrauch zählt, angelegt werde.» (Palladio 2009 (1570), S. 114)

Diesem Grundsatz folgend, dient Architektur seit Langem der Unsichtbarmachung und Naturalisierung häuslicher Arbeit. Das Idealbild des kontemplativen Landlebens in der antiken Villa hat sich über die Zeit von der Renaissance bis in die Moderne der 1920er Jahre kaum verändert,[98] wie sich in einer Gegenüberstellung von Äußerungen Palladios in Bezug auf dessen Villa Capra und Le Corbusiers in Bezug auf dessen Villa Savoye zeigt (Rowe 1980). Le Corbusier beschreibt das Leben der Bewohner*innen wie folgt: «Les habitants, venus ici parce que cette campagne agreste était belle avec *sa vie de campagne,* ils la contempleront [...]. Leur vie domestique sera inserée dans un rêve virgilien.» (Ebd., S. 2) Die Villa als Schauplatz des sorgenfreien und kontemplativen Lebens der Städter*innen auf dem Lande ist eine «radikal ideologische Architektur: Ihre Rolle bestand darin, den Pastoralmythos eines von den Beschwernissen des Städtischen befreiten Lebens zu konstruieren und dabei zugleich die Tatsache zu verschleiern, dass eine solche Fantasie nur auf

98 Siehe auch Ackerman (1990) sowie Bentmann und M. Müller (1970).

dem Rücken der Arbeiterklasse oder Sklaven möglich war.» (Dogma und Realism Working Group 2018, S. 156)

Der Mythos des unbeschwerten Lebens prägt bis heute das gesellschaftliche Bild von Häuslichkeit insbesondere im Eigenheim und basiert noch immer auf dem im Typus der Villa verankerten Gegensatz von Wohnen (hier) und Arbeiten (andernorts). Dieses Wohn-Ideal stellt frei von den Zwängen der Produktionsarbeit außerhalb des Hauses Ruhe, Erholung und das geschützte Familienleben in den Mittelpunkt. In diesem Sinne wird ein Eigenheim gewöhnlich als *Wohn*haus bezeichnet, als würde dort keine Arbeit stattfinden. So ist einerseits ganz im Sinne der Naturalisierung häuslicher Arbeit «ein Haus ohne Küche oder Waschmaschine geradezu undenkbar» (ebd., S. 155), andererseits werden zur Aufrechterhaltung der «Ideologie der Häuslichkeit» (ebd., S. 155) die Räume und Gegenstände der Reproduktionsarbeit architektonisch unsichtbar gemacht.

Die von Palladio beschriebene architektonische Strategie prägt seinen Entwurf der Villa Capra. Im Schnitt durch das Haus wird deutlich, dass es der Sockel, der das Hauptgeschoss emporhebt und seinen Loggien zu ihrem majestätischen Blick in alle vier Himmelsrichtungen verhilft, buchstäblich in sich hat: In niedrigen Gewölben sind dort die Räume der häuslichen Arbeit untergebracht, die so auf doppelte Weise das herrschaftliche Leben in den darüberliegenden repräsentativen Sälen tragen. Ähnlich verhält es sich in Le Corbusiers Villa Savoye: Ihr Erdgeschoss ist vor allem dafür bekannt, dass es in seiner Form dem Wendekreis eines Autos entspricht. Es ist so zurückversetzt, dass es in den Schatten des Obergeschosses fällt, als trügen ausschließlich die dünnen Pilotis das berühmte weiße Wohngeschoss mit Dachterrasse wie eine «boîte en l'air».[99] Dieses im Schatten verborgene Erdgeschoss fasst nicht nur die Treppe und die Rampe, um nach oben zu gelangen, sowie eine Garage für drei Fahrzeuge, sondern auch ein Dienstbotenzimmer und die Waschküche.

Die architektonische Tradition der Unsichtbarmachung reproduktiver Arbeit wird in *Schöner Wohnen* fortgeschrieben. Auf Tausenden Seiten, die vorgeben, den Alltag im Eigenheim darzustellen, ist kaum eine Darstellung häuslicher Arbeit zu finden. In ihrem Essay «Mutter_schafft – Von un/sichtbarer Hausarbeit im *Schöner Wohnen* Magazin der 1970er-Jahre» schreibt Rosanna Umbach (2018) dazu:

> «Die Küche als Arbeitsraum wird hier ad absurdum geführt, scheint sie doch bloße Bühne für den Müßiggang von Frauen* zu sein, die meist mit dem Eingießen oder Einnehmen von Getränken beschäftigt sind oder einfach lächelnd in der Küche stehen. Hausarbeit in ihrer Ausführung und Verkörperung bleibt unsichtbar. Wir sehen keine bratenden, kleckernden, knetenden, mangelnden, rührenden, schneidenden oder wischenden Frauen*. [...] Was wir nicht sehen, ist das schmutzige Geschirr, das im blasenwerfenden Spülwasser schwimmt. Was wir nicht sehen, sind die Flecken und Staubfäden, der angetrocknete Dreck und die wunden Hände. Was wir niemals sehen, sind die gebeugten Rücken, die schwitzenden Achseln, die müden Knochen. Was wir nicht sehen sollen, sind die Spuren des arbeitenden Körpers.» (Umbach 2018, S. 46–47)

---

99 Le Corbusier, zitiert nach Rowe (1980, S. 2). Der Entwurf einer «schwebende Kiste» war eine Obsession des Architekten (von Moos 1985, S. 80).

Andere Eigenheimentwürfe jener Zeit setzen diese Nicht-Zeigestrategie fort. Eine geschickte Weiterentwicklung wurde im Mai 1961 in *Schöner Wohnen* abgebildet (Abb. 69 und 70). Der Architekt Jürgen Marlow plante für sein Haus in Sülldorf bei Hamburg eine Durchreiche zwischen dem Esszimmer und der Küche. Die Gegenüberstellung der zwei fast identischen Fotografien zeigt ihre Funktionsweise: An einem Teil der Wand sind übereinander zwei Spiegel angebracht. Deren unterer lässt sich seitlich in die Wand hineinschieben, um die Durchreiche aufzutun. Wird der Spiegel wieder zurückgeschoben, so blendet er die Küche visuell aus und spiegelt stattdessen eine optische Fortsetzung des Esszimmers an ihre Stelle. Diese Durchreiche führt auf die Spur weiterer Durchreichen, die – wie sich zeigen wird – im Hinblick auf häusliche Arbeit bedeutsame architektonische Elemente sind.

Durch die Durchreiche

Die Küche im Haus D. hat eine weitere Funktion, die sich in ihrer architektonischen Ausformulierung abzeichnet. Ganz im Sinne der damals gängigen Assoziation der Küche als «Kommandostand» ist sie auch ein kontrollierender Aussichtspunkt. Vom Herd aus kann nicht nur der Hauseingang überblickt werden. Durch die Durchreiche liegt auch das Wohn- und Esszimmer im Blick. In der westlichen Giebelfassade ist zudem ein Fenster so angeordnet, dass der Kellereingang vom Herd aus einsehbar ist. Eine Perspektive bleibt allerdings verdeckt; die Tür der Küche ist zur Tür des gegenüberliegenden Herrenzimmers so weit wie möglich versetzt. Diese Entscheidung widerspricht gleich vier Wünschen (3, 4, 5, 6), da sie den Weg von der Küche zu Haustür, Schlafteil, Vorratskammer und Praxis verlängert. Nicht nur das «Herrenzimmer» selbst, auch der Shortcut über den Hausflur in die Garage ist so der Kontrolle aus der Küche entzogen – ein im zeithistorischen Kontext männlich konnotierter Weg.

Für die Funktion der Küche als «Kommandostand» spielt die Durchreiche für die Blickbeziehung ins Wohn- und Esszimmer eine entscheidende Rolle. Die Durchreiche des Hauses D. ist eine mittige Öffnung im von Küche und Esszimmer zugänglichen Wandschrank, deren Unterkante auf der Höhe der Küchenarbeitsplatte liegt. Diese ist so bemessen, dass sie eine funktionelle und visuelle Verbindung schafft. Die Durchreiche im Haus D. kann allerdings, ähnlich wie die Durchreiche im Haus Marlow, durch eine Schiebetür verdeckt werden, wonach sie sich perfekt in das Bild des Wandschranks einfügt. Die meisten Durchreichen, die in *Schöner Wohnen* in anderen Gebäudeporträts erscheinen, können jederzeit durch Klappen, Schiebetüren oder Rollläden verschlossen werden, um die Sphäre der häuslichen Arbeit wieder vom Wohnraum zu trennen.

Die Durchreiche verbindet das Wohn- oder Esszimmer mit der Küche. Aber ist sie wirklich ein verbindendes Element, ein Schritt hin zur Öffnung der Küche zum Wohnbereich? Im aufgeladenen Streit um die offene Küche, der im letzten Kapitel thematisiert wurde, ist die Durchreiche ein Kompromiss. Sie erlaubt eine gewisse Öffnung, ohne dabei die Küche als funktionalen Arbeitsraum für eine Person infrage zu stellen. Damit ist die Durchreiche eher ein Element, das eine Veränderung der Küche verhindert, die auch Einfluss auf die vergeschlechtlichten Rollen im Haushalt haben könnte. Wenn die Funktion vieler Durchreichen aber nicht vordringlich darin besteht, die Küche zu öffnen

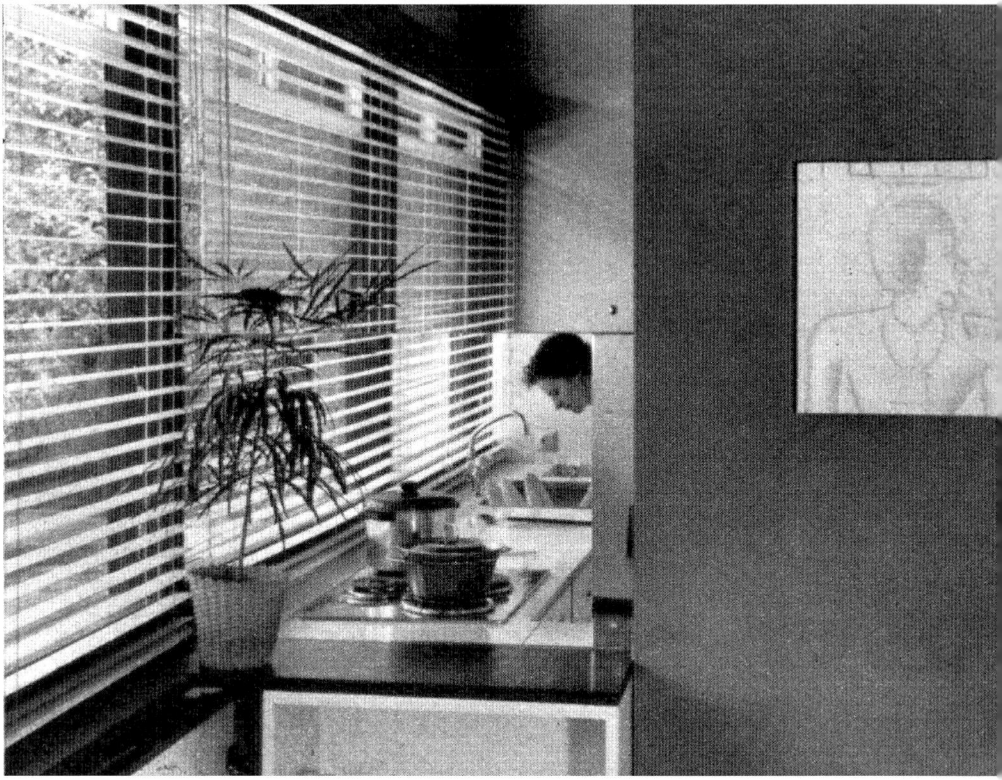

Abb. 69: Spiegelwand mit geöffneter Durchreiche, SW 05/1961

Abb. 70: Spiegelwand mit geschlossener Durchreiche, SW 05/1961

und mit dem Wohn- und Esszimmer in Beziehung zu setzen, was hat es dann mit ihr auf sich?

Architektur führt Regie über die Blicke ihrer Bewohner*innen – und mehr als das, wie Beatriz Colomina (1992) beschreibt: «Architecture is not simply a platform that accommodates the viewing subject. It is a viewing mechanism that produces the subject. It precedes and frames its occupant.» (Ebd., S. 83) Nicht nur die von Colomina analysierten Wohnhäuser Adolf Loos' beherbergen Szenen, in denen «the controlling look, the look of control, the controlled look» (ebd., S. 74) Spielarten eines architektonisch arrangierten Blickregimes sind. Auch in alltäglichen Architekturen werden Blicke ebenso bewusst wie präzise ausgerichtet.

Die Durchreiche ist ein Element, dessen Entwicklung in enger Verbindung zu Anforderungen der häuslichen Arbeit steht. Vordergründig tritt sie als architektonische Lösung für das Spannungsverhältnis zwischen Küche und Esszimmer auf den Plan. Hanisch und Widrich (1999) bezeichnen dieses Verhältnis als «rivalisierende Interessen in einer ‹distanzierten Nähe›» (ebd., S. 17) und führen es auf Leon Battista Albertis *Zehn Bücher über die Baukunst* zurück. Hier heißt es, die Küche solle sich «weder mitten unter den Tischgästen befinden, noch darf sie allzu weit entfernt sein, damit nicht die für die Gastmähler warm zubereiteten Speisen beim Auftragen kalt werden. Es wird genügen, wenn man vom Lärm der Diener, der Teller und Schüsseln und vom Küchendunst nichts merkt» (Alberti 1912 (1452), S. 278).

Während die Küchen bürgerlicher Häuser in der Regel getrennt vom Esszimmer, aber in dessen Nähe eingerichtet wurden, sodass die Speisen heiß von den Bediensteten aufgetragen und zügig abgeräumt werden können, spielten diese Luxusprobleme in den proletarischen Haushalten keine Rolle. Hier gab es zumeist keine räumliche Trennung zwischen Küche und Wohn- bzw. Speisezimmer, auch waren die Wohnungen ohnehin nicht so groß, dass das Essen auf dem Weg hätte abkühlen können. Diese Wohnküchen waren in Arbeiter*innenhaushalten zu Beginn des 20. Jahrhunderts zugleich auch «Gute Stube» (Leicht-Eckhardt 1999, S. 187–188).

Als in den 1920er Jahren im Zuge der oben beschriebenen «female redomestication» (Henderson 1996, S. 223) die «klassenübergreifende Rationalisierung für eine alleinige und effektive Haushaltsführung durch die Frauen» (Leicht-Eckhardt 1999, S. 192) sorgen sollte, prägte diese Rationalisierung besonders die Küche, an der «als funktionelle Räume schlechthin [...] praktisch die gesamte europäische Architekturavantgarde» (Miklautz, Lachmayer und Eisendle 1999, S. 15) der 1920er Jahre arbeitete. Die Küche wurde dabei zu einem monofunktionalen, abgeschlossenen, für eine einzelne Person bemessenen Raum. An dieser Stelle trat die Durchreiche auf den Plan, und zwar aus einem Grund, der mit dem Durchreichen wenig zu tun hatte: Wenn die «Hausfrau» nun einen Teil des Tages in der neuen Küche arbeitete, wer sollte dann die Kinder beaufsichtigen? In der Küche konnten sie nicht sein, dort gerieten die Schrittfolgen und Bewegungsabläufe, auf die alle Maße des hocheffizienten Grundrisses präzise abgestimmt waren, durch unvorhersehbares Umhergekrabbel aus dem Rhythmus. Die Lösung war denkbar einfach: die Beaufsichtigung der Kinder im Nebenzimmer durch ein Loch in der Wand.

Ein Verfechter der Durchreiche war besagter Alexander Klein, der in einem Vortrag mit dem Titel «Untersuchungen zur rationellen Gestaltung von Kleinwohnungsgrundrissen» von den Versuchen berichtet, «eine Grundrißlösung zu finden, die der mit Kochen beschäftigten

Hausfrau erlaubte, die im Wohnzimmer oder in der Loggia spielenden Kinder zu beaufsichtigen, und bei der sie außerdem den Herd vom Eßtisch aus beobachten könnte» (Klein 1928, S. 543). In seinem Entwurf für das oben erwähnte «Functional House for Frictionless Living» gelang ihm dies, hier lässt sich durch eine Durchreiche von der Küche über den Essplatz ins Wohnzimmer blicken. Auch praktisch setzte er sein Verständnis einer idealen architektonischen Lösung für die gleichzeitigen Aufgaben der häuslichen und Care-Arbeit großmaßstäblich in die gebaute Realität um, etwa in der von ihm geplanten Großsiedlung in Bad Dürrenberg bei Leipzig mit eintausend Wohneinheiten. So wurde die Durchreiche besonders in Entwürfen für Kleinwohnungen der späten 1920er Jahre im Neuen Bauen derart populär, dass es sogar den Versuch einer Normierung ihrer Breite und Höhe gab (Bußmann 2003, S. 90).

Während des nationalsozialistischen Regimes wurde im sozialen Wohnungsbau begrifflich wieder die Wohnküche als Planungsziel proklamiert, während die Küche im Plan oft als «Kochnische» getrennt gezeichnet wurde (Kähler 1988, S. 555). Allerdings wurde offenbar die mit dem Neuen Bauen verbundene Durchreiche vermieden.

In der Nachkriegszeit wurde das Element wieder aufgegriffen. In ihrem Essay «In der Küche essen? Vorschläge für Küche und Essplatz in der Wohnung» argumentiert die Architektin Lotte Tiedemann (1956) gegen die Wohnküche, in der alle Funktionen durcheinandergingen: «Neben der Mutter, die gerade Kartoffeln schält, ist das Kind mit seinen Schularbeiten beschäftigt.» (Ebd., S. 35) In diese «unzweckmäßige» Küche zeichnet Tiedemann eine verzweifelt wirkende Frau, die an einem Tisch sitzt, auf dem einige Gegenstände herumliegen. Für ihren Gegenvorschlag einer «zweckmäßigen» Küche spielt die Durchreiche eine wichtige Rolle: Sie «ermöglicht der Mutter, die Kinder im Wohnraum von der Küche aus zu überwachen» (ebd., S. 37). Im rechten Plan zu diesem Vorschlag ist ausgehend von der Küche durch die Durchreiche ein schwarzer Pfeil gezeichnet, der das auf dem Teppich im Wohn- und Esszimmer sitzende Kind anvisiert.

Die Anforderung an die Rolle der «Hausfrau», simultan Hausarbeit und Kinderbetreuung zu leisten, zeichnet sich in der Architektur vieler Eigenheime ab. In vielen Bauten, die in *Schöner Wohnen* porträtiert wurden, findet sich dieser Zusammenhang räumlich umgesetzt. Dabei war nicht nur die Küche Thema, ganz grundsätzlich wurde der praktische Vorteil offener Grundrisse in dieser Hinsicht thematisiert.

Deutlich wird das etwa im Haus L., dem ersten in *Schöner Wohnen* und in diesem Buch vorgestellten Haus. Hier ist der zentrale runde Flur so ausgestaltet, dass in erhöhter Position ein Arbeitsplatz eingerichtet werden kann, von dem aus die an der Nähmaschine arbeitende Person mit einer Drehung des Kopfes quasi panoptisch das Wohn- und Esszimmer, beide Kinderzimmer und selbst das Bad im Blick haben kann, also alle Räume, in denen sich die Kinder gewöhnlich aufhalten (siehe Abb. 4). Vor dem Hintergrund tradierter Rollenzuschreibungen trug die räumliche Vereinbarkeit von häuslicher Arbeit und Care-Arbeit mit dazu bei, dass der offene Grundriss im alltäglichen Wohnen populär wurde.

Was folgt?

Suburbia, where the suburbs met utopia
What kind of dream was this?

– Pet Shop Boys, «Suburbia» (1986)

Was folgt?

Suburbia, where the suburbs met utopia
What kind of dream was this?

– Pet Shop Boys, «Suburbia» (1986)

Diese Geschichte vom «großen Ziel: dem kleinen Haus» machte in der Zeitschrift vorgestellte Eigenheime zu Ausgangspunkten von Betrachtungen, die den Erfolg dieser Wohnform in der bundesdeutschen Nachkriegszeit nachvollziehbar werden lassen und die Architektur dieser Bauten im Kontext ihrer Rahmenbedingungen verorten. Als Grundlage dieser Untersuchung war die wichtigste Wohnzeitschrift der Bundesrepublik dabei immer mit von der Partie. In den auf die fünf Themenfelder mediale Repräsentation, politische Rahmenbedingungen, Konzepte der Planung, technische Entwicklungen und vergeschlechtlichte Rollenbilder fokussierten Kapiteln traten inhaltliche Stränge in Erscheinung, welche die Geschichten der einzelnen Häuser verbinden. Abschließend möchte ich daher drei dieser Stränge aufgreifen und diskutieren.

Zuerst richtet sich der Blick auf die *Schöner Wohnen* selbst. Ihre Bedeutung als populäre Architekturzeitschrift und das Potenzial populärer Architekturdiskurse werden nicht nur für die architekturhistorische Forschung herausgestellt, sondern auch für einen zukünftigen Umgang mit der Wohnform Eigenheim.

Die Vielzahl thematischer Querbezüge zwischen den in diesem Buch vorgestellten Häusern macht eines deutlich: In der bundesdeutschen Nachkriegszeit griffen viele Faktoren ineinander, die zum Erfolg der Wohnform Eigenheim beitrugen und die Architektur der Bauten prägten. Das Zusammenwirken dieser kontextuellen Bedingungen ist der zweite Aspekt, der im Folgenden erörtert wird.

Schließlich geht es darum, wie die Zeitschrift *Schöner Wohnen* mit dem Eigenheim die zahlreichste und gewöhnlichste Architektur dieser Epoche zum zentralen Protagonisten einer Erzählung architektonischer Moderne machte, der sie dabei zugleich eine neue Facette hinzufügte. Die Redaktion begriff die Konstruktion einer populären Nachkriegsmoderne als architektonisches Vermittlungsprojekt.

Populäre Architekturdiskurse

Die *Schöner Wohnen*-Hefte der 1960er und 1970er Jahre lassen sich als populäre Architekturzeitschrift lesen. Im *Journal für Haus, Wohnung, Garten und Gastlichkeit* – so ihr Untertitel – wurden architektonische Themen geschickt in einen bunten Strauß aus Einrichtungsvorschlägen, Gartentipps und Produktwerbung eingebunden und durch innovative Methoden der Darstellung zugänglich gemacht. Diese populäre Architekturvermittlung lässt sich in die Ebenen methodischen, praxisbezogenen und historisch-theoretischen Wissens ausdifferenzieren, das sich in seiner Gesamtheit als grundlegende Architekturkompetenz bezeichnen lässt.

«Architekten haben die Angewohnheit, ihre Pläne so zu zeichnen, daß ein Laie sie nur mit Mühe versteht.» (SW 04/1971, S. 187) Auf der methodischen Ebene vermittelte die Zeitschrift deshalb seit ihrer ersten Ausgabe das wichtigste architektonische Grundlagenwissen, das Lesen von Plänen. Die «Zeichnungen, die das Haus waagerecht oder senkrecht durchgeschnitten zeigen» (SW 04/1971, S. 187), wurden im Layout der Zeitschrift häufig von liebevoll detaillierten Axonometrien flankiert und das räumliche Verständnis von Grundrissen kurzerhand in Rätsel-Aufgaben trainiert. An anderer Stelle wurde das Lesen eines Bebauungsplanes samt Erörterung vieler Bauvorschriften angeleitet: «Dünne schwarze Linien kennzeichnen die Grundstücksgrenzen und kleine Kringel die Grenzsteine.» (SW 04/1969, S. 180)

Schöner Wohnen ermächtigte durch die Vermittlung praxisbezogenen Architekturwissens zu räumlicher Veränderung. In Rubriken wie «Wir bauen um» wurden konstruktive Grundlagen erläutert, im «*Schöner Wohnen*-Lexikon» architektonische Fachbegriffe verständlich erklärt. In der Serie «Planen und Bauen» ermutigte *Schöner Wohnen* die Leser*innen zu weit mehr: Von der städtebaulichen Setzung über die Erstellung eines Raumprogrammes bis zu dessen Übersetzung in einen Grundriss wurden die Leser*innen angeleitet, ihr eigenes Haus zu entwerfen, um Einfluss auf den Entwurfsprozess zu nehmen. Behutsam rüttelte die Zeitschrift mit diesen Themen an der Autonomie der Disziplin und kratzte am hierarchischen Gefüge der Planung. Weitab von revolutionären Umsturzversuchen blieb dabei jedenfalls im Bereich der Neubauten die Rollenverteilung zwischen Architekt*in und Bauherrschaft stets klar. Dennoch eröffnete die in *Schöner Wohnen* vermittelte Architekturkompetenz Möglichkeiten, Entwurfsprozesse partizipativer zu gestalten.

Schöner Wohnen verstand sich auch als Plattform eines populären Architekturdiskurses. Die Zeitschrift stellte in Interviews und Gastbeiträgen Positionen bekannter Architekten dar und präsentierte teils aufwendige redaktionelle Beiträge zu Themen der Architektur und Stadtplanung. Die Perspektive auf das architektonische Geschehen veränderte sich im Laufe der Zeit: In den frühen 1960er Jahren ging es vorrangig um die unmittelbare Gegenwart. Mit etwas Distanz mischten sich in den späteren 1960er Jahren große architekturhistorische Themenreihen mit einem zunehmend kritischen Blick auf die Planungen des Wiederaufbaus. Anfang der 1970er Jahre schlug die Euphorie des Space Age in Sorge um die Zukunft um. In der Übersicht wird deutlich, wie die vielfältigen architektonischen Themen in der Zeitschrift breiteren gesellschaftlichen Diskursbewegungen folgten. Dabei stand die zentrale Rolle des Eigenheims zu keiner Zeit infrage.

Die in der Zeitschrift präsentierten Häuser sind zumeist von hoher architektonischer Qualität. Angesichts der Ausbildung der verantwortlichen Redakteure mag die gute Auswahl kaum erstaunen. Ausgehend von der gegenwärtig verbreiteten Sicht auf die Masse der Bestandsgebäude dieser Jahre, die diesen alltäglichen Bauten nur ausnahmsweise architektonischen Wert beimisst, ist die Lektüre der *Schöner Wohnen* allerdings ausgesprochen ermutigend. Sie erfordert förmlich, den Eigenheimen aus dieser Zeit hinsichtlich ihrer architektonischen Qualität mit einem neu eingestellten Blick zu begegnen.

Die Betrachtung der *Schöner Wohnen* als populäre Architekturzeitschrift konfrontiert mit Widersprüchen. Klar ist: Die Ausgaben der 1960er und 1970er Jahre sind keine Sternstunden eines offenen Architekturdiskurses. Bei ihrer Vermittlung von Architekturkompetenz ging die Zeitschrift ausgesprochen selektiv vor, um gezielt für eigene Positionen einzutreten. Dabei war Gestaltungsmacht männlich und weiß dominiert. Schöner wohnte in erster Linie ein bürgerliches Publikum, das die dazugehörigen Bauten und Produkte auch bezahlen konnte. Weitgehend unkritische Eigenheimpropaganda stand besonders in den frühen 1960er Jahren im Zentrum und trug mit zur medialen Naturalisierung dieser Wohnform bei. Dabei war das inhaltliche Programm der Zeitschrift entlang gegenderter Rollenklischees gänzlich auf die patriarchale, heteronormative Kernfamilie ausgerichtet. Die gängigen Zeigestrategien sorgten dafür, dass reproduktive Arbeit fortwährend unsichtbar blieb. Zugleich lösten sich die Grenzen zwischen redaktionellen Bestandteilen der Zeitschrift und den Werbeanzeigen der Industrie an vielen Stellen auf. Wenngleich diese Positionierungen angesichts des historischen Kontexts alles andere als überraschend sind, ist aus heutiger Sicht ein ausgesprochen kritischer Blick auf die Hefte dieser Zeit unabdingbar.

Doch sehe ich in dieser Geschichte einer populären Architekturzeitschrift zugleich nicht zu unterschätzende Potenziale. Auf der Hand liegt die Bedeutung für die architekturhistorische Forschung. *Schöner Wohnen* bietet eine aufschlussreiche Perspektive auf die Eigenheime der bundesdeutschen Nachkriegszeit, die als Bauten heute zumeist unbekannter Architekt*innen kaum an anderer Stelle publiziert wurden. Wenn jederzeit klar bleibt, dass die Heft für Heft inszenierten Situationen nicht mit den tatsächlichen Wohnalltagen in der BRD zu verwechseln sind, bietet die Zeitschrift unter Einbezug weiterer Quellen der architekturhistorischen Forschung die Chance, den Bauten in ihrem zeitgeschichtlichen Kontext verhältnismäßig nahe zu kommen.

Auch für die architektonische Zukunft der Wohnform Eigenheim bietet die Zeitschrift eine Perspektive. Diese liegt nicht etwa in der Zukunft der Zeitschrift selbst; in architektonischer Hinsicht ist *Schöner Wohnen* längst abzuschreiben. Doch eine differenzierte Relektüre der Zeitschrift *Schöner Wohnen,* bei der die architektonische Qualität vieler Bauten ebenso deutlich wird wie der ideologische Gehalt dieser Wohnform, kann eine Grundlage für einen gleichermaßen kritischen und sorgfältigen architektonischen Umgang mit dem Gebäudebestand sein.

Die Bedingungen des Booms

Die Architektur der in diesem Buch vorgestellten Eigenheime wurde durch die kontextuellen Bedingungen ihrer Entstehungszeit geprägt. Im Blick auf die Gesamtheit des untersuchten Materials gilt es, abschließend jene Faktoren herauszustellen, denen in der Übersicht besondere Bedeutung zukommt. Ausgehend von der Zeitschrift *Schöner Wohnen* arbeite ich dazu im Folgenden wesentliche Verbindungslinien heraus, die sich durch die Geschichten der vorgestellten Bauten ziehen. Dabei beginne ich mit dem politischen Kontext und gehe insbesondere auf Querbezüge zwischen den Themen ein.

Ihre Eigenheime waren für Ludwig Erhard und Paul Lücke bei ihren Auftritten in *Schöner Wohnen* nicht nur Kulisse, sie machten die Bauten zum Bestandteil einer politischen Identitätskonstruktion. Dabei vermochten sie verschiedene Erzählungen zu stützen: Im Haus Lücke wohnt der zugewandte Patriarch einer kinderreichen Familie unter einem steilen Dach; das Bild vom handwerkenden und gärtnernden Macher lebt von Cordhose und Kartoffelacker. Im Bungalow Erhards trifft der zukünftige Kanzler hoch über dem Tegernsee Künstler und Architekten; die von gestreifter Markise geerdete Szenerie bürgerlich-kultureller Selbstdarstellung verheißt wirtschaftlichen Erfolg. So unterschiedlich die Bauten und die mit ihnen verknüpften Erzählungen zunächst wirken, fügen sie sich zu einem Bild zusammen, in dem das Eigenheim Bestandteil einer verklärenden bundesdeutschen Selbsterzählung geworden ist.

Das Verklärende liegt dabei in der Inkongruenz der implizit mit dem Eigenheim verbundenen Ideen und Absichten und dem nach außen wirksamen Bild dieses Lebensmodells. Mit der auf das Eigenheim ausgerichteten Wohnungspolitik wurde eine Vielzahl von Zielen verbunden, die in dieser Wohnform schlüssig ineinandergreifen. Ideologisch knüpften Vorstellungen der Verbindung von Volk und Boden und von einer

«Gemeinschaft» aus «gesunden», kinderreichen Familien mit einem neuen christlichen Drall nahtlos an die völkische Ideologie der NS-Zeit an. Zugleich sollte das Eigenheim als biopolitische Architektur helfen, die demografischen Lücken des Krieges zu füllen. Wenn hinsichtlich der Aufarbeitung nationalsozialistischer Täterschaft in der Breite «Vergangenes vergangen» sein sollte, kam es nicht ungelegen, wenn die Häuslebauer*innen die Beschäftigung mit Haus und Garten politischer Betätigung vorzogen. Das war auch im Sinne der antikommunistischen Politik dieser Zeit, der das Gegenbild zu kollektiveren Wohnformen im sozialistischen Osten zur architektonischen Konstruktion eines auf Individualismus, Konsum und Privateigentum basierenden Lebensstiles diente. Da die «Eigenheimwilligen» fleißig arbeiteten, um ihren Traum in die Tat umzusetzen und später die Kredite zurückzuzahlen, lag in dieser Ausrichtung der Wohnungspolitik auch ein volkswirtschaftliches Interesse. Hinzu kommen die private Altersvorsorge durch Wohneigentum und die Förderung der Bauwirtschaft durch privates Kapital. Dem gegenüber steht das veräußerte Bild des Lebensmodells Eigenheim, das in *Schöner Wohnen* hundertfach seine ideale Illustration fand. Die dargestellten Häuser sind Zeugen des wirtschaftlichen Aufschwungs. Sie machen die Erfolge des Wiederaufbaus greifbar. Sie sind die Schauplätze glücklichen Familienlebens und steigender Geburtenzahlen. Sie erzählen von den biografischen Erfolgen der Nachkriegszeit. Sie transportieren die Vorstellung einer demokratischen und weltoffenen Gesellschaft ins Private, die auch dadurch getragen wurde, dass die Bauten Anschluss suchten an einschlägige internationale, modernistische Referenzen.

Die Bündelung gewichtiger politischer Ziele verhalf dieser Wohnform zu vielschichtigen Förderprogrammen, die zwar mit einem sozialen Anstrich versehen, aber in erster Linie für Wohlhabende profitabel waren. Das im vierten Kapitel vorgestellte Haus F. (SW 04/1961) ist ein Ergebnis dieser Politik; der Architekt Christian Farenholtz hatte angeblich nie im Eigenheim leben wollen, doch baute er trotzdem: «Weil ich natürlich eingesehen habe, dass es für mich und meine Nachkommen geradezu blödsinnig gewesen wäre, die Möglichkeit, von Staats wegen Eigentum geschenkt zu bekommen, nicht auszunutzen.»[100] Sein Haus plante er mit genau 120 Quadratmeter Wohnfläche, der damaligen Obergrenze für eine staatliche Förderung im Rahmen des «sozialen» Wohnungsbaus.

Das Eigenheim war elementarer Bestandteil von Planungskonzepten, die auf einer weiter zurückreichenden städtebaulichen Ideengeschichte aufbauten und die verbunden mit den Begriffen *aufgelockerte und gegliederte Stadt*, *Stadtlandschaft*, *organischer Städtebau* und *autogerechte Stadt* in der Nachkriegszeit erneut Konjunktur hatten. Nachdem sich in der NS-Zeit die Hoffnungen der Planer, ihre Entwürfe in großem Stile umzusetzen, kaum erfüllt hatten, boten Kriegszerstörungen und Wohnungsknappheit mit beginnendem wirtschaftlichen Aufschwung der 1950er Jahre dazu eine einzigartige Gelegenheit. Dabei passte die wohnungspolitische Situation der Nachkriegszeit perfekt zu den städtebaulichen Konzepten, denn das Eigenheim war für Planung und Politik gleichermaßen wesentlicher Teil des Wohnungsbaus. Entsprechend wurden die planerischen Leitbilder in Baugesetzen und

100 Gespräch des Autors mit Christian Farenholtz, 03.12.2020, per Videocall.

Verordnungen als «reine Wohngebiete» und «offene Bauweise» gesetzlich als fortwährender Default-Modus des Baurechts fixiert.

Indem sie das Eigenheim unhinterfragt zur erstrebenswertesten Form der Stadt stilisierte, propagierte auch *Schöner Wohnen* diese Haltungen in der Planung. Die Redaktion erklärte dabei mit Reihenhäusern und Teppichsiedlungen wiederholt jene Typologien zu Vorbildern, auf die die beschriebenen städtebaulichen Leitbilder abzielten. Uneingeschränkte Begeisterung brachten die «eigenheimwilligen» Leser*innen jedoch vor allem dem frei stehenden Einzelhaus entgegen, der bis heute in Wunsch und Wirklichkeit beliebtesten Wohnform.

Die in Eigenheimsiedlungen wirksame Segregation wird in den Homestorys der Zeitschrift bildhaft. Während etwa diejenigen, die die Häuser bauten, nie gezeigt werden, bewohnen ausschließlich wohlhabende, weiße, heteronormative Figuren die Bilder der bürgerlichen Vorstadt. Unverzichtbare strukturelle Grundlage für die Planung weitläufiger Eigenheimsiedlungen als «reine Wohngebiete» weitab jeglicher Infrastrukturen der Versorgung, Betreuung, Pflege oder Erwerbsarbeit sind vergeschlechtlichte Rollenzuschreibungen, die häusliche Arbeit und Care-Arbeit entlang tradierter Aufteilungen zur Verantwortung der «Hausfrau» machen, während der «Hausherr» mit dem Auto zur Lohnarbeit pendelt. Dieses in *Schöner Wohnen* Heft für Heft (re)produzierte Bild ist aus heutiger Perspektive weniger antiquiert, als es scheint. Zusammen mit fortbestehender Lohnungleichheit stützt diese Form der Stadtplanung sexistische Lebensmodelle bis in die Gegenwart.

Die Zeitschrift pries im Laufe der 1960er und frühen 1970er Jahre unzählige Gerätschaften an – ein Seite für Seite dahinfließender Warenstrom, in dem die Werbeanzeigen oft nahtlos in redaktionelle Beiträge übergingen und sich zunehmend vermengten. Die hier propagierte Idee, jedes Haus mit jedem Gerät ausstatten zu müssen, ganz gleich wie selten es zum Einsatz kommt, war für Verlag und Hersteller ein gleichermaßen gutes Geschäft. Die Apparate hatten architektonische Auswirkungen: Sie brauchten nicht nur selbst mehr Raum, sondern machten es im Zusammenspiel mit den herrschenden Rollenzuschreibungen vor allem möglich, größere Wohnflächen den in *Schöner Wohnen* dargestellten Anforderungen an Sauberkeit und Ordnung entsprechend zu unterhalten. «Pflegeleichte» Heimtextilien und «abwischbare» Oberflächen aus Kunststoffen waren im Trend. Technische Entwicklungen wie Heizungsanlagen oder die Dunstabzugshaube veränderten die räumliche Struktur der Bauten. Polystyrolschaum prägte die äußere Erscheinung der Häuser. Günstiges großes Glas brachte neben der viel beschworenen «Transparenz» bundesdeutscher Nachkriegsarchitektur auch Gardinen und Jalousien in die dicht bebauten Eigenheimsiedlungen. Die technischen Entwicklungen verzahnten sich mit der Planung. Offenkundig ist das Auto Voraussetzung für die ganz aufs Eigenheim ausgerichtete Vorstadt. Doch damit nicht genug. Völlig von der Technikeuphorie des Space Age ergriffen, prognostizierte ein weitsichtiger Gastbeitrag im Oktoberheft der *Schöner Wohnen* 1966 bereits für das Jahr 1985 eine äußerst eigenheimfreundliche Zukunft: «Einkäufe in Geschäften können fernsehtelefonisch erledigt werden, geschäftliche Konferenzen können durchgeführt werden, ohne dass man einen Schritt aus dem Hause zu tun braucht.» (SW 10/1966, S. 82)

Der Erfolg des Eigenheims baute auf die stereoptypen Genderrollen der Nachkriegszeit. Die architektonischen Materialisierungen vergeschlechtlichter Rollenbilder wurden von der Ebene der Stadtplanung über Grundrisskonfigurationen bis ins Detail der Durchreiche dargestellt. Dass diese Wohnform ein besonders aufgeladenes Verhältnis von Architektur und Gender birgt, wurde in der Vielzahl thematischer Querbezüge zu anderen Themen deutlich, die hier herausgestellt wurden. Im Eigenheim sollte die von den Verwerfungen des Krieges erschütterte patriarchale Macht über die heteronormative Kernfamilie gefestigt werden, wozu das Rollenbild der «Hausfrau» zusätzlich zu weiteren Weiblichkeitsanforderungen re-etabliert wurde. Diese Rolle war auf vielen Ebenen mit dem Eigenheim verbunden. Politisch wurde etwa die Eigenheimförderung gezielt auf tradierte Familienmodelle ausgerichtet. Die Planung «reiner Wohngebiete» festigte stereotype Geschlechterverhältnisse. Die Technisierung der Haushalte wirkte ebenfalls entlang dieser strukturellen Linien. *Schöner Wohnen* konstruierte diese Rolle tatkräftig mit. Ständig wurde dargestellt, durch wen und wie der Haushalt am besten zu führen sei, ohne dass die stets entspannt in schicken Kleidern posierenden Frauenfiguren jemals bei der häuslichen Arbeit gezeigt wurden. Wie die Zuschreibungen von Geschlecht in diesem Kontext architektonisch (re)produziert wurden, zeigt sich nicht nur in der architektonischen Organisation der häuslichen Arbeit oder in repräsentativen «Herrenzimmern», die im Laufe der Zeit weniger stereotypen Darstellungen wichen. Anfang der 1970er Jahre fragte *Schöner Wohnen* im Leser*innenrätsel «Testen Sie Ihr Wohntalent»: «Mit welchen Möbeln [...] würden Sie einen romantischen, anmutig-verspielten, weiblich-charmanten Raum einrichten» (SW 06/1971, S. 80) – womit ein Schlafzimmer mit Schminktisch gemeint war. Im nächsten Heft war das «männlich-sachliche, funktionelle» (SW 07/1971, S. 58) Arbeitszimmer gefragt.[101] Viele Eigenheime in *Schöner Wohnen* bestehen aus stereotyp gegenderten Räumen.

Aus dem Material der *Schöner Wohnen* lässt sich eine Vielzahl kontextueller Faktoren herausarbeiten, die Rahmenbedingungen für die Architektur der Eigenheime in der westdeutschen Nachkriegszeit setzten und dieser Wohnform zu Popularität verhalfen. Deutlich wird dabei, dass die für diese historische Situation spezifischen Umstände nicht individuell für sich wirken, sondern in einem beziehungsreichen Geflecht miteinander verwoben sind. In ihrer Unterschiedlichkeit sind die in diesem Buch betrachteten Häuser durch diese Struktur kontextueller Bedingungen miteinander verbunden, was hier erarbeitete Erkenntnisse auch auf andere Bauten dieser Zeit übertragbar macht.

Wie die Moderne in den Alltag kam

Architektur der Nachkriegszeit ist unter vielen Begriffen zu fassen versucht worden. Wahlweise handelt es sich um eine *entspannte Moderne* (Ebert 2016), *aufgeschobene Moderne* (Hackelsberger 1985) oder *relativierte Moderne* (Boucsein 2008, S. 75), um *halbmoderne* (Petsch 1989b) oder um *nachmoderne Architektur* (Flecken 1999). Klar wird dabei eines: *Die* Nachkriegsmoderne gibt es nicht. Wolfang Sonne (2017) spricht daher von vielfältigen architektonischen Richtungen «innerhalb des breiten Spielfelds der Moderne» (ebd., S. 14). Auffällig ist, dass Eigenheime unter der Überschrift «Nachkriegsmoderne» auf diesem Spielfeld heute selten in Erscheinung treten. Mit diesem architektonischen Label werden in erster Linie öffentliche Gebäude sowie größere Büro-, Wohn- und

101 Eine ausführliche Analyse dieses Materials nimmt Umbach (2022, S. 116) vor.

Geschäftsbauten versehen. Wenn überhaupt, so wird nur eine Handvoll Eigenheime bekannter Architekt*innen mit diesem Begriff assoziiert.

Der Blick der Zeitschrift *Schöner Wohnen* auf dieses Spielfeld der Moderne ist vor allem in den 1960er Jahren insbesondere durch eine Differenzierung geprägt. Sei es explizit in Überschriften wie «Außen modern – innen konservativ» (SW 10/1960, S. 40) oder implizit in der Auswahl der Möbel für ein Wohnthema: Die Zeitschrift bezog sich häufig auf Positionen des *Traditionalismus* und *Modernismus.* Für Sonne sind beide Positionen insofern Teil des besagten breiten Spielfelds, «als sie reflexiv ihre eigene Haltung bestimmen» (ebd., S. 18). Dass diese dichotome Differenzierung von Architektur entlang ihres Verhältnisses zur Geschichte nicht weit führt, wird bei der Lektüre der Zeitschrift deutlich; nirgends bleibt sie klar bestehen. Umso aufschlussreicher ist der Blick auf die Setzungen traditionalistischer und modernistischer Bezüge in der Zeitschrift hinsichtlich ihrer eigenen Rolle: Hier wird nachvollziehbar, welche Haltung das Blatt selbst einnahm.

Die *Schöner Wohnen*-Redaktion arbeitete aktiv an einem Zuschnitt von Moderne, den sie ihren Leser*innen zu vermitteln suchte. Durch ihre massenmediale Verbreitung machte die Zeitschrift die präsentierten Eigenheime zum Teil eines populären Architekturdiskurses und verortete sie damit selbst im Feld moderner Architektur. Die Häuser brachten dabei auf verschiedenen Maßstabsebenen Elemente in diesen Diskurs mit ein, die vor allem mit modernistischen Avantgarde-Architekturen der 1920er Jahre verknüpft waren, im alltäglichen bürgerlichen Wohnen bislang aber kaum eine Rolle spielten. Auf der Ebene der Stadtplanung wurde insbesondere in Eigenheimsiedlungen die alte Forderung der Funktionstrennung verwirklicht. Technische Entwicklungen verhalfen offenen Grundrissen und großen Glasflächen weithin zu architektonischer Umsetzung. Die Optimierung und Technisierung von Arbeitsabläufen wurde wieder aufgegriffen und prägte die architektonische Organisation der Häuser. Zudem war auch die Einrichtung der dargestellten Wohnräume an einschlägigen modernistischen Vorbildern orientiert.

Das Auftreten dieser Elemente wurde in der Zeitschrift sorgfältig moderiert und austariert, um ein möglichst zugängliches Bild zu konstruieren. Dabei mischte sich das inhaltliche Interesse der Redaktion, ihre Haltung möglichst breit zu vermitteln, mit ökonomischen Interessen des Verlags, eine möglichst breite Leser*innenschaft zu binden. Die von der ehemaligen Redakteurin Ilex Neß für ihr Ressort beschriebene Strategie des *Integrierens* unterschiedlicher Stile, scheinbarer Widersprüche und gezielter Brüche – etwa in einem modernistisch eingerichteten Wohnthema auch ein Stilmöbel oder ein antikes «Erbstück» zu platzieren – lässt sich auf die Ebene der präsentierten Eigenheime übertragen.

Positionen, die dieses *Integrieren* architektonisch umzusetzen vermochten, wurde besonderes Gewicht zugeschrieben. Eine hintergründig bedeutsame Figur ist in dieser Hinsicht Egon Eiermann. Zwar spielten seine eigenen Bauten keine herausragende Rolle in der Zeitschrift. Doch seine Lehre hatte das Studium der für das Architekturressort verantwortlichen Redakteure nachhaltig geprägt. Nicht nur die Bauten vieler Eiermann-Schüler fanden durch die Vermittlung der «‹Dreierbande› aus Karlsruhe» ihren Weg in die Zeitschrift. Auch was architektonische Kriterien angeht, ist Eiermanns Lehre in der Auswahl der vorgestellten Eigenheime spürbar, in denen Ilex Neß' Konzept vom *Integrieren* architektonisch aufzugehen scheint.

Die Redaktion arbeitete durch diese präzise abgewogenen Angebote architektonischer Identifikation an der Konstruktion einer populären Identität moderner Architektur. Wenn Identität auf Differenzerfahrung und der Abgrenzung zum Anderen beruht (Ilian 2013, S. 100), so bedurfte es neben den besagten Identifikationsflächen auch der Präsentation von etwas, zu dem es heißen konnte: Das geht jetzt doch zu weit! Dazu galt es, die Ränder des Feldes mit der seltenen, aber gezielten Darstellung grenzwertiger Positionen auszuloten.

Unter der Frage «Werden wir in Zukunft so wohnen?» (SW 12/1961, S. 28) zeigte man mit der Siedlung Halen nahe Bern verdichtetes Wohnen in einer Reihenhaustypologie, die vorsorglich gegen die Assoziation, «in ein Beton-Kollektiv gesperrt zu sein» (SW 12/1961, S. 28), verteidigt wurde. Gelegentlich erschien eine größere Wohnsiedlung wie die Neue Vahr in Bremen (SW 02/1962, S. 98) oder das Märkische Viertel in Berlin (SW 05/1968, S. 210). Zu der Vorstellung zeitgenössischer Sakralbauten, etwa Le Corbusiers brutalistischem Betonkloster Sainte-Marie de la Tourette in Éveux oder Josef Lehmbrucks expressiver Kirche St. Albertus Magnus in Leverkusen (SW 12/1961, S. 100), publizierte die Redaktion auch den empörten Leserbrief: «Gräßliche Höhlen» (SW 04/1962, S. 4). Diese begrenzenden Pflöcke schlug die Redaktion in wohlwollend-vermittelndem Ton ein, als wolle sie bürgerliche Perspektiven etwas weiten. Zugleich wurde jedoch durch diese Ausblicke auf gelinde abenteuerliche Grenzen der heilen Eigenheim-Welt deren Zentrum gestärkt, nie infrage gestellt. Hin und wieder durch ungemütlichere architektonische Seiten blätternd wirkt das eigene Wohnzimmer umso behaglicher.

Schöner Wohnen machte die Nachkriegsmoderne zum Vermittlungsprojekt. Mit sorgfältig austarierten Inhalten präsentierte die Zeitschrift einen Zuschnitt von Moderne, der ein weithin wirksames Identifikationsangebot darstellte. So arbeitete die Redaktion laufend an der Konstruktion einer populären Identität der Nachkriegsmoderne, derzufolge die Leser*innen «modern» wohnen und bauen wollten – und dargestellt bekamen, was das bedeuten sollte. Dabei zielte *Schöner Wohnen* auf Konformität, und zwar in zweifacher Hinsicht: zum einen in Bezug auf den Inhalt der Zeitschrift, der ihrem Zuschnitt einer populären Nachkriegsmoderne zu entsprechen hatte. Zum anderen gab die Redaktion mit ihren Homestorys, Tipps und Trends dabei Impulse für das Geschehen außerhalb des Blattes, die bis in die Haushalte und auf die Baustellen der Bundesrepublik wirkten.

Ausblick

«Unauslöschlich ist im Volk die Sehnsucht nach dem Eigenheim»[102] bis heute. Die Faszination für diese Wohnform hat durch den jüngsten Homeoffice-Schub und steigende Mieten in den Städten neuen Auftrieb bekommen. Doch der ideologische Gehalt des Eigenheimes und des Einfamilienhauses ist von gestern. Keinesfalls kann er unhinterfragt architektonisch fortgeschrieben werden. Angesichts der Klimakatastrophe gibt es für dieses Dilemma nur eine Lösung: kein einziges neues Haus mehr zu bauen, denn selbst ein Neubau nach höchsten Energiestandards hat einen gewaltigen ökologischen Impact.

102 Siehe Deutscher Sparkassenverlag (1957, S. 4).

In Bezug auf die Eigenheime ist das glücklicherweise ganz einfach, denn ein Drittel des Bestandes stammt aus den 1950er bis 1970er Jahren. In vielen dieser Häuser lebt die erste *Schöner Wohnen*-Generation inzwischen lange nach dem Auszug der Kinder allein auf viel zu großer Fläche, häufig in unsanierter Bausubstanz. Dieses Wohnen ist nicht nur einsam, sondern angesichts der steigenden Energiepreise auch teuer. Auf der anderen Seite gibt es viele Menschen, die in immer flexibleren Lebensentwürfen nach den Qualitäten dieser Wohnform suchen. Das Ziel muss also sein, diesen Bestand zu Wohnräumen umzubauen, die weniger mit *Eigen* und *Einfamilien* zu tun haben und trotzdem auf mit dem Eigenheim verbundene Wünsche eingehen. Vorschläge dazu gibt es seit den 1980er Jahren.[103] Dabei gilt es, neben der baulichen Substanz auch die architektonischen Qualitäten der Bauten zu erhalten und zugleich den Ideologien ihrer Entstehungszeit kritisch zu begegnen. Dazu bedarf es einer differenzierten Auseinandersetzung mit dem Gebäudebestand in der architekturhistorischen Forschung und in der Lehre, um zukünftige Architekt*innen auf die größte fachliche Aufgabe ihrer Generation vorzubereiten. Zugleich zeigt diese Relektüre der *Schöner Wohnen*: Es braucht neue populäre Architekturdiskurse. «Häuserbauen ist eine zu wichtige Sache, als daß die Allgemeinheit sie allein den Architekten überlassen kann.» (SW 11/1969, S. 196) Dazu lässt sich *Schöner Wohnen* als Methode begreifen, um architektonische Themen außerhalb der Grenzen der Architekturdisziplin zu kommunizieren. Für eine kritische Auseinandersetzung mit der Wohnform Eigenheim ist dieser Weg in Zukunft unverzichtbar.

103 Etwa von Dolores Hayden (1980).

Literatur

Ackerman, James S. (1990). The villa: Form and ideology of country houses. London: Thames & Hudson.

Adenauer, Konrad (1951). Familienpolitik einer christlichen Regierung. In: Breitesten Schichten Eigentum an Wohnungen zu schaffen, das ist heute die Aufgabe. Altenberger Treffen. Bonn: Kreis Ehe und Familie der deutschen Katholikentage, S. 89–96.

— (1973). Regierungserklärung vom 20. September 1949 – Bundeskanzler Dr. Adenauer. In: Regierungserklärungen: 1949–1973. Hrsg. von Peter Pulte. Berlin: de Gruyter, S. 7–29.

Alberti, Leon Battista (1912 (1452)). Zehn Bücher über die Baukunst. Wien/Leipzig: Hugo Heller.

Arendt, Hannah (1998 (1960)). Vita activa oder Vom tätigen Leben. München: Piper.

Aretz, Jürgen (2004). Soziale Marktwirtschaft mit großem S. In: Die Politische Meinung 49.420, S. 90–94.

Aureli, Pier Vittorio (2014). A room against ownership. In: Real estates: Life without debt. Hrsg. von Jack Self. London: Bedford Press, S. 41–44.

Aureli, Pier Vittorio und Martino Tattara (2015). Communal villa: Production and reproduction in artists' housing. Leipzig: Spector Books.

Bachelard, Gaston (2014 (1957)). Poetik des Raumes. Frankfurt a. M.: Fischer.

Banck, Barbara (2007). Werner Lindner. Industriemoderne und regionale Identität. Dortmund: Universität Dortmund.

Barnstone, Deborah Ascher (2005). The transparent state: Architecture and politics in postwar Germany. London/New York: Routledge.

Baumgartner, Alexa (2020). Transformative Körper – Architekturlaboratorien in der österreichischen Avantgarde der 1960er und 1970er Jahre. In: Geschlecht und Geschlechterverhältnisse bewegen: Queer/Feminismen zwischen Widerstand, Subversion und Solidarität. Hrsg. von Verena Sperk, Sandra Altenberger, Katharina Lux und Tanja Vogler. Bielefeld: transcript, S. 215–239.

Baunhardt, Christine (2007). Feministische Verkehrs- und Raumplanung. In: Handbuch Verkehrspolitik. Hrsg. von Oliver Schöller-Schwedes, Weert Canzler und Andreas Knie. Wiesbaden: VS Verlag für Sozialwissenschaften, S. 301–319.

Behne, Adolf (1919). Die Wiederkehr der Kunst. Leipzig: Kurt Wolf.

Bentmann, Reinhard und Michael Müller (1970). Die Villa als Herrschaftsarchitektur: Versuch einer kunst- und sozialgeschichtlichen Analyse. Frankfurt a. M.: Suhrkamp.

Berndgen-Kaiser, Andrea, Hrsg. (2012). Die Zukunft von Einfamilienhausgebieten aus den 1950er bis 1970er Jahren: Handlungsempfehlungen für eine nachhaltige Nutzung. Ludwigsburg: Wüstenrot Stiftung.

Bianchi, Katja (2006). Spare Zeit, Kraft und Geld – Die elektrische Hausfrau als Garantin des Gemeinwohls. In: Badener Neujahrsblätter 81, S. 60–74.

Blauvelt, Andrew, Hrsg. (2008). Worlds away: New suburban landscapes. Minneapolis: Walker Art Center.

Bohleber, Wolfgang (1990). Mit Marshallplan und Bundeshilfe: Wohnungsbaupolitik in Berlin 1945 bis 1968. Berlin: Duncker & Humblot.

Born, Wilhelm (1965). Weg in die Verantwortung. Paul Lücke. Recklinghausen: Paulus.

Boucsein, Benedikt (2008). Graue Architektur im Westdeutschland der Nachkriegszeit. Zürich: Eidgenössische Technische Hochschule.

— (2010). Graue Architektur: Bauen im Westdeutschland der Nachkriegszeit. Köln: Verlag der Buchhandlung Walter König.

— (2012). Ohne Modus keine Architektur. In: archithese 42.6, S. 44–45.

Bourdieu, Pierre (2002). Der Einzige und sein Eigenheim. Hrsg. von Pierre Bourdieu und Margareta Steinrücke. Hamburg: VSA: Verlag.

Boyken, Immo (1984). Die Architektur Egon Eiermanns aus der Zeit nach dem Zweiten Weltkrieg. In: Egon Eiermann, 1904–1970, Bauten und Projekte. Hrsg. von Wulf Schirmer. Stuttgart: Deutsche Verlags-Anstalt, S. 59–72.

Braidotti, Rosi (2022). Posthuman feminism. Cambridge, UK: Polity.

Brinitzer, Sabine (1994). Hans Bernhard Reichow – Planer der Sennestadt. Genese eines organischen Stadtplanungskonzeptes von 1927 bis 1974. Marburg: Philipps-Universität.

Buchholz, Bernd (2007). Neue Wege des Innovationsmanagements bei Gruner+Jahr. Kreativität und Qualität gewinnen. In: Perspektiven für die Publikumszeitschrift. Hrsg. von Mike Friedrichsen und Martin F. Brunner. Berlin/Heidelberg: Springer, S. 3–7.

Bundesamt für Bauwesen und Raumordnung (2006). Frauen – Männer – Räume (Kurzfassung). In: Berichte 26, S. 8.

Burckhardt, Lucius (2003). Bürgerliche Wohnkultur im Umbruch: Wie der Korridor und andere Neuerungen den Lebensstil verändert haben. In: Heimatschutz 98.3, S. 2–6.

Bußmann, Annette (2003). Zu Adaption und Demontage von Architekturgeschichte im ‹Neuen Bauen› der Weimarer Republik: Alfred Gellhorn (1885–1972). Bauten, Projekte, Schriften 1920 bis 1933. Marburg: Philipps-Universität.

Butler, Judith (1991). Das Unbehagen der Geschlechter. Frankfurt a. M.: Suhrkamp.

Cacciola, Donatella (2021). Glossy paper is elsewhere. Moderne Klassiker für alle? 50 Jahre Zeitschriften in der Bundesrepublik Deutschland, durchgeblättert. In: WohnSeiten: Visuelle Konstruktionen des Wohnens in Zeitschriften. Hrsg. von Irene Nierhaus, Kathrin Heinz und Rosanna Umbach. Bielefeld: transcript, S. 279–297.

Cantauw, Christiane (2019). Of course, it's not all finished. The conversion of existing real estate between networking, appropriation practice and long-term project work. In: Housing the family: Locating the single-family home in Germany. Hrsg. von Christiane Cantauw, Anne Caplan und Elisabeth Timm. Berlin: JOVIS Verlag, S. 142–161.

Cantauw, Christiane, Anne Caplan und Elisabeth Timm (2019). Housing the family: Locating the single-family home in Germany. Berlin: JOVIS Verlag.

Colomina, Beatriz (1992). The split wall: Domestic voyeurism. In: Sexuality & space. Hrsg. von Beatriz Colomina. New York: Princeton Architectural Press, S. 72–128.

— (1994). Privacy and publicity: Modern architecture as mass media. Cambridge, Mass.: MIT Press.

— (1999). Das Wohnhaus als Schaustück. In: At the end of the century – Hundert Jahre gebaute Vision. Hrsg. von Russell Ferguson und Zeynep Çelik. Ostfildern-Ruit: Hatje Cantz, S. 126–165.

— (2002). Architectureproduction. In: This is not architecture: Media constructions. Hrsg. von Kester Rattenbury. London/New York: Routledge, S. 207–221.

— (2008). Learning from Levittown. A conversation with Robert Venturi and Denise Scott Brown. In: Worlds away: New suburban landscapes. Hrsg. von Andrew Blauvelt. Minneapolis: Walker Art Center, S. 49–69.

— (2011). Mourning the suburbs: Learning from Leavittown. In: Public: Art, Culture, Ideas 43, S. 86–97.

— (2015). Radical interiority: Playboy architecture 1953–1979. In: archis 33, S. 2–5.

Colomina, Beatriz, Annmarie Brennan und Jeannie Kim, Hrsg. (2004). Cold war hothouses: Inventing postwar culture, from cockpit to playboy. New York: Princeton Architectural Press.

Corbin, Juliet M. und Anselm L. Strauss (1990). Grounded theory research: Procedures, canons, and evaluative criteria. In: Qualitative Sociology 13.1, S. 3–21.

Darré, Richard Walther (1936). Blut und Boden. Grundlagen, Aufbau und Wirtschaftsordnung des nationalsozialistischen Staates. Berlin: Spaeth & Linde.

De la Ruffinière du Prey, Pierre (1985). Photography and architecture. In: RACAR: Revue d'art canadienne/Canadian Art Review 12.1, S. 60–63.

De Temple, Nicole (2005). Einfamilienhaussiedlungen im Wandel: Eine Untersuchung zum Generationswechsel vor dem Hintergrund des soziodemografischen Wandels am Beispiel der Stadt Dortmund. Berlin: Universitätsverlag der Technischen Universität.

Debus, Katharina (2012). Und die Mädchen? Modernisierungen von Weiblichkeitsanforderungen. In: Geschlechterreflektierte Arbeit mit Jungen an der Schule: Texte zu Pädagogik und Fortbildung rund um Jungenarbeit, Geschlecht und Bildung. Hrsg. von Katharina Debus. Berlin: Dissens e. V., S. 104–124.

Deutscher Sparkassenverlag, Hrsg. (1957). Schöner wohnen – besser leben: 91 gute Eigenheime jeder Art und Größe aus allen Teilen des Bundesgebietes. Stuttgart: Deutscher Sparkassenverlag.

Di Robilant, Manfredo (2014). Das Wohnhaus als Puppenhaus. In: Wohnen zeigen: Modelle und Akteure des Wohnens in Architektur und visueller Kultur. Hrsg. von Irene Nierhaus und Andreas Nierhaus. Bielefeld: transcript, S. 81–98.

Dogma und Realism Working Group (2018). Produktion, Reproduktion, Kooperation. Die Villa von der ‹negativen Utopie› zum Gemeinschaftshaus. In: ARCH+ 231.51, S. 154–173.

Döhmann, Jürgen (1999). Einmal Hamburg und zurück. In: Karlsruhe 1948 und so weiter: Erinnerungen an den Studienanfang und die 50 Jahre danach. Hrsg. von Jürgen Döhmann und Josef Kremerskothen. Karlsruhe: Selbstverlag, S. 161–167.

— (2000). Meine Skizzen. Eine Sammlung aus 50 Jahren. Karlsruhe: Selbstverlag.

Dorsemagen, Dirk (2004). Büro- und Geschäftshausfassaden der 50er Jahre – Konservatorische Probleme am Beispiel West-Berlin. Berlin: Technische Universität.

Dreppenstedt, Enno (1969). Der Zeitungs- und Zeitschriftenmarkt. Hamburg: Verlag für Buchmarkt-Forschung.

— (2007). Das Publikumszeitschriftengeschäft von 1945 bis 2005 – Marktentwicklung und Perspektiven. In: Perspektiven für die Publikumszeitschrift. Hrsg. von Mike Friedrichsen und Martin F. Brunner. Berlin/Heidelberg: Springer, S. 11–47.

Durth, Werner (1990). Die Stadtlandschaft. Zum Leitbild der gegliederten und aufgelockerten Stadt. In: Architektur und Städtebau der fünfziger Jahre. Hrsg. von Niels Gutschow und Werner Durth. Bonn: Deutsches Nationalkomitee für Denkmalschutz, S. 24–37.

— (1992). Deutsche Architekten: Biographische Verflechtungen 1900–1970. München: dtv.

— (1993). Kontraste und Parallelen: Architektur und Städtebau in West- und Ostdeutschland. In: Modernisierung im Wiederaufbau: Die westdeutsche Gesellschaft der 50er Jahre. Hrsg. von Axel Schildt und Arnold Sywottek. Bonn: Dietz, S. 596–611.

— (1995). Stadt und Landschaft: Kriegszerstörungen und Zukunftsentwürfe. In: 1945. Krieg, Zerstörung, Aufbau: Architektur und Stadtplanung 1940–1960. Hrsg. von Marita Gleiss und der Akademie der Künste Berlin. Berlin: Henschel, S. 126–175.

— (1996a). Vom Überleben. Zwischen Totalem Krieg und Währungsreform. In: Geschichte des Wohnens: 1945 bis heute. Hrsg. von Ingeborg Flagge. Stuttgart: Deutsche Verlags-Anstalt.

— (1996b). Von der Auflösung der Städte zur Architektur des Wiederaufbaus. In: Städtebau und Staatsbau im 20. Jahrhundert. Hrsg. von Gabriele Dolff-Bonekämper und Hiltrud Kier. München: Deutscher Kunstverlag, S. 17–38.

— (1997). Städtebau und Weltanschauung. In: Aufbau West, Aufbau Ost: Die Planstädte Wolfsburg und Eisenhüttenstadt in der Nachkriegszeit. Hrsg. von Rosmarie Beier. Ostfildern: Hatje, S. 35–49.

Durth, Werner und Niels Gutschow (1987). Architektur und Städtebau der fünfziger Jahre. Bonn: Deutsches Nationalkomitee für Denkmalschutz.

— (1988). Träume in Trümmern: Planungen zum Wiederaufbau zerstörter Städte im Westen Deutschlands 1940–1950. Braunschweig: Vieweg.

Düwel, Jörn und Niels Gutschow (2001). Städtebau in Deutschland im 20. Jahrhundert: Ideen – Projekte – Akteure. Stuttgart: Teubner.

— Hrsg. (2013). A blessing in disguise: War and town planning in Europe; 1940–1945. Berlin: DOM Publishers.

Easterling, Keller (2021). Medium design: Knowing how to work on the world. London: Verso.

Eberhard, Katrin (2011). Maschinen zuhause: Die Technisierung des Wohnens in der Moderne. Zürich: gta Verlag.

Ebert, Carola (2016). Entspannte Moderne: Der westdeutsche Bungalow 1952–1969 als Adaption eines internationalen Leitbilds und Symbol einer nivellierten Mittelschichtsgesellschaft. Kassel: Universität Kassel.

— (2019). California dreaming in West German suburbia: Modernist bungalow architecture and its middle-class aspirations. In: Housing the family: Locating the single-family home in Germany. Hrsg. von Christiane Cantauw, Anne Caplan und Elisabeth Timm. Berlin: JOVIS Verlag, S. 264–281.

Eckardt, Frank, Hans-Rudolf Meier, Ingrid Scheurmann und Wolfgang Sonne, Hrsg. (2017). Welche Denkmale welcher Moderne? Zum Umgang mit Bauten der 1960er und 70er Jahre. Berlin: JOVIS Verlag.

Eckstein, Hans (1956). Zwei Einfamilienhäuser am Tegernsee, Oberbayern. In: Bauen + Wohnen 10.6, S. 194–199.

Effenberger, Karl-Heinz (2015). Projektbericht Entwicklungsdynamik EFH. Arbeitsbaustein 4: Differenzierung der EFH-Bestände. Dresden: Leibnitz-Institut für ökologische Raumentwicklung.

Eiermann, Egon (1949). 2. Vorlesung am Donnerstag, d. 17.11.1949 (Mitschrift der Vorlesung). Südwestdeutsches Archiv für Architektur und Ingenieurbau (saai), Archiv des Lehrstuhls Eiermann, Ordner Vorlesungen ab Sommersemester 1947, S. 5.

— (1994). Briefe des Architekten, 1946–1970. Stuttgart: Deutsche Verlags-Anstalt.

— (2003 (1949)). Einige Bemerkungen über Technik und Bauform. In: Die Städte himmeloffen: Reden und Reflexionen über den Wiederaufbau des Untergegangenen und die Wiederkehr des Neuen Bauens 1948/49. Hrsg. von Ulrich Conrads. Gütersloh/Berlin: Bertelsmann, S. 76–81.

Enderle, Claude (2004). Die Vermittlung von Wohnwelten in Schöner Wohnen zwischen 1970 und 2004 als ästhetische Direktiven zur persönlichen Einrichtung? In: Wie wohnen? Von Lust und Qual der richtigen Wahl: Ästhetische Bildung in der Alltagskultur des 20. Jahrhunderts. Hrsg. von Beate Manske. Ostfildern-Ruit: Hatje Cantz, S. 98–109.

Engelke, Jan (2021). Schöner wohnen? Das Eigenheim in populären Architekturdiskursen der westdeutschen Nachkriegszeit. In: WohnSeiten: Visuelle Konstruktionen des Wohnens in Zeitschriften. Hrsg. von Irene Nierhaus, Kathrin Heinz und Rosanna Umbach. Bielefeld: transcript, S. 431–455.

— (2022). Bevor die Grundrisse aus der Schöner Wohnen verschwanden. In: LAMA: Das lösungsorientierte Architekturmagazin 4.6, S. 18–26.

— (2023). Wir haben in die Zukunft geplant. Architektonische Zukunftsperspektiven in der Schöner Wohnen der 1960er und 70er Jahre. In: Ästhetische Ordnungen und Politiken des Wohnens. Häusliches und Domestisches in der visuellen Moderne. Hrsg. von Irene Nierhaus und Kathrin Heinz. Bielefeld: transcript, S. 427–445.

Engels, Friedrich (1969 (1872)). Zur Wohnungsfrage. In: MEW 18, S. 209–287.

Evans, Robin (1997). Figures, doors and passages (1978). In: Translations from drawing to building and other essays. Cambridge, Mass.: MIT Press.

Even, Stuart (1976). Captains of consciousness. New York u. a.: McGraw-Hill.

Fack, Dietmar (1999). Die Veränderung des Mobilitätsverhaltens von Frauen im Übergang zur Moderne. In: Frauen und Männer in der mobilen Gesellschaft. Hrsg. von Antje Flade und Maria Limbourg. Opladen: Leske + Budrich.

Feder, Gottfried (1939). Die Neue Stadt. Berlin: Julius Springer.

Fehl, Gerhard (1995). Kleinstadt, Steildach, Volksgemeinschaft: Zum ‹reaktionären Modernismus› in Bau- und Stadtbaukunst. Braunschweig: Vieweg.

Fehl, Gerhard und Tilman Harlander (1984). Hitlers sozialer Wohnungsbau 1940–1945. In: Stadtbauwelt 1984.84, S. 391–398.

— Hrsg. (1986a). Hitlers sozialer Wohnungsbau, 1940–1945: Wohnungspolitik, Baugestaltung und Siedlungsplanung. Hamburg: Christians.

— (1986b). Wohnungspolitik, Baugestaltung und Siedlungsplanung in der Zeitschrift ‹Der Soziale Wohnungsbau in Deutschland› 1941–1945. Eine Einführung der Herausgeber. In: Hitlers sozialer Wohnungsbau, 1940–1945: Wohnungspolitik, Baugestaltung und Siedlungsplanung. Hrsg. von Gerhard Fehl und Tilman Harlander. Hamburg: Christians, S. 11–86.

Flade, Antje und Maria Limbourg, Hrsg. (1999). Frauen und Männer in der mobilen Gesellschaft. Opladen: Leske + Budrich.

Flecken, Ursula (1999). Zur Genese der Nachmoderne im Städtebau: Entwürfe 1960–1975 in Westdeutschland. Berlin: Technische Universität.

Fleischmann, Katharina und Ulrike Meyer-Hanschen (2005). Stadt Land Gender: Einführung in feministische Geographien. Königstein im Taunus: Ulrike Helmer.
Foucault, Michel (1977). Überwachen und Strafen: Die Geburt des Gefängnisses. Frankfurt a. M.: Suhrkamp.
— (1987). Der Wille zum Wissen. Sexualität und Wahrheit. Frankfurt a. M.: Suhrkamp.
Frampton, Kenneth (2004). Die Architektur der Moderne: Eine kritische Baugeschichte. Stuttgart: Deutsche Verlags-Anstalt.
Frei, Norbert (1996). Vergangenheitspolitik: Die Anfänge der Bundesrepublik und die NS-Vergangenheit. München: Beck.
Friedan, Betty (1966). Der Weiblichkeitswahn. Ein vehementer Protest gegen das Wunschbild von der Frau. Reinbek bei Hamburg: Rowohlt.
Frisch, Max, Lucius Burckhardt und Markus Kutter (1955). achtung: die Schweiz: Ein Gespräch über unsere Lage und ein Vorschlag zur Tat. Basel: Handschin.
Froschauer, Eva Maria (2011). Architekturzeitschrift. Enzyklopädisches, spezielles, selektives und manifestierendes Wissen, oder: Architektur als vermittelte Mitteilung. In: Die Medien der Architektur. Hrsg. von Wolfgang Sonne. Berlin: Deutscher Kunstverlag, S. 275–301.
Führer, Karl Christian (1995). Mieter, Hausbesitzer, Staat und Wohnungsmarkt: Wohnungsmangel und Wohnungszwangswirtschaft in Deutschland 1914–1960. Stuttgart: Steiner.
— (1997). Anspruch und Realität. Das Scheitern der nationalsozialistischen Wohnungsbaupolitik 1933–1945. In: Vierteljahrshefte für Zeitgeschichte 45, S. 225–256.
Fünderich, Gerd (1987). Ein vergessenes Modell. Städtebau in Sennestadt. In: Der Lokomotive in voller Fahrt die Räder wechseln: Geschichte und Geschichten aus Nordrhein-Westfalen. Hrsg. von Peter Grafe. Berlin/Bonn: Dietz, S. 34–39.
Gehrke-Marten, Gerd (1962). Moderne Lichtinstallation für moderne Küchen. In: die moderne küche 4.18, S. 29–32.
Geist, Johann Friedrich und Klaus Kürvers (1989). Das Berliner Mietshaus 1945–1989. München: Prestel.
Giedion, Sigfried (1929). Befreites Wohnen. Zürich: Orell Füssli.
Giefer, Alois, Franz Sales Meyer und Joachim Beinlich (1960). Planen und Bauen im neuen Deutschland. Köln/Opladen: Westdeutscher Verlag.
Gill, Julia (2010). Individualisierung als Standard: Über das Unbehagen an der Fertighausarchitektur. Bielefeld: transcript.
— (2019). Dream house factories. What happened to the dream of the factory-made house? In: Housing the family: Locating the single-family home in Germany. Hrsg. von Christiane Cantauw, Anne Caplan und Elisabeth Timm. Berlin: JOVIS Verlag, S. 218–228.
Göderitz, Johannes, Roland Rainer und Hubert Hoffmann (1957). Die gegliederte und aufgelockerte Stadt. Tübingen: Wasmuth.
Götschmann, Dirk (1993). Jedermann Hauseigenthümer – Motive, Ziele und Ergebnisse der öffentlichen Förderung des privaten Wohneigentums in Deutschland. In: Wohnungspolitik im Sozialstaat: Deutsche und europäische Lösungen, 1918–1960. Hrsg. von Günther Schulz. Düsseldorf: Droste, S. 141–168.
Gröbel, Sören und Ulrich van Suntum (2017). Risikoeinschätzung der Nachfrage nach Ein- und Zweifamilienhäusern der 1950er- bis 1970er-Jahre: Eine Studie in Kooperation mit der Wüstenrot Stiftung. Göttingen: V&R unipress.
Gropius, Walter (1926). glasbau. In: Die Bauzeitung 23.20, S. 159–162.
Grotefels, Susan (2018). Baurecht. In: Handwörterbuch der Stadt- und Raumentwicklung. Hrsg. von der Akademie für Raumforschung und Landesplanung Hannover, S. 161–171.
Gustmann, Kurt (2019). Persönliches Gespräch des Autors mit Kurt Gustmann, 01.04.2019, Hamburg.
Gutschow, Niels (2001). Ordnungswahn: Architekten planen im ‹eingedeutschten Osten› 1939–1945. Gütersloh/Berlin: Bertelsmann.
Hackelsberger, Christoph (1985). Die aufgeschobene Moderne: Ein Versuch zur Einordnung der Architektur der Fünfziger Jahre. München: Deutscher Kunstverlag.
Haerendel, Ulrike (1999). Wohnungspolitik im Nationalsozialismus. In: Zeitschrift für Sozialreform, 10.45, S. 843–879.
Hake, Bruno (1980). Ölkrisenprogramm für Hausbesitzer. Braunschweig: Vieweg.
Haller, Michael und Andreas Eickelkamp (2007). Perspektiven journalistischer Präsentationsformen. In: Perspektiven für die Publikumszeitschrift. Hrsg. von Mike Friedrichsen und Martin F. Brunner. Berlin/Heidelberg: Springer.
Hanisch, Ruth und Mechthild Widrich (1999). Architektur der Küche. In: Die Küche: Zur Geschichte eines architektonischen, sozialen und imaginativen Raums. Hrsg. von Elfie Miklautz, Herbert Lachmayer und Reinhard Eisendle. Wien: Böhlau.
Harlander, Tilman (1995). Zwischen Heimstätte und Wohnmaschine: Wohnungsbau und Wohnungspolitik in der Zeit des Nationalsozialismus. Basel/Berlin/Boston: Birkhäuser.
— (1996). Wohnen und Stadtentwicklung in der Bundesrepublik. In: 1945 bis heute: Aufbau, Neubau, Umbau. Hrsg. von Ingeborg Flagge. Bd. 5. Geschichte des Wohnens. Stuttgart: Deutsche Verlags-Anstalt, S. 233–418.
— (2001a). Städtebau – Dorfidylle, Mustersiedlung und ‹totale Planung›. In: Villa und Eigenheim: Suburbaner Städtebau in Deutschland. Hrsg. von Tilman Harlander. Stuttgart: Deutsche Verlags-Anstalt, S. 268–283.
— (2001b). Suburbanisierung – Zwischen Reagrarisierung und Evakuierung. In: Villa und Eigenheim: Suburbaner Städtebau in Deutschland. Hrsg. von Tilman Harlander. Stuttgart: Deutsche Verlags-Anstalt, S. 250–257.
— Hrsg. (2001c). Villa und Eigenheim: Suburbaner Städtebau in Deutschland. Stuttgart: Deutsche Verlags-Anstalt.
— (2001d). Wohnungspolitik – ‹Eigenes Heim auf eigener Scholle›. In: Villa und Eigenheim: Suburbaner Städtebau in Deutschland. Hrsg. von Tilman Harlander. Stuttgart: Deutsche Verlags-Anstalt, S. 258–267.
— (2012). Solidarität in der Not – Flüchtlingsintegration und Wohnungsbau für ‹breite Schichten› im Wiederaufbau in der Bundesrepublik. In: Soziale Mischung in der Stadt: Case Studies – Wohnungspolitik in Europa – Historische Analyse. Hrsg. von Tilman Harlander und Gerd Kuhn. Stuttgart/Zürich: Kraemer, S. 78–91.
Hartmann, Johanna (2010a). Geordnete (Wohn)Verhältnisse: Geschlechterkonstruktionen im ausgestellten Wohnen der westdeutschen 1950er Jahre. In: Ariadne 26.58, S. 40–45.
— (2010b). Von oben: Ordnungen des Blicks im Ausstellen des Wohnens der 1950er Jahre. In: Vorarlberger Zeitschrift für Literatur 25, S. 17–24.
— (2014). Möbel, Pläne, Körper: Lehrstücke des Wohnens in den 1950er Jahren. In: Wohnen zeigen: Modelle und Akteure des Wohnens in Architektur und visueller Kultur. Hrsg. von Irene Nierhaus und Andreas Nierhaus. Bielefeld: transcript, S. 39–56.
— (2019). Modern traditions: The modernist apartment and the detached single-family house in early post-war conceptions of the ideal home in West Germany. In: Housing the family: Locating the single-family home in Germany. Hrsg. von Christiane Cantauw, Anne Caplan und Elisabeth Timm. Berlin: JOVIS Verlag, S. 200–217.
— (2020). Richtig wohnen im Wiederaufbau! Ausstellungen, Ratgeber und Filme als Wohnlehrmedien in der frühen Bundesrepublik Deutschland. Bremen: Universität Bremen.
Häußermann, Hartmut (2007). Suburbia im Umbruch. In: archithese 37.3, S. 28–31.
Häußermann, Hartmut und Walter Siebel (1996). Soziologie des Wohnens: Eine Einführung in Wandel und Ausdifferenzierung des Wohnens. Weinheim: Juventa.
Hayden, Dolores (1980). What would a non-sexist city be like? Speculations on housing, urban design, and human work. In: Signs: Journal of Women in Culture and Society 5.3, S. 170–187.
Hecht, Michael (2017). Das Adels-Haus in der Frühen Neuzeit. Genealogisches Konzept, verwandtschaftliche Ordnung, architektonische Gestalt. In: Das Einfamilienhaus. ZfK – Zeitschrift für Kulturwissenschaften 11.1, S. 29–48.
Henderson, Susan R. (1996). A revolution in the woman's sphere. In: Architecture and feminism. Hrsg. von Debra Coleman, Elizabeth Danze und Carol Henderson. New York: Princeton Architectural Press, S. 183–220.
Hnilica, Sonja und Elisabeth Timm, Hrsg. (2017a). Das Einfamilienhaus. ZfK – Zeitschrift für Kulturwissenschaften 11.1.
— (2017b). Das Einfamilienhaus als neue anonyme Architektur. Bestand und Begehren. In: Das Einfamilienhaus. ZfK – Zeitschrift für Kulturwissenschaften 11.1, S. 15–28.

Hochhäusl, Sophie (2019). Von Siedlerhütten und Kernhäusern. Margarete Lihotzkys Beitrag zur Wiener Siedlerbewegung. In: Margarete Schütte-Lihotzky. Architektur. Politik. Geschlecht: Neue Perspektiven auf Leben und Werk. Basel/Berlin/Boston: Birkhäuser, S. 70–85.

Horbach, Edwin (1959). Platte, insbesondere für die Aussenverkleidung und Bedachung von Bauten. Dt. Pat. 238911X.

Howard, Ebenezer (1898). TO-MORROW: A peaceful path to real reform. London: Swan Sonnenschein & Co.

Ilian, Carola (2013). Identifikationswert/Identität. In: Werte: Begründungen der Denkmalpflege in Geschichte und Gegenwart. Hrsg. von Hans-Rudolf Meier, Ingrid Scheurmann und Wolfgang Sonne. Berlin: JOVIS Verlag, S. 100–101.

Jacobi, Günter (2007). Als die Steinhauer in Lindlar ihre Zunft aufrichteten und den Marmor brachen: Die gewerbliche Nutzung des Lindlarer Marmors in den letzten vier Jahrhunderten mit vielen Fakten zur Heimatgeschichte aus diesen Zeiten und Beiträgen von Prof. Dr. Ulrich Jux und Friedhelm Servos. Hrsg. von dem Verein der Freunde und Förderer des Bergischen Freilichtmuseums e. V. Lindlar: Selbstverlag.

Jandl, H. Ward, John A. Burns und Michael Auer (1991). Yesterday's houses of tomorrow: Innovative American homes, 1850 to 1950. Washington, DC: Preservation Press.

Jessen, Johann (2001). Suburbanisierung – Wohnen in verstädterter Landschaft. In: Villa und Eigenheim: Suburbaner Städtebau in Deutschland. Hrsg. von Tilman Harlander. Stuttgart: Deutsche Verlags-Anstalt, S. 316–329.

Jessen, Johann und Katja Simon (2001). Städtebau – Vom eigenen Haus mit Garten zum suburbanen Wohnquartier. In: Villa und Eigenheim: Suburbaner Städtebau in Deutschland. Hrsg. von Tilman Harlander. Stuttgart: Deutsche Verlags-Anstalt, S. 350–381.

Kabierske, Gerhard (2004). Egon Eiermann als Lehrer. In: Egon Eiermann (1904–1970) – Die Kontinuität der Moderne. Hrsg. von Annemarie Jaeggi. Ostfildern-Ruit: Hatje Cantz, S. 40–49.

Kähler, Gert (1988). Von der Raumzelle zum freien Grundriß – und zurück. In: Werk, Bauen + Wohnen 75.4, S. 18–25.

— Hrsg. (1996). Geschichte des Wohnens. Stuttgart: Deutsche Verlags-Anstalt.

— (2012). Auto, Straße und Verkehr: Vom Freiheitsversprechen zum Stau. In: Die Stadt und das Auto: Wie der Verkehr Hamburg veränderte. Hrsg. von der Hamburgischen Architektenkammer und dem Museum der Arbeit Hamburg. München: Dölling und Galitz, S. 8–99.

Kaschuba, Wolfgang (2007). Zwischen Traum und Trauma. In: archithese 2007.3, S. 18–21.

Keil, Kerstin (1996). Der soziale Mietwohnungsbau: Mängel und Alternativen. Frankfurt a. M./New York: P. Lang.

Klein, Alexander (1927a). Untersuchungen zur rationellen Gestaltung von Kleinwohnungsgrundrissen. In: Die Baugilde 9.22, S. 1349–1366.

— (1927b). Versuch eines graphischen Verfahrens zur Bewertung von Kleinwohnungsgrundrissen. In: Die Baugilde 9.14, S. 1349–1361.

— (1928). Grundrissbildung und Raumgestaltung von Kleinwohnungen und neue Auswertungsmethoden. In: Zentralblatt der Bauverwaltung 48.34, S. 541–549.

Klos, Hermann (2014). Kunststofffenster – Ein denkmalpflegerisches ‹Feindbild› ist Marktführer. In: Denkmalpflege in Baden-Württemberg 43.4, S. 253–260.

Koch, Alexander (1955). Praktisch Bauen + Schön Wohnen = Glücklich Leben. Stuttgart: Verlagsanstalt Alexander Koch.

Köcher, Renate und Oliver Bruttel (2011). 1. Infosys-Studie Social Media: IT & Society 2011. Institut für Demoskopie Allensbach.

Köhler, Bettina (2004). Licht im Haus: Phöbus Apollon! Selene! Kerze! Glüh-Birne! NeonRöhren! In: Werk, Bauen + Wohnen 91.12, S. 38–44.

— (2009). Jalousie. In: ARCH+ 42.191/192, S. 64–68.

Kölke, Manuela (2020). Die ‹Bodenlosigkeit› anarchistischer Siedlerbewegungen. In: Architecture on common ground. The question of land: Positions and models. Hrsg. von Florian Hertweck. Zürich: Lars Müller Publishers, S. 64–77.

König, Wolfgang (2008). Kleine Geschichte der Konsumgesellschaft: Konsum als Lebensform der Moderne. Stuttgart: Steiner.

Konter, Erich (1985). Die Städtebaulehre an der Technischen Hochschule Berlin in den 40er-Jahren. In: ARCH+ 17.81, S. 60–62.

Kopper, Christopher (2010). Der Durchbruch des PKW zum Massenkonsumgut 1950–1964. In: Jahrbuch für Wirtschaftsgeschichte / Economic History Yearbook 51.1, S. 19–36.

Korsukéwitz, Sabine (2012). Die ideale Stadt vor 50 Jahren. Sennestadt in Nordrhein-Westfalen (Radiobeitrag). DLF Kultur, Sendung: Deutschlandrundfahrt, gesendet am 17.03.2012.

Krajewski, Markus, Jasmin Meerhoff und Stephan Trüby, Hrsg. (2017). Dienstbarkeitsarchitekturen: Zwischen Service-Korridor und Ambient Intelligence. Tübingen: Wasmuth.

Krause, Juliane (1999). Unterwegs in Stadt und Land. In: Frauen und Männer in der mobilen Gesellschaft. Hrsg. von Antje Flade und Maria Limbourg. Opladen: Leske + Budrich, S. 65–93.

— (2001). Gender und Verkehrsplanung – eine Einführung. In: Gendergerechte Verkehrsplanung: Slogan, Mode, Utopie oder praxistaugliche Planungshilfe? Hrsg. von Sabine Martens und Kerstin Pauls. Stuttgart: Akademie für Technikfolgenabschätzung Baden-Württemberg, S. 5–22.

Kremerskothen, Josef (2018). Persönliches Gespräch des Autors mit Josef Kremerskothen, 18.09.2018, Hamburg.

Kreuter-Kirchhof, Charlotte (2014). Der rechtliche Status des Wohneigentums. In: Wohneigentum: Herausforderungen und Perspektiven. Hrsg. von Michael Voigtländer und Otto Depenheuer. Berlin/Heidelberg: Springer, S. 97–125.

Kuchenbuch, David (2010). Geordnete Gemeinschaft: Architekten als Sozialingenieure – Deutschland und Schweden im 20. Jahrhundert. Bielefeld: transcript.

Kühn, Erich (1960). Der Wiederaufbau der deutschen Städte. In: Planen und Bauen im neuen Deutschland. Hrsg. von Alois Giefel, Franz Sales Meyer und Joachim Beinlich. Köln/Opladen: Westdeutscher Verlag, S. 110–155.

Kuhn, Gerd (2001a). Städtebau – Heimstätten, Kleinhäuser und Kleinsiedlungen. In: Villa und Eigenheim: Suburbaner Städtebau in Deutschland. Hrsg. von Tilman Harlander. Stuttgart: Deutsche Verlags-Anstalt, S. 164–173.

— (2001b). Suburbanisierung: Planmäßige Dezentralisierung und ‹wildes› Siedeln. In: Villa und Eigenheim: Suburbaner Städtebau in Deutschland. Hrsg. von Tilman Harlander. Stuttgart: Deutsche Verlags-Anstalt, S. 164–173.

Lampugnani, Vittorio Magnago, Katia Frey und Eliana Perotti (2005). Anthologie zum Städtebau – Vom Wiederaufbau nach dem Zweiten Weltkrieg bis zur zeitgenössischen Stadt. Bd. 3. 3 Bde. Berlin: Gebr. Mann.

Langenberg, Silke (2022). Das Gothaer-Haus entspricht dem Geist seiner Zeit. In: Offenbach Kaleidoskop – Geschichten eines Hauses. Hrsg. von Jan Engelke, Lukas Fink und Tobias Fink. Leipzig: Spector Books, S. 160–172.

Latour, Bruno (1996). Der Berliner Schlüssel: Erkundungen eines Liebhabers der Wissenschaften. Berlin: Akademie-Verlag.

— (2007). Eine neue Soziologie für eine neue Gesellschaft: Einführung in die Akteur-Netzwerk-Theorie. Frankfurt a. M.: Suhrkamp.

Lattermann, Günter (2006). Resopal: Weit mehr als Laminat. In: Original Resopal. Die Ästhetik der Oberfläche. Hrsg. von Romana Schneider und Ingeborg Flagge. Berlin: JOVIS Verlag, S. 10–19.

Leicht-Eckhardt, Elisabeth (1999). Ausstattungsvarianten und Nutzungsformen von Küchen vom achtzehnten Jahrhundert bis heute. In: Die Küche: Zur Geschichte eines architektonischen, sozialen und imaginativen Raums. Hrsg. von Elfie Miklautz, Herbert Lachmayer und Reinhard Eisendle. Wien: Böhlau, S. 161–206.

Lindner, Werner (1940). Heimat- und Handwerkspflege in der Siedlungs- und Bauplanung. In: Der Deutsche Baumeister 1940.11, S. 11–24.

Lorbek, Maja (2018). Idealizations of the Kleinhaus: On the typology of the small singlefamily house in Germany, 1920s–1960S. In: Architectural Histories 6.1, S. 13.

Lott, Sylvia (1985). Die Frauenzeitschriften von Hans Huffzky und John Jahr: Zur Geschichte der deutschen Frauenzeitschrift zwischen 1933 und 1970. Berlin: V. Spiess.

Lücke, Paul (1950). Redebeitrag laut Plenarprotokoll des 1. Deutschen Bundestags – 108. Sitzung. Bonn, 15.12.1950, S. 4073–4074. Verfügbar unter https://dserver.bundestag.de/btp/01/01108.pdf, zuletzt abgerufen am 13.03.2023.

— (1951). Was geschieht heute im Wohnungsbau? In: Breitesten Schichten Eigentum an Wohnungen zu schaffen, das ist heute die Aufgabe. Altenberger Treffen. Bonn: Kreis Ehe und Familie der deutschen Katholikentage.

— (1953). Das familiengerechte Heim – Eine Grundsatzforderung der CDU/CSU. In: Union in Deutschland. Informationsdienst der Christlich-Demokratischen und Christlich-Sozialen Union Deutschlands 7.82/83, S. 3–4.

Maly, Peter (2018). Persönliches Gespräch des Autors mit Peter Maly, 28.09.2018, Hamburg.

Martens, Sabine und Kerstin Pauls, Hrsg. (2001). Gendergerechte Verkehrsplanung: Slogan, Mode, Utopie oder praxistaugliche Planungshilfe? Stuttgart: Akademie für Technikfolgenabschätzung Baden-Württemberg.

Matrix (1984). House design and women's roles. In: Making space: Women and the manmade environment. Hrsg. von Matrix. London: Pluto Press, S. 55–80.

Maul, H. (1962). Frische Luft in jeder Küche. In: die moderne küche 4.18, S. 10–24.

Meissner, Irene (2017). Wir müssen den Stil der Zeit repräsentieren. Ludwig Erhard und sein Architekt Sep Ruf. In: Die Politische Meinung 62.04, S. 140–145.

Melhuish, Clare (2002). From dematerialisation to depoliticisation in architecture. In: This is not architecture: Media constructions. Hrsg. von Kester Rattenbury. London/New York: Routledge, S. 222–230.

Menzl, Marcus (2017). Das Eigenheim im Grünen. Kontinuität und Wandel eines Sehnsuchtsortes. In: Zeitschrift für Kulturwissenschaften 11.1, S. 117–131.

Meyer, Sibylle und Eva Schulze (1990). Fernseher contra Waschmaschine – wie das Geschlechterverhältnis auf Technik wirkt. In: Haushalts-Träume – Haushalts-Räume: Ein Jahrhundert Technisierung und Rationalisierung im Haushalt. Hrsg. von der Arbeitsgemeinschaft Hauswirtschaft e. V. und der Stiftung Verbraucherinstitut. Königstein im Taunus: Langewiesche, Köster, S. 103–108.

— (1992). ‹Moderne Technik› im Haushalt: Alltagstechnologien aus historischer Sicht. In: Oikos: Von der Feuerstelle zur Mikrowelle. Haushalt und Wohnen im Wandel. Hrsg. von Michael Andritzky. Giessen: Anabas, S. 120–123.

Migge, Leberecht (1918). Jedermann Selbstversorger! Eine Lösung der Siedlungsfrage durch neuen Gartenbau. Jena: Eugen Diederichs.

Miggelbrink, Monique (2021). Home Computer: Wohnen mit dem Computer in Einrichtungszeitschriften. In: WohnSeiten: Visuelle Konstruktionen des Wohnens in Zeitschriften. Hrsg. von Irene Nierhaus, Kathrin Heinz und Rosanna Umbach. Bielefeld: transcript, S. 299–316.

Miklautz, Elfie, Herbert Lachmayer und Reinhard Eisendle (1999). Einleitung: Die Küche. Zur Geschichte eines architektonischen, sozialen und imaginativen Raums. In: Die Küche: Zur Geschichte eines architektonischen, sozialen und imaginativen Raums. Hrsg. von Elfie Miklautz, Herbert Lachmayer und Reinhard Eisendle. Wien: Böhlau, S. 9–16.

Miller Lane, Barbara (1986). Architektur und Politik in Deutschland 1918–1945. Braunschweig: Vieweg.

Möller, Heino R. (1981). Innenräume, Außenwelten: Studien zur Darstellung bürgerlicher Privatheit in Kunst und Warenwerbung. Gießen: Anabas.

Möller, Horst (2001). Saint-Gobain in Deutschland von 1853 bis zur Gegenwart: Geschichte eines europäischen Unternehmens. München: Beck.

Müller, Martin L. (1999). Bausparen in Deutschland zwischen Inflation und Währungsreform 1924–1948: Wohnungsbaufinanzierung im Spannungsfeld zwischen Staat und privaten und öffentlichen Bausparunternehmen. München: Beck.

Murphy, Jane (1999). Küche als Objekt – Küche als Raum. In: Die Küche: Zur Geschichte eines architektonischen, sozialen und imaginativen Raums. Hrsg. von Elfie Miklautz, Herbert Lachmayer und Reinhard Eisendle. Wien: Böhlau, S. 49–80.

Nerdinger, Winfried (1990). Materialästhetik und Rasterbauweise. Zum Charakter der Architektur der 50er Jahre. In: Architektur und Städtebau der fünfziger Jahre. Bonn: Deutsches Nationalkomitee für Denkmalschutz.

Neß, Ilex (2019). Persönliches Gespräch des Autors mit Ilex Neß, 11.05.2019, Berlin.

Neufert, Ernst (1931). Die billige, gute Wohnung. In: Wasmuths Monatshefte für Baukunst 15.1, S. 32.

— (1964). Styropor-Handbuch. Wiesbaden/Berlin: Bauverlag.

Nicolai, Bernd (2019). Membran. In: Reading room: Re-Lektüren des Innenraums. Hrsg. von Christine Göttler u. a. Berlin/Boston: De Gruyter.

Niedermoser, Otto (1954). schön wohnen – schöner leben. Frankfurt a. M./Wien: Humboldt.

Nierhaus, Irene (2002a). Big Scale. In: räumen: Baupläne zwischen Raum, Visualität, Geschlecht und Architektur. Hrsg. von Irene Nierhaus und Felicitas Konecny. Wien: edition selene, S. 117–143.

— (2002b). Positionen. In: räumen: Baupläne zwischen Raum, Visualität, Geschlecht und Architektur. Hrsg. von Irene Nierhaus und Felicitas Konecny. Erstausg. Wien: edition selene, S. 11–24.

— (2016). Möblierung von Wohnen und Wissen. In: Matratze/Matrize: Möblierung von Subjekt und Gesellschaft: Konzepte in Kunst und Architektur. Hrsg. von Irene Nierhaus und Kathrin Heinz. Bielefeld: transcript, S. 11–39.

— (2018). Seiten des Wohnens – Wohnzeitschriften und ihr medialer und gesellschaftspolitischer Display. In: FKW Zeitschrift für Geschlechterforschung und visuelle Kultur 64.1, S. 18–28.

Nierhaus, Irene und Andreas Nierhaus (2014). Wohnen Zeigen – Schau_Plätze des Wohnwissens. In: Wohnen zeigen: Modelle und Akteure des Wohnens in Architektur und visueller Kultur. Hrsg. von Irene Nierhaus und Andreas Nierhaus. Bielefeld: transcript, S. 9–35.

Nierhaus, Irene und Kathrin Heinz (2023). Ästhetische Ordnungen und Politiken des Wohnens. Häusliches und Domestisches in der visuellen Moderne. Bielefeld: transcript.

Nierhaus, Irene, Kathrin Heinz und Rosanna Umbach, Hrsg. (2021). WohnSeiten: Visuelle Konstruktionen des Wohnens in Zeitschriften. Bielefeld: transcript.

Noell, Matthias (2014). Ins Kristall bald dein Fall. In: Kunst + Architektur in der Schweiz 65.1, S. 4–13.

o. A. (1958). Zwei Einfamilienhäuser am Tegernsee. In: baukunst und werkform 1958.4, S. 203–208.

— (1965). Lücke-Biografie: Schwarzer Spiegel. In: Der Spiegel 1965.39, S. 37–38.

Oechslin, Werner (2011). Architekturmodell – ‹Idea materialis›. In: Die Medien der Architektur. Hrsg. von Wolfgang Sonne. Berlin: Deutscher Kunstverlag, S. 131–155.

Oestereich, Christopher (2000). ‹Gute Form› im Wiederaufbau: Zur Geschichte der Produktgestaltung in Westdeutschland nach 1945. Berlin: Lukas.

Pahl-Weber, Elke und Dirk Schubert (1988). Die Volksgemeinschaft unter dem steilen Dach? In: Massenwohnung und Eigenheim: Wohnungsbau und Wohnen in der Großstadt seit dem Ersten Weltkrieg. Hrsg. von Axel Schildt und Arnold Sywottek. Frankfurt a. M./New York: Campus.

Palladio, Andrea (2009 (1570)). Die vier Bücher zur Architektur. Hrsg. von Andreas Beyer und Ulrich Schütte. Basel/Berlin/Boston: Birkhäuser.

Petsch, Joachim (1983). Zum Wohnungsbau der 50er Jahre in der Bundesrepublik Deutschland. In: Wissenschaftliche Zeitschrift / Hochschule für Architektur und Bauwesen 29.5/6, S. 394–399.

— (1989a). Eigenheim und gute Stube. Zur Geschichte des bürgerlichen Wohnens: Städtebau, Architektur, Einrichtungsstile. Unter Mitarb. von Wiltrud Petsch-Bahr. Köln: DuMont.

— (1989b). Städteplanung und Architektur in Nordrhein-Westfalen 1945–1952. In: Geschichte im Westen 1989.1, S. 47–64.

Peuckert, Rüdiger (2019). Familienformen im sozialen Wandel. Wiesbaden: Springer Fachmedien.

Pfammatter, Ulrich (1998). Der Siegeszug des Glases: zur Geschichte des Glases als architektonisches Gestaltungsmittel. In: Schweizer Ingenieur und Architekt 116.51/52, S. 986–993.

Pfeifer, Wolfgang, Hrsg. (2018). Etymologisches Wörterbuch des Deutschen. Lahnstein: Edition Kramer.

Pisani, Salvatore (2014). Ich-Architektur. Das Haus als gelebte Vita und Alter Ego. In: Ein Haus wie ich: Die gebaute Autobiographie in der Moderne. Hrsg. von Salvatore Pisani, Elisabeth Oy-Marra und Katharina Siebenmorgen. Bielefeld: transcript, S. 9–40.

Pollak, Sabine (2015). Kochen, Essen, Lieben: Architektur des privaten Wohnens. Wien: Sonderzahl.

Preciado, Paul B. (2012). Pornotopia: Architektur, Sexualität und Multimedia im Playboy. Berlin: Wagenbach.

— (2018). The architecture of sex: Three case studies beyond the panopticon (Text der Benno Premsela Lecture 2017 am Het Nieuwe Instituut Rotterdam). In: The Funambulist 4.19, Sonderbeilage.

Preuß-Bockleth, I. (17. Okt. 1964). Die Gefährtin des Ministers ist im Hauptberuf Frau und Mutter – Gespräch über Ehe- und Familienfragen mit Frau Lücke. In: Kölnische Rundschau.
Rainer, Roland (1944). Die zweckmäßigste Hausform für Erweiterung, Neugründung und Wiederaufbau von Städten. Berlin: Deutsche Akademie für Städtebau, Reichs- und Landesplanung.
Rattenbury, Kester (2002a). The shape of representation. In: This is not architecture: Media constructions. Hrsg. von Kester Rattenbury. London/New York: Routledge, S. 55–56.
— Hrsg. (2002b). This is not architecture: Media constructions. London/New York: Routledge.
Reichl, Gerti (3. Mai 2017). Er liebte diese Gegend. In: Müncher Merkur. Lokalteil Tegernseer Tal, S. 4.
Reichow, Hans Bernhard (1941). Grundsätzliches zum Städtebau im Altreich und im neuen deutschen Osten. In: Raumforschung und Raumordnung 5.3/4, S. 225–230.
— (1948). Organische Stadtbaukunst: Von der Großstadt zur Stadtlandschaft. Braunschweig u. a.: Georg Westermann.
— (1959). Die Autogerechte Stadt: Ein Weg aus dem Verkehrschaos. Ravensburg: Otto Maier.
— (1965). 10 Jahre Sennestadt: Planung und Aufbau. In: Deutsche Bauzeitschrift. Sonderdruck.
— (1968). Planung und Bau der Sennestadt. In: Sennestadt – Geschichten einer Landschaft. Hrsg. von der Stadt Sennestadt. Bielefeld: Selbstverlag.
Reiher, Monika (2002). Die Stadtplanung und das Personenauto – Geschichte, Problematik, Ausblick. Berlin: Technische Universität.
Reinborn, Dietmar (1996). Städtebau im 19. und 20. Jahrhundert. Stuttgart u. a.: Kohlhammer.
Riedel, Anna-Katharina (2018). Schöner wohnen wollen (sollen) – Optimierung als Subjektivierungsweise auf den Titelblättern der Schöner Wohnen in den 1980er – 1990er Jahren. In: FKW Zeitschrift für Geschlechterforschung und visuelle Kultur 64.1, S. 29–43.
— (2021). Präsentationsfläche Tisch. Angeleitetes Anordnen in Serie auf den Titelblättern der Schöner Wohnen 1980–1999. In: WohnSeiten: Visuelle Konstruktionen des Wohnens in Zeitschriften. Hrsg. von Irene Nierhaus, Kathrin Heinz und Rosanna Umbach. Bielefeld: transcript, S. 261–277.
Roscher, Volker (2012). Nachruf – Gerhart Laage (1925–2012). In: Bauwelt 103.23, S. 4.
Roskamm, Nikolai (2011). Dichte. Eine transdisziplinäre Dekonstruktion. Bielefeld: transcript.
— (2017a). Die unbesetzte Stadt. Postfundamentalistisches Denken und das urbanistische Feld. Gütersloh: Bauverlag.
— (2017b). Zum Ideal der Auflockerung. In: Das Einfamilienhaus. ZfK – Zeitschrift für Kulturwissenschaften 11.1, S. 167–170.
Rowe, Colin (1980). The mathematics of the ideal villa. In: The mathematics of the ideal villa and other essays. Cambridge, Mass.: MIT Press.
Rudofsky, Bernard (1964). Architecture without architects, an introduction to nonpedigreed architecture. Hrsg. von The Museum of Modern Art. New York: Doubleday & Company.
Rumpfhuber, Andreas (2013). Architektur immaterieller Arbeit. Wien: Turia + Kant.
Saß, Jakob (2021). Biografien – BMI – Paul Lücke. Kontinuitäten, Brüche, Neuanfang. Umgang mit dem Nationalsozialismus in den beiden deutschen Innenministerien. http://ausstellung.geschichte-innenministerien.de/biografien/paul-luecke, zuletzt abgerufent am 13.05.2021.
Schäfers, Bernhard (1993). Die westdeutsche Gesellschaft: Strukturen und Formen. In: Modernisierung im Wiederaufbau: Die westdeutsche Gesellschaft der 50er Jahre. Hrsg. von Axel Schildt und Arnold Sywottek. Bonn: Dietz, S. 307–315.
Schama, Simon (1995). Landscape and memory. London: Harper Collins.
Scharoun, Hans (2005 (1946)). Eröffnungsvortrag zur Ausstellung ‹Berlin plant. Erster Bericht›. In: Anthologie zum Städtebau – Vom Wiederaufbau nach dem Zweiten Weltkrieg bis zur zeitgenössischen Stadt. Hrsg. von Vittorio Magnago Lampugnani, Katia Frey und Eliana Perotti. Bd. 3. 3 Bde. Berlin: Gebr. Mann, S. 39–48.
Scheerbart, Paul (1919). Das Neue Leben. Architektonische Apokalypse. In: Taut, Bruno. Die Stadtkrone. Jena: Eugen Diederichs.
Schelsky, Helmut (1955). Wandlungen der deutschen Familie in der Gegenwart. Darstellung und Deutung einer empirisch-soziologischen Tatbestandsaufnahme. Stuttgart: Enke.
Scheurmann, Ingrid (2017). Denkmal, Erinnerungsort, Location oder was? Zur Bewertung von Bauten der 1960er und 1970er Jahre. In: Welche Denkmale welcher Moderne? Zum Umgang mit Bauten der 1960er und 70er Jahre. Hrsg. von Frank Eckardt, Hans-Rudolf Meier, Ingrid Scheurmann und Wolfgang Sonne. Berlin: JOVIS Verlag, S. 62–81.
Schicker-Ney, Irene (1992). Die ‹Erfindung› von Hausfrau und Hausarbeit. In: Oikos: Von der Feuerstelle zur Mikrowelle. Haushalt und Wohnen im Wandel. Hrsg. von Michael Andritzky. Gießen: Anabas, S. 172–181.
Schildt, Axel (1993). Ende der Ideologien? Politisch-ideologische Strömungen in den 50er Jahren. In: Modernisierung im Wiederaufbau: Die westdeutsche Gesellschaft der 50er Jahre. Hrsg. von Axel Schildt und Arnold Sywottek. Bonn: Dietz, S. 627–635.
— (1998). Wohnungspolitik. In: Drei Wege deutscher Sozialstaatlichkeit: NS-Diktatur, Bundesrepublik und DDR im Vergleich. Hrsg. von Hans Günter Hockerts. München: Oldenbourg, S. 151–189.
Schneider, Romana und Ingeborg Flagge, Hrsg. (2006). Original Resopal. Die Ästhetik der Oberfläche. Berlin: JOVIS Verlag.
Schock, Birgitta (2002). War das Farnsworth-House je bewohnbar? Über die Auflösung der Wand in der Architektur des 20. Jahrhunderts. In: Tec21 128.12, S. 15–20.
Scholten, Ulrich (1999). Die Förderung von Wohneigentum. Tübingen: Mohr Siebeck.
Schulz, Günther (1988). Eigenheimpolitik und Eigenheimförderung im ersten Jahrzehnt nach dem Zweiten Weltkrieg. In: Massenwohnung und Eigenheim: Wohnungsbau und Wohnen in der Großstadt seit dem Ersten Weltkrieg. Hrsg. von Axel Schildt und Arnold Sywottek. Frankfurt a. M./New York: Campus, S. 409–439.
— Hrsg. (1993). Wohnungspolitik im Sozialstaat. Deutsche und europäische Lösungen, 1918–1960. Düsseldorf: Droste.
— (1994). Wiederaufbau in Deutschland: Die Wohnungsbaupolitik in den Westzonen und der Bundesrepublik von 1945 bis 1957. Düsseldorf: Droste.
— (1998). Sozale Sicherung von Frauen und Familien. In: Drei Wege deutscher Sozialstaatlichkeit: NS-Diktatur, Bundesrepublik und DDR im Vergleich. Hrsg. von Hans Günter Hockerts. München: Oldenbourg, S. 117–150.
— (2015). Bauen und Wohnen. In: Deutschland in Daten: Zeitreihen zur Historischen Statistik. Hrsg. von Thomas Rahlf. Bonn: Bundeszentrale für Politische Bildung.
Scott, Felicity (1999). Underneath aesthetics and utility: The untransposable fetish of Bernard Rudofsky. In: Assemblage 1999.38, S. 58–89.
Selle, Gert (1993). Die eigenen vier Wände: Zur verborgenen Geschichte des Wohnens. Frankfurt a. M./New York: Campus.
Sennestadtverein, Hrsg. (1988). Der Städtebau der Sennestadt – Eine Dokumentation. Bielefeld: Selbstverlag.
Sennett, Richard (1986). Verfall und Ende des öffentlichen Lebens: Die Tyrannei der Intimität. Frankfurt a. M.: Fischer.
Sicks, Kathrin (2011). Geschlechtsspezifische Unterschiede des Verkehrshandelns. In: Raum und Mobilität. Arbeitspapiere des Fachgebiets Verkehrswesen und Verkehrsplanung 22.
Sieverts, Thomas (2013). Zwischenstadt. Zwischen Ort und Welt, Raum und Zeit, Stadt und Land. Gütersloh/Berlin: Bauverlag.
Simon, Katja (2005). Fertighausarchitektur in Deutschland seit 1945. Oberhausen: Athena.
Simon-Philipp, Christina und Josefine Korbel (2016). Einfamilienhäuser 50/60/70: Stadtentwicklung und Revitalisierung. Hrsg. von der Wüstenrot Stiftung Ludwigsburg.
Sohn, Elke (2008). Zum Begriff der Natur in Stadtkonzepten anhand der Beiträge von Hans Bernhard Reichow, Walter Schwagenscheidt und Hans Scharoun zum Wiederaufbau nach 1945. Münster/Hamburg: LIT.
Soller, Ulrich, Hartmut Munkelt und Dieter Angles (1998). Der Heizungsbauer: Planung und Berechnung von Warmwasserheizungsanlagen. Stuttgart: Deutsche Verlags-Anstalt.
Sonne, Wolfgang, Hrsg. (2011). Die Medien der Architektur. Berlin: Deutscher Kunstverlag.

— (2017). Welche Moderne? Richtungen der Architektur der 1960er, 70er und 80er Jahre in Deutschland. In: Welche Denkmale welcher Moderne? Zum Umgang mit Bauten der 1960er und 70er Jahre. Hrsg. von Frank Eckardt, Hans-Rudolf Meier, Ingrid Scheurmann und Wolfgang Sonne. Berlin: JOVIS Verlag, S. 14–39.

Spigel, Lynn (2001). Welcome to the dreamhouse: Popular media and postwar suburbs. Durham, NC: Duke University Press.

Stalder, Laurent (2010). Air, Light, and Air-Conditioning. In: Grey Room 40.3, S. 84–99.

Stange, Irina (2018). Das Bundesministerium des Inneren und seine leitenden Beamten. In: Hüter der Ordnung. Die Innenministerien in Bonn und Ost-Berlin nach dem Nationalsozialismus. Hrsg. von Frank Bösch. Göttingen: Wallenstein.

Stark, Jochen und Bernd Wicht (2012). Geschichte der Baustoffe. Wiesbaden: Vieweg + Teubner.

Statistisches Bundesamt (1960). Zusammenfassende Übersicht. In: Wirtschaft und Statistik 12.12, S. 691–737.

— (2015a). Gebäude- und Wohnungsbestand in Deutschland. Endgültige Ergebnisse der Gebäude- und Wohnungszählung 2011.

— (2015b). Zensus 2011: Zensus Kompakt. Endgültige Ergebnisse.

— (2019). Wirtschaftsrechnungen. Einkommens- und Verbrauchsstichprobe. Wohnverhältnisse privater Haushalte 2018.

— (2021). Bautätigkeit und Wohnungen: Bestand an Wohnungen.

— (2022). Zensus 2022, Regionaltabelle Gebäude und Wohnungen. Online unter https://www.zensus2022.de/static/Zensus_Veroeffentlichung/Regionaltabelle_Gebaeude_Wohnungen.xlsx, zuletzt abgerufen am 28.01.2025.

— (2024). Anzahl der Einfamilienhäuser in Deutschland in den Jahren von 2001 bis 2023. Online unter https://de.statista.com/statistik/daten/studie/39010/umfrage/bestand-der-einfamilienhaeuser-in-deutschland-seit-2000, zuletzt abgerufen am 28.01.2025.

Staub, Alexandra (2005). Cultural change and the ideal of the single-family house in the Federal Republic of Germany 1950–1989. Cottbus: Brandenburgisch Technische Universität.

— (2009). Einmal im Leben. Rooting the ‹little man› to conservative values in postwar West Germany. In: After fascism: European case studies in politics, society, and identity since 1945. Hrsg. von Matthew Paul Berg und Maria Mesner. Wien: LIT, S. 153–177.

— (2016). Conflicted identities: Housing and the politics of cultural representation. New York: Routledge.

— (2017). Von Stunde 0 bis Tempo 100. Das Einfamilienhaus und die ‹Amerikanisierung› westdeutscher Wohnideale in der Nachkriegszeit. In: Das Einfamilienhaus. ZfK – Zeitschrift für Kulturwissenschaften 11.1, S. 73–95.

Steinberg, Florian (2019). Die Pioniere vom Rosenhügel – Zur wirklichen Revolution des ArbeiterInnenwohnens durch die Wiener SiedlerInnen. In: Dérive 9.77, S. 39–45.

Stierle, Georg (1950). Redebeitrag laut Plenarprotokoll des 1. Deutschen Bundestags – 108. Sitzung. Bonn, 15. 12.1950, S. 4081. Verfügbar unter https://dserver.bundestag.de/btp/01/01108.pdf, zuletzt abgerufen am 13.03.2023.

Stolzenburg, Kathrin (2002). Hans Bernhard Reichow – Ein Architekt und Städteplaner zwischen der nationalsozialistsischen Umgestaltung und der autogerechten Stadt. In: Architektur und Städtebau im südlichen Ostseeraum zwischen 1936 und 1980. Hrsg. von Bernfried Lichtnau. Berlin: Lukas, S. 137–152.

Störi, Fritz (1979). Der Stoff, aus dem die Schäume sind. Ludwigshafen: Selbstverlag.

Strauss, Anselm L. (2007). Grundlagen qualitativer Sozialforschung: Datenanalyse und Theoriebildung in der empirischen soziologischen Forschung. München: Fink.

Strauss, Anselm L. und Juliet M. Corbin (2010). Grounded Theory: Grundlagen qualitativer Sozialforschung. Weinheim: Beltz.

Südbeck, Thomas (1993). Motorisierung, Verkehrsentwicklung und Verkehrspolitik in Westdeutschland in den 50er Jahren. In: Modernisierung im Wiederaufbau: Die westdeutsche Gesellschaft der 50er Jahre. Hrsg. von Axel Schildt und Arnold Sywottek. Bonn: Dietz, S. 170–187.

Taut, Bruno (1919). Die Stadtkrone. Jena: Eugen Diederichs.

— (1920). Die Auflösung der Städte oder Die Erde eine gute Wohnung oder auch: Der Weg zur alpinen Architektur. Hagen in Westfalen: Volkwang.

Teyssot, Georges (1989). Die Krankheit des Domizils: Wohnen und Wohnbau 1800–1930. Braunschweig: Vieweg.

Tiedemann, Lotte (1956). In der Küche essen? Vorschläge für Küche und Essplatz in der Wohnung. In: Neue Heimat 3.4/5, S. 32–40.

Timm, Elisabeth (2017). Das EFH. Vorläufiges ABC einer gebauten Sozialontologie der fordistischen Wachstumsjahrzehnte im 20. Jahrhundert. In: Welche Denkmale welcher Moderne? Zum Umgang mit Bauten der 1960er und 70er Jahre. Hrsg. von Frank Eckardt, Hans-Rudolf Meier, Ingrid Scheurmann und Wolfgang Sonne. Berlin: JOVIS Verlag, S. 40–53.

— (2019). The single-family home between politics, consumerism, and the everyday: Locating the West German case. In: Housing the family: locating the single-family home in Germany. Hrsg. von Christiane Cantauw, Anne Caplan und Elisabeth Timm. Berlin: JOVIS Verlag, S. 12–28.

Tönnesmann, Andreas (2011). Das Einfamilienhaus gehört nie ins Stadtzentrum. In: VISO 3.1, S. 27–37.

Trüby, Stephan (2018). Geschichte des Korridors. Paderborn: Wilhelm Fink.

Tsing, Anna Lowenhaupt (2020). Der Pilz am Ende der Welt: Über das Leben in den Ruinen des Kapitalismus. Berlin: Matthes & Seitz.

Umbach, Rosanna (2018). Mutter_schafft – Von un/sichtbarer Hausarbeit im Schöner Wohnen Magazin der 1970er-Jahre. In: FKW Zeitschrift für Geschlchterforschung und visuelle Kultur 64.1, S. 44–57.

— (2022). Un/Gewohnte Beziehungsweisen – Visuelle Politiken des Familialen im Schöner Wohnen Magazin der 1960er und 1970er Jahre. Bremen: Universität Bremen.

Umbach, Rosanna, Amelie Ochs, Kathrin Heinz und Irene Nierhaus (2021). Zum Buch. In: WohnSeiten: Visuelle Konstruktionen des Wohnens in Zeitschriften. Hrsg. von Irene Nierhaus, Kathrin Heinz und Rosanna Umbach. Bielefeld: transcript, S. 83–99.

Van Aaken, Wiepke (2014). Die Entfremdung von den Stoffen. In: NEUE kunstwissenschaftliche forschungen 1, S. 39–47.

Venturi, Robert, Denise Scott Brown und Steven Izenour (1977). Learning from Las Vegas: The forgotten symbolism of architectural form. Cambridge, Mass.: The MIT Press.

Vidler, Anthony (2002). unHEIMlich. Über das Unbehagen in der modernen Architektur. Hamburg: Edition Nautilus.

Vogel, Andreas (2007). Der Trend zur Segmentierung geht dem Ende zu – die Publikumspresse gestern, heute und morgen. In: Perspektiven für die Publikumszeitschrift. Hrsg. von Mike Friedrichsen und Martin F. Brunner. Berlin/Heidelberg: Springer, S. 49–64.

Voges, Jonathan (2017). ‹Mit Geschmack und wenig Geld›. Heimwerken als Aneignungspraxis des Einfamilienhauses von den 1950er bis in die 1980er Jahre. In: Das Einfamilienhaus. ZfK – Zeitschrift für Kulturwissenschaften 11.1, S. 97–116.

Von Beyme, Klaus (1987). Der Wiederaufbau: Architektur und Städtebaupolitik in beiden deutschen Staaten. München: Piper.

Von Moos, Stanislaus (1985). Le Corbusier: Elements of a synthesis. Cambridge, Mass.: MIT Press.

Von Roncador, Tilman Alexander (2006). Der Wohnungsbau auf dem Gebiet der Bundesrepublik Deutschland 1945 bis 1989. München: Ludwig-Maximilians-Universität.

Von Saldern, Adelheid (1995a). Häuserleben. Zur Geschichte städtischen Arbeiterwohnens vom Kaiserreich bis heute. Bonn: Dietz.

— (1995b). Von der ‹guten Stube› zur ‹guten Wohnung›. Zur Geschichte des Wohnens in der Bundesrepublik Deutschland. In: Archiv für Sozialgeschichte 35, S. 227–254.

Wack, Johann (1965). Ein kurzer Rückblick auf 1200 Jahre Ortsgeschichte. In: Festschrift 1200 Jahre Eggenstein. Hrsg. von der Gemeinde Eggenstein. Selbstverlag, S. 37–41.

Wagenknecht, Katherin (2019). Building a house of our own: Three middle-class variants of settling and living in northwestern Germany today. In: Housing the family: Locating the single-family home in Germany. Hrsg. von Christiane Cantauw, Anne Caplan und Elisabeth Timm. Berlin: JOVIS Verlag, S. 30–59.

Wagner, George (1996). The liar of the bachelor. In: Architecture and feminism. Hrsg. von Debra Coleman, Elizabeth Danze und Carol Henderson. New York: Princeton Architectural Press, S. 183–220.

Wang, Wilfried (2022). Nachhaltigkeit trotz Kulturideale – oder: Der entscheidende Kampf um das Einfamilienhaus, In: Journal der Künste 17, S. 7–11.

Warda, Johannes (2019). Old houses become single-family homes: Bausparkassen, Denkmalpflege and conversion architecture, 1977–2002. In: Housing the family: Locating the single-family home in Germany. Hrsg. von Christiane Cantauw, Anne Caplan und Elisabeth Timm. Berlin: JOVIS Verlag, S. 126–141.

— (2020). Wohnen im Einfamilienhaus. In: Handbuch Wohnsoziologie. Hrsg. von Frank Eckardt und Sabine Meier. Wiesbaden: Springer Fachmedien.

Warhaftig, Myra (1989). Alexander Klein zum 110. Geburtstag. In: Bauwelt 81.23, S. 1042.

— (2000). Wohnungen der kurzen Wege: Alexander Klein. In: Der Architekt 49.6, S. 20–22.

Wenke, Helmut (1961). Aus der historischen Entwicklung der Haushaltküche. In: die moderne küche 2.11, S. 5–29.

Westphal, Joachim (1976). Strukturwandel im Kraftfahrzeugbestand der Bundesrepublik Deutschland 1954–1973. In: Zeitschrift für Verkehrswissenschaft 54.2, S. 163–177.

Wiegel, Gerd (2002). Die Union und der rechte Rand – Zur Strategie der CDU/CSU-Fraktion im Umgang mit Parteien der extremen Rechten. Berlin: PDS Bundestagsfraktion.

Wildermuth, Eberhard (1950). Redebeitrag laut Plenarprotokoll des 1. Deutschen Bundestags – 108. Sitzung. Bonn, 15. 12.1950, S. 4084. Verfügbar unter https://dserver.bundestag.de/btp/01/01108.pdf, zuletzt abgerufen am 13.03.2023.

Wildt, Michael (1994). Am Beginn der ‹Konsumgesellschaft›: Mangelerfahrung, Lebenshaltung, Wohlstandshoffnung in Westdeutschland in den fünfziger Jahren. Hamburg: Ergebnisse.

— (1996). Vom kleinen Wohlstand: Eine Konsumgeschichte der fünfziger Jahre. Frankfurt a. M.: Fischer.

Wilgeroth, Cai-Olaf und Michael Schimek, Hrsg. (2018). 4 Wände – von Familien, ihren Häusern und den Dingen drumherum: Das Einfamilienhaus in Deutschland seit 1950. Cloppenburg: Museumsdorf Cloppenburg – Niedersächsisches Freilichtmuseum.

Willeke, Rainer und Reinhard Heinemann (1989). Die Stadt und das Auto – Entwicklung und Lösung eines Problems. Frankfurt a. M.: Selbstverlag.

Wortmann, Wilhelm (1941). Der Gedanke der Stadtlandschaft. In: Raumforschung und Raumordnung 5.1, S. 15–17.

Wright, Gwendolyn (1983). Building the dream: A social history of housing in America. Cambridge, Mass.: MIT Press.

Zakrzewski, Philipp (2011). In der Übergangszone: Alternde Einfamilienhausgebiete zwischen Revitalisierung, Stagnation und Schrumpfung. In: Quartiere im demografischen Umbruch. Hrsg. von Olaf Schnur und Matthias Drilling. Wiesbaden: VS Verlag für Sozialwissenschaften, S. 47–66.

Zakrzewski, Philipp, Andrea Berndgen-Kaiser, Runrid Fox-Kämper und Stefan Siedentop (2014). Herausforderungen westdeutscher Einfamilienhausgebiete der Nachkriegszeit: Bestandsentwicklung als neues Handlungsfeld für Kommunen. In: Comparative Population Studies 39.2, S. 247–284.

Zimmermann, Clemens (2001). Wohnungspolitik – Eigenheim für alle? In: Villa und Eigenheim: Suburbaner Städtebau in Deutschland. Hrsg. von Tilman Harlander. Stuttgart: Deutsche Verlags-Anstalt, S. 330–349.

Zimmermann, Stefan und Zofia Durda, Hrsg. (2022). Bauen und Wohnen nach Plan. Siedlungsbau zwischen 1945 und 1975. Ehestorf: Freilichtmuseum am Kiekeberg.

Abbildungen

1. SW 01/1960, S. 6–7. Architekt: Klaus Langer, Hamburg 1958. Foto (links): o. A. Foto (rechts): Friedhelm Thomas
2. Privatarchiv Josef Kremerskothen
3. SW 07/1962, S. 62–63. Linke Anzeige: Siekmann-Möbelwerke, © www.siematic.com. Rechte Anzeige: Arbeitskreis Deutsche Stilmöbel
4. SW 01/1960, S. 8. Architekt: Klaus Langer, Hamburg 1958. Zeichnungen: Anne-Marlen Mährlein
5. SW 02/1962, S. 14. Architekt: Peter Josef Treitz, Eggenstein 1956
6. SW 02/1962, S. 3
7. SW 05/1963, S. 6
8. SW 04/1971, S. 187
9. SW 01/1960, S. 10–11. Architekt: Klaus Langer, Hamburg 1958. Foto: Friedhelm Thomas
10. SW 02/1960, S. 6. Architekt: Sep Ruf, Foto: Gerhard Gronefeld
11. Eigene Collage aus zwei Bildern, Farbfoto: SW 02/1960, S. 7, Gerhard Gronefeld. S/W-Foto (o. A.): baukunstundwerkform 04/1958, S. 207. Architekt: Sep Ruf, Gmund 1955
12. SW 02/1960, S. 10, Foto: Gerhard Gronefeld
13. SW 02/1960, S. 6. Foto: Gerhard Gronefeld
14. Fotografische Sammlung des Deutschen Historischen Museums, Inventarnummer 1990/1638-1640.197. Foto: Gerhard Gronefeld, 1959
15. Oben: bauen+wohnen, 06/1956, S. 194; unten: baukunst und werkform 04/1958, S. 208. Architekt: Sep Ruf
16. SW 02/1960, S. 14. Foto: Gerhard Gronefeld
17. Fotografische Sammlung des Deutschen Historischen Museums, Inventarnummer GGR938d/1. Foto: Gerhard Gronefeld
18. SW 07/1961, S. 32. Foto: Gerhard Gronefeld
19. SW 06/1961, S. 33. Foto: Gerhard Gronefeld
20. SW 07/1961, S. 34. Foto: Gerhard Gronefeld
21. Kreisarchiv Rheinisch-Bergischer Kreis, SignaturBest300-Fo0962. Heimat-Rundschau, 03.05.1958. Foto: Albert Günther
22. SW 07/1961, S. 34. Foto: Gerhard Gronefeld
23. Born 1965, S. 49. Foto: Gerhard Gronefeld
24. SW 01/1960, S. 4. © Wüstenrot Bausparkasse AG
25. SW 08/1961, S. 72–73. Foto: o. A.
26. Reichow 1968, S. 234. Architekt: Hans Bernhard Reichow, Sennestadt 1956
27. SW 08/1961, S. 73, Foto: o. A.
28. Howard 1898, Tafel 1
29. SW 08/1961, S. 75. Architekt: Hans Bernhard Reichow, Sennestadt 1956
30. Taut 1920, Abbildung 1
31. Taut 1920, Abbildung 8
32. Reichow 1941, Tafel LXVIII. Architekt: Hans Bernhard Reichow 1941
33. Feder 1939, S. 29
34. SW 08/1961, S. 72–73, Foto: o. A.
35. Stadtarchiv Bielefeld, Bestand 400,3/Fotosammlung, Inventar-Nr. 12-005-271/6196. Foto: Westfälische Luftfoto 1968
36. Göderitz, Rainer und Hoffmann 1957, S. 37.
37. SW 08/1961, S. 72, Foto: o. A.
38. Reichow 1959, S. 19, 25
39. SW 08/1969, S. 156. © Volkswagen Aktiengesellschaft
40. SW 10/1964, S. 182–183. Architekt: Eike Wispler, Maschen 1962. Foto: Anneke Rasp
41. CC-BY 4.0, © GeoBasis-DE/LGLN 2024. Gelbe Markierung ergänzt durch den Autor.
42. SW 04/1961, S. 17. Architekt: Christian Farenholtz, Hamburg 1959. Foto: Wolfgang Etzold
43. SW 04/1961, S. 17. Architekt: Christian Farenholtz, Hamburg 1959
44. SW 04/1961, S. 15. Architekt: Christian Farenholtz, Hamburg 1959. Foto: Wolfgang Etzold
45. SW 11/1963, S. 127. © Gaggenau Hausgeräte GmbH
46. SW 08/1968, S. 121. © thyssenkrupp AG
47. SW 10/1971, S. 226–227. Foto: Hugo Willig
48. SW 04/1961, S. 12–13. Architekt: Christian Farenholtz, 1959. Foto: G. Kerff
49. SW 09/1967, S. 8. © Deutsche Tafelglas AG / Nippon Sheet Glas
50. SW 08/1962, S. 49. © Hunter Douglas
51. SW 04/1961, S. 16. Foto: Wolfgang Etzold
52. SW 04/1961, S. 14. Foto: Wolfgang Etzold
53. SW 06/1970, S. 154. © Resopal GmbH
54. SW 09/1968, S. 90. © BASF SE
55. Eigene Collage, Archiv des Bau- und Liegenschaftsamtes Eggenstein-Leopoldshafen, Plannummern E1–E5, E7
56. Historisches Digitales Orthophoto 2014. LGL-BW (2024) dl-de/by-2-0, www.lgl-bw.de
57. SW 04/1961, S. 27. © Opel Automobile GmbH
58. SW 01/1962, S. 50. Architekt: Peter Josef Treitz, Eggenstein 1960. Foto: Peter Brüchmann
59. SW 01/1962, S. 54. Architekt: Peter Josef Treitz, Eggenstein 1960
60. SW 01/1962, S. 55. Architekt: Peter Josef Treitz, Eggenstein 1960
61. SW 01/1962, S. 51
62. Klein 1927a, S. 1366
63. SW 07/1964, S. 36–37. Fotos: Rudolf Nüttgens
64. SW 01/1962, S. 53. Architekt: Peter Josef Treitz, Eggenstein 1960. Foto: Peter Brüchmann
65. SW 01/1962, S. 53. Architekt: Peter Josef Treitz, Eggenstein 1960. Foto: Peter Brüchmann
66. SW 01/1962, S. 55. Architekt: Peter Josef Treitz, Eggenstein 1960. Foto: Peter Brüchmann

67. SW 07/1962, S. 78. Foto: o. A.
68. SW01/1962, S. 54. Architekt: Peter Josef Treitz, Eggenstein 1960. Foto: Peter Brüchmann
69. SW05/1961, S. 79. Architekt: Jürgen Marlow, Sülldorf 1959. Fotos: Thea Umlauf
70. SW05/1961, S. 79. Architekt: Jürgen Marlow, Sülldorf 1959. Fotos: Thea Umlauf

Weitere Quellen

Südwestdeutsches Archiv für Architektur und Ingenieurbau (saai):

Jürgen Döhmann, tabellarischer Lebenslauf, o. D. saai, Nachlass Jürgen Döhmann, Box: 1. Biographisches, Mappe: Biographisches.

Jürgen Döhmann, Was ist Was? Das Schöner-Wohnen-Lexikon (Themenliste), o. D. saai, Nachlass Jürgen Döhmann, Box: SW01, Mappe: Serie ‹Was ist Was?›. Jürgen Döhmann, Umbau (Notiz), o. D. saai, Nachlass Jürgen Döhmann, Box: SW01, Mappe: Serie ‹Umbau›.

Jürgen Döhmann, Fertighaus – Bluff oder Fortschritt? (Skizzen), 1963. saai, Nachlass Jürgen Döhmann, Box: SW01, Mappe: Zeitschriftenauszüge. Jürgen Döhmann, Unterlagen Portrait Egon Eiermann, 1981. saai, Nachlass Jürgen Döhmann, Box SW 1, Mappe: Zeitschriftenauszüge.

Egon Eiermann, 2. Vorlesung am Donnerstag, d. 17.11.1949 (Mitschrift), 1949. saai, Archiv des Lehrstuhls Eiermann, Ordner: Vorlesungen ab SoSe 1947. Egon Eiermann, div. Aufgabenstellungen.

saai, Archiv des Lehrstuhls Eiermann, Box: Lehrstuhl Aufgaben I, Ordner: Übersicht über Semesteraufgaben, Hefter: TH-Aufgaben 1 2 3.

O. A., Diplomanden bei Prof. Eiermann (Liste Jg. 1948–1966), o. D. saai, Archiv des Lehrstuhls Eiermann, Box: Lehrstuhl, Studentenliste, Briefe.

Weitere Schriftquellen

Kurt Gustmann, Schöner Wohnen – Eine Lebensstellung. Die ersten sieben Jahre 1962 bis 1969 (unveröffentlichte autobiografische Notizen), 2016. Privates Archiv Kurt Gustmann.

Hermann Henselmann an Josef Peter Treitz (Aufnahmeschreiben), 1948. Archiv der Bauhaus-Universität Weimar, Akte Treitz, Joseph-Peter (sic), Signatur III/01/649.

Josef Kremerskothen, Schreiben an den Autor, 01.12.2019.

Josef Kremerskothen, Die «Dreierbande» aus Karlsruhe (Fotografie, Notiz), o. D. Privates Archiv Josef Kremerskothen.

Sep Ruf, Baubeschreibung Haus B, 13.06.1962. Privates Archiv Irene Meissner.

Josef Peter Treitz, Baubeschreibung Haus D., 1959. Archiv der Baustatik Eggenstein-Leopoldshafen, Inventar-Nr. E/A 2522f.

Festschrift 1 200 Jahre Eggenstein, 1965. Gemeindearchiv Eggenstein-Leopoldshafen, Inventar-Nr. EL/D 64 1–7.

Baubescheid Wohnhaus Dr. D., 12. Januar 1960. Archiv der Baustatik Eggenstein-Leopoldshafen, Inventar-Nr. E/A 2522f.

Bauantrag Wohnhaus Dr. D., Oktober 1959. Archiv der Baustatik Eggenstein-Leopoldshafen, Inventar-Nr. E/A 2522f.

Planmaterial

Baugebietskarte Sennestadt, Plan 1: Wohngebiete, Wochenendgebiete, 01.03.1961. Stadtarchiv Bielefeld, Bestand 400,008, Inventar-Nr. 01051.

Baugebietskarte Sennestadt, Plan 2: Gemischte Wohngebiete, Geschäftsgebiete, Gewerbegebiete, 01.03.1961. Stadtarchiv Bielefeld, Bestand 400,008, Inventar-Nr. 01060.

Bebauungsplan Eggenstein-Leopoldshafen: Neben der Landstraße, Linsenäcker, Von unten auf den Spöcker Weg, 22.05.1957. Bau- und Liegenschaftsamt Eggenstein-Leopoldshafen, Inventar-Nr. E1.

Bebauungsplan Eggenstein-Leopoldshafen: Linsenäcker, Durch den Grund, 01.09.1960. Bau- und Liegenschaftsamt Eggenstein-Leopoldshafen, Inventar-Nr. E2.

Bebauungsplan Eggenstein-Leopoldshafen: Auf die Landstraße, Linsenäcker & Auf den Berg und die Landstraße, 16.09.1965. Bau- und Liegenschaftsamt Eggenstein-Leopoldshafen, Inventar-Nr. E3.

Bebauungsplan Eggenstein-Leopoldshafen: Alte Krautgärten – Teilbereich Krautenaustraße, 12.11.1966. Bau- und Liegenschaftsamt Eggenstein-Leopoldshafen, Inventar-Nr. E4.

Bebauungsplan Eggenstein-Leopoldshafen: Auf die Straßenäcker u. a. (Schleifweg), 30.10.1967. Bau- und Liegenschaftsamt Eggenstein-Leopoldshafen, Inventar-Nr. E5.

Bebauungsplan Eggenstein-Leopoldshafen: Auf den Berg und die Landstraße, 06.11.1969. Bau- und Liegenschaftsamt Eggenstein-Leopoldshafen, Inventar-Nr. E7.

Werner Wirsing, Einfamilienhaus Dr. Schröfl (Bild- und Planmaterial), 1957–1958. Archiv des Architekturmuseums der TUM, Bestand D/116/5, Signatur wirs-102-1.

Gespräche

Josef Kremerskothen, Architekt, ehem. Chefredakteur der *Schöner Wohnen*: persönliches Gespräch, Hamburg, 18.09.2018.

Peter Maly, Designer, ehem. Innenarchitekt der *Schöner Wohnen*: persönliches Gespräch, Hamburg, 28.09.2018.

Kurt Gustmann, Journalist, ehem. Wohnredakteur der *Schöner Wohnen*: persönliches Gespräch, Hamburg, 01.04.2019.

Juliane Zimmer, Journalistin, ehem. Chefredakteurin der *Schöner Wohnen*: persönliches Gespräch, Hamburg, 01.04.2019.

Ilex Neß, Journalistin, ehem. Redakteurin im Wohnressort der *Schöner Wohnen*: persönliches Gespräch, Berlin, 11.05.2019.

Till Leeser, Fotograf, Sohn des Architekten Ludwig E. Leeser: persönliches Gespräch, Hamburg, 15.05.2019.

Josef Peter Treitz, Architekt, ehem. Redakteur bei *Schöner Wohnen*: Telefongespräch, 28.08.2019.

Christian Farenholtz, Architekt: Videocall, 03.12.2020.

Dank

Viele haben zu diesem Buch beigetragen. Benedikt Boucsein und Hans-Rudolf Meier danke ich für die zugewandte Unterstützung. Für viele wichtige Momente am DFG-Graduiertenkolleg Identität und Erbe danke ich Ortrun Bargholz, Mariam Gegidze, Marcell Hajdu, Susanne Hauser, Stephanie Herold, Wolfram Höhne, Svenja Hönig, Henri Hoor, Darja Jesse, Pablo Santacana López, Michael Karpf, Zoya Masoud, Ellen Pupeter, Juliane Richter, Katharina Rotté und einmal mehr Hans-Rudolf Meier; hier mitforschen zu dürfen, war auf vielen Ebenen wertvoll.

Für ein erstes Gespräch und für seine Lehre an der ETH Zürich danke ich Philip Ursprung. Für einen letzten Kommentar danke ich Andreas Putz. Dem Team der Professur Urban Design an der TU München danke ich für vielfältigen Support. Am Mariann Stegmann Institut. Kunst & Gender in Bremen danke ich Irene Nierhaus und Kathrin Heinz und besonders Amelie Ochs und Rosanna Umbach für den produktiven Austausch.

Für das Teilen ihrer Geschichten danke ich den ehemaligen Redakteur*innen der Schöner Wohnen Josef Kremerskothen, Ilex Neß, Kurt Gustmann, Peter Maly, Josef Peter Treitz und Juliane Zimmer sowie dem Architekten Christian Farenholtz. Gunda Siebke und Judith Schüller danke ich für die Gastfreundschaft in der Schöner Wohnen-Redaktion. Mein besonderer Dank gilt Rosemarie Stern für die großzügige Leihgabe einer Gesamtausgabe der Schöner Wohnen.

Für das Gegenlesen der Texte danke ich Wolfram Höhne, Henri Hoor, Darja Jesse, Elisabeth Sanders, Eddie von Seckendorff und Rosanna Umbach, zudem Anna Hilfrich für die Transkription sowie Ursula Ruppert und Paul Walter für die Korrekturen. Bei JOVIS danke ich Charlotte Blumenthal für die gute Begleitung und Floyd E. Schulze für die Gestaltung dieses Buches. Für das Promotionsstipendium und einen großzügigen Druckkostenzuschuss, der diese Publikation ermöglicht hat, danke ich der Gerda Henkel Stiftung.

Meiner Familie danke ich für alle Unterstützung, Lukas Fink für viel Gemeinsames, mit dem auch dieses Projekt begann, und Eddie von Seckendorff für die unermüdliche Gesprächsbereitschaft.

Impressum

Gedruckt mit Unterstützung der Gerda Henkel Stiftung, Düsseldorf

Umschlagmotiv: Cover einer *Schöner Wohnen*-Sonderausgabe,
Constanze-Verlag, ca. 1955. Foto: Ursula Rink

Korrektorat: Maike Kleihauer
Projektmanagement jovis: Charlotte Blumenthal
Produktion jovis: Susanne Rösler
Umschlag und Gestaltungskonzept jovis: Floyd E. Schulze
Satz: Daniel Wittner und Felix Holler, Stoffers Graphik-Design
Lithografie: Stefan Rolle, Stoffers Graphik-Design
Druck und Bindung: Graspo Cz, a. s.

Bei Fragen zur allgemeinen Produktsicherheit kontaktieren Sie bitte
productsafety@degruyterbrill.com.

Bibliografische Information der Deutschen Nationalbibliothek
Die Deutsche Nationalbibliothek verzeichnet diese Publikation in der
Deutschen Nationalbibliografie; detaillierte bibliografische Daten sind im
Internet über http://dnb.d-nb.de abrufbar.

jovis Verlag
Genthiner Straße 13
10785 Berlin

www.jovis.de

jovis-Bücher sind weltweit im ausgewählten Buchhandel erhältlich.
Informationen zu unserem internationalen Vertrieb erhalten Sie in Ihrer
Buchhandlung oder unter www.jovis.de.

ISBN 978-3-98612-184-6 (Broschur)
ISBN 978-3-98612-185-3 (E-PDF)